Linguistische
Arbeiten   292

Herausgegeben von Hans Altmann, Peter Blumenthal, Herbert E. Brekle,
Gerhard Helbig, Hans Jürgen Heringer, Heinz Vater und Richard Wiese

Ray Fabri

Kongruenz und die
Grammatik des Maltesischen

Max Niemeyer Verlag
Tübingen 1993

D 61

Die Deutsche Bibliothek – CIP-Einheitsaufnahme

Fabri, Ray : Kongruenz und die Grammatik des Maltesischen / Ray Fabri. – Tübingen :
Niemeyer, 1993
  (Linguistische Arbeiten ; 292)
NE: GT

ISBN 3-484-30292-5   ISSN 0344-6727

Druck: Weihert-Druck GmbH, Darmstadt
Einband: Hugo Nädele, Nehren

Vorwort

Diese Arbeit stellt eine detaillierte Analyse der Kongruenzphänomene des Maltesischen und deren Formalisierung vor. Ein Schwerpunkt der Arbeit liegt in der Präsentation und Diskussion der Daten, an denen dann die in der Einleitung skizzierte Kongruenztheorie erprobt wird. Dieses Vorgehen bot sich einerseits deshalb an, weil das Maltesische in der Literatur zur generativen Linguistik bisher kaum berücksichtigt wurde und deshalb eine systematische Aufbereitung der Daten auch eine Basis für weitere Untersuchungen aufbaut. Andererseits erlaubte dieses Vorgehen die Erprobung der noch sehr jungen Theorie an einer Fülle von Phänomen, die als Prüfstein für ihre Tauglichkeit gelten können.

Ich möchte an dieser Stelle ganz besonders Dieter Wunderlich dafür danken, daß er mich mit Kritik, Ratschlägen und Ideen immer wieder motiviert und herausgefordert hat. Mein Dank geht auch an Richard Wiese für seine hilfreichen Kommentare und an Ingrid Kaufmann sowohl für ihre inhaltliche als auch für ihre moralische Unterstützung, insbesondere aber für die Zeit, die sie geopfert hat, um mir zu helfen den Text in eine für den deutschen Leser verständliche Form zu bringen. Schließlich vielen Dank auch an H. W. Cuypers, Carola Eschenbach, Birgit Gerlach, Yoshiki Mori, Albert Ortmann, Ingrid Sonnenstuhl-Henning, Barbara Stiebels und Martina Urbas.

Düsseldorf, Oktober 1992   Ray Fabri

Inhaltsverzeichnis

0.	Einleitung	1
0.1.	Theorien der Kongruenz	1
0.2.	Die vorliegende Arbeit	3
0.3.	Die Fragestellung	4
0.4.	Die Sprache: Maltesisch	5
0.5.	Das Modell	8
0.6.	Das Repräsentationsformat	8
0.7.	Kongruenz	10
0.8.	Kasus, Rektion und Kongruenz	13
1.	Genus- und Numerusmorphologie von Nomen und Adjektiv	18
1.1.	Genusmorphologie: das Nomen	18
1.2.	Genusmorphologie: das Adjektive	21
1.3.	Numerusmorphologie: das Nomen	22
1.4.	Numerusmorphologie: das Adjektive	26
1.5.	Markiertheit	28
1.6.	Die Bildung der Genus-Formen	29
1.7.	Die Bildung der Plural-Formen	32
1.8.	Die Default-Werte	33
1.9.	Das Regelformat	34
2.	Definitheit und Kongruenz im Maltesischen	38
2.1.	Der definite Artikel	41
2.2.	Attributives Adjektiv und Nomen	42
2.3.	Sortalbegriffe und definites Adjektiv	46
2.4.	Semantisch induzierte Kontrastivität: das Adjektiv	50
2.5.	Semantisch induzierte Kontrastivität: inalienable Nomina	51
2.6.	Relationalbegriffe	52
2.7.	Funktionalbegriffe	53
2.8.	Fazit	55
2.9.	Das Demonstrativum	56

3. Numerus- und Genuskongruenz in der Nphrase   62
3.1.   Demonstrativum/Nomen   62
3.2.   Adjektiv/Nomen   64
3.3.   Zahlwort/Nomen: Rektion oder Kongruenz?   66
3.4.   Das Zahlwortsystem   70
3.5.   Die Kardinalzahlwörter der Klasse 1   72
3.6.   Die Kardinalzahlwörter der Klasse 2   74
3.7.   Formale Repräsentation   78
3.8.   Die Numerusphrase   79
3.9.   Semantische Kompatibilität   82
3.10.   Das g-Merkmal PL   83
3.11.   Unterspezifizierung   84
3.12.   Zählbarkeit   86
3.13.   Gebundene vs. ungebundene Morpheme   89

4. Morphophonologie der verbalen Kongruenzmarker   92
4.1.   Die Subjekt-Kongruenzmarker   94
4.2.   Das Merkmal PER   98
4.3.   Die Kongruenzmarker für das direkte Objekt   99
4.4.   Die Morphophonologie des 3msg-dO -Markers   102
4.5.   Die Kongruenzmarker für das indirekte Objekt   104
4.6.   Die Bildung der Verbformen   107
4.7.   Die Marker als Funktoren   111

5. Kasus, Kongruenz und Pro-Drop   114
5.1.   Die lil-Markierung   114
5.2.   Kasusmarkierung   116
5.3.   Der grammatische Status von lil   120
5.4.   Das Pronominalsystem   122
5.5.   Formalisierung   123
5.6   Kasus und die Repräsentation der Verben   124
5.7.   Das Pro-Drop-Phänomen   128
5.8.   Subjekt-Pro-Drop   131
5.9.   Pronominalität   132
5.10.   Subjekt und Zusatzinformation   134
5.11.   Subjekt-Nphrase und Wortstellung   137

5.12.	Objekt-Nphrase, Pro-Drop und Wortstellung	142
5.13.	Objekt, Topik und Kasus	145
5.14.	Fehlende Expletiva	151
6.	Kongruenz in der Possessivkonstruktion	154
6.1.	SC vs. PK	155
6.2.	Die Semantik des SC	159
6.3.	Das "gebundene t" und die Operation DIN	164
6.4.	Nomina, die nicht auf Verwandtschaftsbeziehungen bzw. Körperteile referieren	168
6.5.	Der grammatische Status der Poss-Marker	173
6.6.	Die Formalisierung	181
7.	Kasus und Kongruenz in der PP	185
7.1.	Die Präpositionen	186
7.2.	Die Präp-Marker	189
7.3.	Topik und Fokus	191
7.4.	Topikphrase und Wortstellung	193
7.5.	Topik-Nphrase, Kongruenz und Kasus	194
7.6.	Die Formalisierung	197
7.7.	Die Pseudo-Verben	198
7.8.	Kasus	201
8.	Kongruenz, Kontrolle und Raising	203
8.1.	Die Verbformen	205
8.2.	Bestimmungs- vs. Nicht-Bestimmungsverben	211
8.3.	Kontroll- und ECM-Verben im Maltesischen	217
8.4.	Inhärente und nicht-inhärente Kontrollverben	221
8.5.	Raisingverben	223
8.5.1.	Das Verb *scheinen*	223
8.5.2.	*kien* als Raisingverb	224
8.6.	Wortstellung	226
8.7.	Formalisierung	228
8.7.1.	Inhärente Kontrollverben und ECM-Verben	228
8.7.2.	Das Raisingverb *kien*	233
8.7.3.	Nicht-inhärente Subjekt-Kontrollverben	236

x

9. Kongruenz und Prädikation   238
9.1. Primäre und sekundäre Prädikation   238
9.2. Adjektive und Adverbien   242
9.3. Die Syntax der sekundären Prädikation   244
9.4. AP- und VP-Ergänzungen   248
9.5. Formalisierung   249
9.6. Nackte Prädikation   251
9.7. Die Kopula   252
9.8. Formalisierung   257

10. "Nicht-formale" Kongruenz   262
10.1. Die prädikative Nphrase: Person-Kongruenz   262
10.2. "Ausschaltung" der Kongruenz   265
10.3. Numerus- und Genuskongruenz   267
10.4. Kongruenz mit prädikativen APn   269
10.5. Übertragene Bedeutung   271
10.6. Eigennamen   276
10.7. Kongruierende PPn?   279
10.8. Fazit   281

11. Zusammenfassung und Ausblick   282

Anhang 1   285

Anhang 2   286

Literatur   287

0. Einleitung

0.1. Theorien der Kongruenz

Bis gegen Ende der 70er Jahre wurden die Phänomene, die traditionell unter Kongruenz fallen (unter anderem Kongruenz zwischen Subjekt und Verb, Determiner und Nomen, Adjektiv und Nomen), in dem damals herrschenden transformationellen Paradigma entweder gar nicht oder nur am Rande behandelt. Für die Verbkongruenz zeigt sich das in dem folgenden Zitat von Morgan (1972):

> Verb agreement (VA) is commonly assumed to be a very superficial process ..., superficial in that it is a simple and uninteresting process. [However] VA is far from superficial, ... in fact VA is a tough nut for any theory to crack. (Morgan 1972, 278)

Der erste Versuch, eine umfassende Theorie der Kongruenz aufzustellen, wurde von Lapointe in seiner Dissertation vorgenommen (Lapointe 1979). Lapointe arbeitet in einer lexikalistisch orientierten Version der "Government and Binding"-Theorie (GB), d.h. in einem Modell, das den für GB typischen modularen Aufbau hat (vgl. (1)), in dem jedoch Transformationen keine Rolle spielen und lexikalische Einheiten direkt in die Oberflächenstruktur (SS) eingesetzt werden.

1.
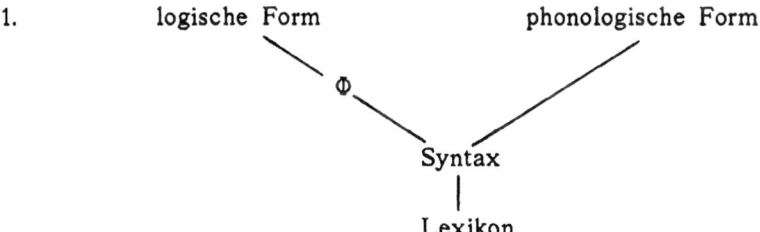

Kongruenzphänomene ergeben sich bei Lapointe aus der Beziehung zwischen lexikalischen und syntaktischen Strukturen und ihren semantischen Übersetzungen. Die Operation der semantischen Übersetzung Φ bildet Oberflächenstrukturen (SS) auf die logische Form (LF) ab.

Die Idee, daß die Kongruenz zwischen Syntax und Semantik anzusiedeln ist, findet sich in der "Generalized Phrase Structure Grammar" (GPSG) (Gazdar et al. 1985, im folgenden GKPS) und der "Head-driven Phrase

Structure Grammar" (HPSG) (Pollard & Sag 1990) wieder. In der GPSG wird die Kongruenz zwischen zwei Elementen mittels des "Control Agreement Principle" (CAP) als der morpho-syntaktische Reflex ihrer Kontrollbeziehung behandelt: Wenn ein Element α ein Element β kontrolliert, dann kongruiert β mit α.

> The CAP ... expresses the claim that while the agreement relations associated with control are syntactic in nature, the terms of the relation are determined on semantic grounds. (GKPS 1985, 204)

Die GPSG arbeitet mit einer zweiteiligen Definition von Kontrolle. Zur Definition des einen Teils verwenden Gazdar et al. eine Version von Keenans "Functional Principle" (Keenan 1974; Keenan & Faltz 1984), das besagt, daß in einer Sprache, die die relevante Kongruenz-Morphologie aufweist, ein Ausdruck, der semantisch den Typ eines Funktors hat, mit dem Ausdruck kongruiert, der aufgrund seines semantischen Typs als Argument des Funktors fungiert. Keenans Prinzip ist als eine universelle Beschränkung über die Klasse der Elemente, die miteinander kongruieren können, zu betrachten. Die GKPS-Version besagt, daß ein Argument seinen Funktor kontrolliert, und daß deswegen der Ausdruck des Arguments mit dem des Funktors kongruiert.

Der zweite Teil der Definition von Kontrolle deckt die Kontrollbeziehung zwischen einer VP-internen NP und einer nicht-finiten VP ab, die durch einen "Kontrollvermittler" ("control mediator") wie z.B. das Kontrollprädikat *persuade* vermittelt wird. Die CAP deckt auch den Fall von Kontrollprädikaten wie *promise* ab, bei denen es keinen lokalen Kontrolleur oder Kontrollvermittler gibt: In diesem Fall müssen die Kongruenzmerkmale der nicht-finiten VP mit denen der Mutterkategorie (der finiten VP) unifizieren; dadurch wird die Kongruenz mit der Subjekt-NP garantiert. In der GPSG kann die Kongruenz zwischen zwei Elementen nur stattfinden, wenn ihre AGReement-Merkmale unifizieren.

In der HPSG besteht die Kongruenz in der Unifikation der Kongruenzmerkmale, die hier jedoch einen völlig anderen Status haben als in der GPSG. Wie in Lapointe (1979) werden sie als Indizes aufgefaßt, die die referentiellen Eigenschaften der Entitäten oder Mengen, die als Verankerung eines Ausdrucks dienen, kodieren. Die Kongruenzmerkmale sind von anderen grammatischen Merkmalen wie z.B. Kasus, die keine Verbindung zur Diskursebene haben, formal unterschieden. Wie Pollard und Sag behaupten, inkorporiert ihre Theorie "the insights and advantages of both syntactic and semantic approaches, while avoiding many of their respective pitfalls." (Pollard & Sag 1990, 11)

Ganz anders wird die Kongruenz im Rahmen von Chomskys "Principles and Parameters"-Theorie (PPT) behandelt. Nachdem Y. Pollock die auf eine maximale Phrase projizierende Kategorie INFL in eine Tense- und eine Agr-Phrase aufgespalten hat (Pollock 1988, Chomsky 1989, Mahajan 1989), bekam das Thema Kongruenz bei den GB- bzw. PP-Theoretikern in der eher syntaktisch orientierten Chomsky-Schule Hochkonjunktur. (Vgl. dazu aber Iatridou (1990), die die generelle Existenz einer solchen Agr-Phrase wieder in Frage stellt. Kongruenz wird in ihrem Ansatz als ein rein syntaktisches Phänomen behandelt):

Agreement ... refers to a configuration marking SPEC and HEAD. (Mahajan 1989, 217)

So wird die Subjekt-Verb-Kongruenz als eine Beziehung zwischen [SPEC, AGRP] und AGR erfaßt. Diese Beziehung zeigt sich, indem durch head-to-head-movement entweder das Verb nach oben zu AGR bewegt wird (im Französischen), oder indem umgekehrt AGR zum Verb herunterbewegt wird (im Englischen).

0.2. Die vorliegende Arbeit

Die vorliegende Arbeit ist ein weiterer Beitrag zu der im Moment sehr aktuellen Frage, wie man Kongruenzphänomene formal erfassen kann und welchen Status eine Theorie der Kongruenz in einem generativen Modell der Grammatik haben soll. Ziel dieser Arbeit ist nicht nur, eine neue (lexikalistisch orientierte) Theorie der Kongruenz zu präsentieren, sondern auch eine (in diesem Bereich) neue Herangehensweise vorzustellen.

In der Tat widmet sich keine der oben erwähnten Arbeiten ausschließlich der Analyse und Formalisierung der Kongruenz innerhalb einer einzigen "kongruenzreichen" Sprache. Das Phänomen wird entweder allgemein (d.h. nicht auf eine Sprache beschränkt; siehe z.B. Lapointe 1979) behandelt, oder es werden, was häufiger vorkommt, nur Teilaspekte untersucht, wie z.B. die Subjekt-Verb Kongruenz (siehe z.B. Pollock 1988). Oft basieren die Theorien hauptsächlich auf Daten des Englischen, das wenig Kongruenzphänomene aufweist (siehe z.B. GKPS 1985 und Pollard & Sag 1990). Eine Ausnahme ist die Arbeit von Cann (1984); er widmet zwei Kapitel seiner Dissertation der Kongruenz im Griechischen. Jedoch steht auch bei Cann die Kongruenz nicht im Zentrum des Interesses, sondern macht nur einen Teil der Gesamtgrammatik aus, die er aufbauen möchte.

Die vorliegende Analyse läßt sich durch die folgenden drei Punkte charakterisieren:

1. Es wird auf die Kongruenz als zentrales Thema fokussiert, davon ausgehend werden andere zusammenhängende Phänome behandelt.
2. Dabei steht eine Sprache im Mittelpunkt, nämlich das Maltesische, das reich an Kongruenzphänomenen ist.
3. Auf dieser Basis wird eine Theorie der Kongruenz erprobt, die ein Grundmodell für die Erfassung von Kongruenzphänomenen bilden soll.

Ein Ziel dieser Arbeit besteht darin, die Daten ausführlich darzustellen, da es sich beim Maltesischen um eine bisher in der Linguistik kaum erforschte Sprache handelt. (Einige Linguisten, die sich ernsthaft mit dem Maltesischen beschäftigt haben, sind Borg 1981, Borg & Comrie 1984, Sutcliffe 1936, Bonello 1968 und Brame 1972). Die hier gelieferte Datensammlung soll auch als Basis für weitere Detailanalysen unterschiedlicher Bereiche dienen.

0.3. Die Fragestellung

Die Hauptaufgabe besteht darin, adäquate Antworten auf die folgenden Fragen zu finden:

1. Welche Phänomene fallen unter den Begriff Kongruenz?

In der Literatur sind verschiedene Definitionen dieses Begriffs vorgeschlagen worden, die je nach Definition unterschiedliche Phänomene abdecken (siehe insbesondere Keenan 1974, Lehmann 1982, Lapointe 1979 & 1988, Moravscik 1978). Abgesehen von Subjekt-Verb-Kongruenz wird unter Kongruenz häufig Kasusrektion gefaßt (siehe z.B. Lapointe 1979, Cann 1984, Chomsky 1989), sowie Kontrolle (siehe z.B. Cann 1984, GKPS 1985, Borer 1986), oder anaphorische Bindung (siehe z.B. Cann 1984, Borer 1986, Pollard & Sag 1990, Wunderlich 1992a). Es stellt sich auch die Frage, inwiefern Kongruenz überhaupt als ein formal einheitliches Phänomen behandelt werden kann. Inwieweit ist z.B. Numeruskongruenz zwischen Kopfnomen und attributivem Adjektiv innerhalb der NP und Numeruskongruenz zwischen Verb bzw. VP und Subjekt-NP mit demselben formalen Apparat zu behandeln?

Die dieser Arbeit zugrundeliegende Definition von Kongruenz wird in Abschnitt 0.8 vorgestellt. Die weitere Analyse soll zeigen, daß das Konzept der Kongruenz, auf der diese Definition basiert, es ermöglicht, die Vielfalt der im Maltesischen auftretenden Phänomene plausibel zu erfassen.

2. Wie können die Fakten über Kongruenz formal erfaßt und repräsentiert werden?

In diesem Zusammenhang sind folgende Teilfragen zu behandeln:

(i) Welche Kongruenzmerkmale gibt es und was ist ihr Status, d.h. wie, wenn überhaupt, unterscheiden sie sich von anderen grammatischen Merkmalen?

(ii) Welche Rolle spielen die verschiedenen Komponenten der Grammatik (Syntax, Morphologie, Semantik, Pragmatik) bei der Kongruenz? Gibt es z.B. syntaktische Domänen, die die Kongruenz strukturell beschränken? In diesem Zusammenhang steht unter anderem auch die Frage, wie die Referenzeigenschaften eines Elements mit seinen formalen (morphologischen) Eigenschaften interagieren.

(iii) Wie sind die Lexikoneinträge der relevanten Lexeme aufgebaut: (a) woher kommt die Information, die für Kongruenz relevant ist, d.h. wie operieren Kongruenzaffixe auf Stämmen, und (b) wo wird die benötigte Kongruenzinformation kodiert, d.h. wie werden flektierte Wörter repräsentiert?

3. Welche Aspekte der Kongruenz sind universell und welche einzelsprachlich?

Bekanntlich gibt es im Bereich der Kongruenz auf den ersten Blick viele Ausnahmen und große Variation.[1] Es fragt sich deshalb inwiefern sich auch solche Ausnahmen bzw. Variationen auf allgemeine abstrakte Prinzipien oder Strukturen zurückführen lassen. Mit der Frage der Universalität hängt auch das Problem des Erstspracherwerbs zusammen, d.h. die Entscheidung darüber, welche Fakten von den Kindern gelernt werden müssen und welche Prinzipien und Parameter angeboren sind. Diese Frage wird hier jedoch nicht behandelt, da sie genug Stoff für eine eigene Untersuchung beinhaltet.

0.4. Die Sprache: Maltesisch

Wie schon erwähnt, handelt es sich bei der Sprache, die als Datenquelle dient, um Maltesisch, die Nationalsprache und (neben Englisch) offizielle Sprache der maltesischen Inseln. Maltesisch ist eine semitische Sprache, die diachronisch mit dem Arabischen (Süd-zentrales Semitisch) verwandt ist (siehe zu dieser Klassifikation Hetzron 1987). Aufgrund der politischen und kulturellen

---

[1] Barlow & Ferguson (1988) bietet sehr viel in dieser Hinsicht interessante Information.

6

(und deshalb auch sprachlichen) Isolierung von den übrigen arabischen Ländern seit der Eroberung durch die Normannen im Jahr 1090 n.C. und aufgrund der engen Beziehung zu Europa, die sich aus der Kolonialisierung durch die Briten und der geographischen Nähe ergab, hat sich das Maltesische unabhängig von den anderen semitischen Sprachen entwickelt. Der Einfluß der indo-europäischen Sprachen zeigt Auswirkungen in allen Komponenten der Grammatik.

So sind in der Phonologie z.B. typische arabische Laute wie die emphatischen /ṭ, ḍ, ṣ, ẓ, q, ʕ/ nicht mehr Teil des Phonemsystems[2].

2.   Arabisch   Maltesisch   Arabisch   Maltesisch

(a) [ṭabiːp]   (b) [tabiːp]   (c) [baṣal]   (d) [basal]
طبيب   tabib   بصل   basal
Arzt   Arzt   Zwiebel   Zwiebel

(e) [rabiːʕ]   (f) [rebbija]
ربيع   rebbiegħa
Frühling   Frühling

Dagegen ist sowohl der stimmlose glottale Verschlußlaut /ʔ/ (schriftlich mit dem Buchstaben *q* wiedergegeben) als auch der stimmlose pharyngale Reibelaut /ħ/ (als ħ geschrieben) erhalten geblieben:

3. (a) [ʔalp]   (b) [tʔiːʔ]   (c) [ħabiːp]   (d) [riħ]
qalb   tqiq   habib   rih
Herz   Mehl   Freund   Wind

Interessanterweise ist der arabische Laut /ʕ/ in der Schrift noch durch die beiden Buchstaben *għ* repräsentiert, die aber synchronisch keinem Laut entsprechen.

Durch den romanischen (und teilweise englischen) Einfluß sind für das Arabische eher untypische Phoneme wie z.B. das /p/ übernommen worden:

---

2 In den Beispielen wird für die maltesischen Wörter das in Anhang 1 erläuterte maltesische Alphabet verwendet. Für die phonetische bzw. phonologische Wiedergabe von Wörtern dient das IPA-System. Die in den Interlinearübersetzungen verwendeten Abkürzungen werden in Anhang 2 erläutert.

4. (a) [pala]   (b) [bala]   (c) [pinta]   (d) [binta]
    pala   bhala   pinta   bint-ha
    Schaufel   Maultier   Pinte   ihre Tochter

Ein weiteres Beispiel für den romanischen Einfluß ist die Tatsache, daß das Phonem /u/ im Maltesischen wie in einigen Dialekten Süditaliens, aber anders als im Arabischen, in der Auslautposition vorkommen kann:

5. (a) [raːdju]   (b) [zijːu]
    radju   ziju
    Radio   Onkel

Sehr auffallend sind die Veränderungen im Lexikon durch die Übernahme von Wörtern aus dem Romanischen (aber auch aus dem Englischen), so daß Maltesisch oft wie eine Mischung aus Arabisch und Italienisch klingt:

6. It-turisti   ghandhom ihallsu   ghal-l-protezzjoni ta' l-ambjent.
    df-Touristen müssen   bezahlen für-df-Schutz   von df-Umwelt
    Die Touristen müssen für den Umweltschutz bezahlen.

Morphologisch und syntaktisch sind im Maltesischen (teilweise in etwas veränderter Form) viele typisch arabische Eigenschaften erhalten, wie z.B. die gebrochenen Pluralformen des Nomens, die derivationellen Klassen des Verbs, der Status Constructus, die vom Informationsfluß (Topik/Comment) bestimmte und dadurch relativ freie Wortstellung und, was für diese Arbeit von direkter Relevanz ist, auch das reiche Kongruenzsystem.

Das Verb kongruiert nicht nur mit der Subjekt-NP, sondern kann zusätzlich sowohl mit dem direkten als auch mit dem indirekten Objekt kongruieren. Darüberhinaus kongruieren auch Präpositionen und Possessivnomen mit ihren Komplementen. Kongruenz findet weiterhin bei Demonstrativa, bei "floating quantifiers", bei attributiven und prädikativen Adjektiven, und bei eingebetteten (nicht-finiten) Verben statt.

All diese Phänomene sind Untersuchungsgegenstand dieser Arbeit. Kapitel 1, 2 und 3 behandeln die nominale Morphologie und die Kongruenz hinsichtlich Definitheit, Numerus und Genus innerhalb der NP; Kapitel 4 bis 7 behandeln die Kongruenz hinsichtlich Numerus, Genus und Person in der Beziehung zwischen verbalen, nominalen und präpositionalen Köpfen und ihren Komplementen. In Kapitel 8 geht es um das Phänomen der Kontrollprädikate und in Kapitel 9 um primäre und sekundäre Prädikation. Schließlich werden in Kapitel 10 einige Fälle von sogenannter "nicht-formaler" Kongruenz untersucht.

8

0.5. Das Modell

Hier soll zunächst nur ein kurzer Überblick über das verwendete Modell gegeben werden, der dann im Laufe der Arbeit an den relevanten Stellen ver-
tieft wird.

Der hier vertretene Ansatz ist stark lexikalistisch orientiert. Der Basiseintrag eines Ausdrucks (Wort oder Stamm) im Lexikon kodiert spezifische
Informationen über seine syntaktischen, semantischen und phonologischen Eigenschaften. Später wird durch allgemeine Regeln (Merkmalsdistributionsregeln:
MDRn, Defaultregeln: DFRn) und morphologische Operationen (wie Affigierung), die im Lexikon wirksam sind, der Basiseintrag nach dem Monotonizitäts-
prinzip mit weiteren Informationen (z.B. über die Kongruenz), die für den
Aufbau von Phrasen und Sätzen nötig sind, angereichert. Prozesse wie Derivation, Komposition und Flexion werden als lexikalische und nicht als syntaktische Prozesse betrachtet, die den Prinzipien der lexikalischen Morphologie
(siehe Kiparsky 1982, Kiparsky 1985, Mohanan 1986, Wiese 1988) folgen. Der
Output des Lexikons liefert die Basis für eine kompositionale Semantik, die
zusammen mit einer Oberflächensyntax (d.h. einer Syntax ohne Transformationen) alle grammatischen Strukturen und nur diese aufbauen soll. Eine
Version der X-Bar-Theorie (siehe Chomsky 1970, Jackendoff 1977) mit
funktionalen Kategorien wie DP (Determinerphrase; siehe Abney 1986, Haider
1987) und TP (Tempusphrase; siehe Pollock 1988 und Chomsky 1989) regelt
die allgemeine Strukturbildung in der Syntax.

0.6. Das Repräsentationsformat

Lexikoneinträge werden als Ausdrücke in einem typen-gesteuerten λ-katego-
rialen Format repräsentiert (siehe Wunderlich 1987, Bierwisch 1988, Wunderlich
& Kaufmann 1990, Wunderlich 1992a). Ein Lambda-Ausdruck besteht aus:
(i) einem Komplex, der ein n-stelliges Prädikat und dessen Argumente um-
faßt und der die eigentliche semantische Repräsentation des Eintrags aus-
macht und
(ii) einer Reihe von durch Lambda-Abstraktoren gebundenen Individuen- oder
Prädikatsvariablen (den Θ-Rollen), die zusammen das Θ-Raster bilden. Θ-
Rollen kennzeichnen die syntaktisch zu realisierenden Variablen der semantischen Repräsentation und bilden damit die Schnittstelle zwischen Syntax und
Semantik. (7) zeigt die sehr vereinfachte Repräsentation des Verbs *küssen*.

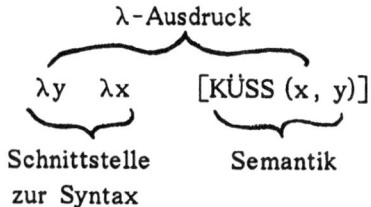

7.

$$\underbrace{\lambda y \quad \lambda x}_{\substack{\text{Schnittstelle} \\ \text{zur Syntax}}} \quad \underbrace{[\text{KÜSS} (x, y)]}_{\text{Semantik}}$$

Die Θ-Rollen sind nicht mit den thematischen bzw. semantischen Rollen zu verwechseln. So hat ein transitives Verb im Passiv zwei Argumente, die mit thematischen Rollen assoziiert sind, aber nur eine Θ-Rolle, da das externe Argument existentiell gebunden ist und nicht mehr als echtes Komplement für die Syntax zu Verfügung steht, sondern lediglich als Adjunkt (bzw. A-Argument; siehe Grimshaw 1990) realisierbar ist (vgl. (8), wo Psv für Passiv steht, Ag für Agens und Th für Thema). Die thematischen Rollen ergeben sich aus der semantischen Dekomposition des Ausdrucks und sind Teil der semantischen Information über die beteiligten Individuen. (Unter (8) werden die Rollen informell als Label an die Individuenvariablen gehängt.)

8.   (a) *qabad*:   (b) n-qabad
           fangen   Psv-fangen

                                             gefangen werden

$$\lambda y \; \lambda x \; [\text{FANG} (\overset{\overset{\text{Ag}}{|}}{x}, \overset{\overset{\text{Th}}{|}}{y})] \qquad\qquad \lambda y \; \exists x \; [\text{FANG} (\overset{\overset{\text{Ag}}{|}}{x}, \overset{\overset{\text{Th}}{|}}{y})]$$

Formal besteht ein Lexikoneintrag aus einem Quadrupel: <GK, Θ, SF, PF>, mit GK = grammatische Kategorie, Θ = Θ-Raster, SF = semantische Form, PF = phonologische Form. PF und SF enthalten die phonologischen bzw. semantischen Informationen. GF enthält Information in Form von Merkmalen über die morpho-syntaktischen Eigenschaften der Einheiten (Stämme, Wörter). Dabei handelt es sich um grammatische Kategorien (g-Kategorien) wie z.B. Nominal (N), Verbal(V), Nominativ (NOM), Akkusativ (AKK) und Finit (FIN), die die Einheiten hinsichtlich ihrer Formen klassifizieren.

Die g-Kategorien werden als Mengen von Merkmalsspezifikationen dargestellt. Mengentheoretisch können sie wie in GPSG (siehe GKPS 1985) als geordnete Paare, die aus einem Merkmalsnamen (Attribut) und seinem Wert bestehen, aufgefaßt werden. Die g-Merkmale werden im Normalfall über die "Kopflinie" weiter gegeben, d.h. von Kopf zu Kopf in einer Projektion vererbt. (9) zeigt eine etwas vereinfachte Repräsentation für den Eintrag des Infinitivs von *lesen*. Die Variable s in (9) ist die Situationsvariable und λs die referentielle Θ-Rolle des Verbs: Propositionen werden als Prädikate über Situationen verstanden.

9. PF: /le:sən/
    GF: $\{ < V,+ >, < N,- >, < FIN,- > \}$
    Θ : $\lambda y \quad \lambda x \quad \lambda s$
    SF: LES $(x, y) (s)$

Im folgenden wird dieses anschaulicher wie unter (10) dargestellt. Die Situationsvariable bleibt in den weiteren Repräsentationen unberücksichtigt, solange sie für die angesprochenen Phänomene nicht unmittelbar relevant ist.

10. +V, -N, -FIN; $\lambda y \quad \lambda x \quad [\text{LES} (x, y)]$

0.7. Kongruenz

Die Information, die für Kongruenz relevant ist, wird durch Kongruenz-kategorien wie Plural oder Femininum kodiert. Diese Kategorien (k-Kate-gorien), die wie die g-Kategorien als Merkmalspaare (k-Merkmale) repräsen-tiert sind, werden als Indizes aufgefaßt, die mit der Individuenvariablen am Binder (d.h. λx, $\exists x$, $\forall x$) assoziiert sind (siehe Wunderlich 1992a). In (11) findet sich die Repräsentation für die Verbform *schläft* (PLU = Plural, PER = Person).

11. +V, -N, +FIN; $\lambda y_j \quad \lambda x_i \quad [\text{SCHLAF}(x, y)]$

     mit $j = \{0\}$ und $i = \{ <\text{PER},3>, <\text{PLU},-> \}$

Im folgenden wird (11) anschaulicher wie in (12) dargestellt:

12. +V, -N, +FIN; $\lambda y \quad \lambda x \quad [\text{SCHLAF}(x, y)]$
                              $|$
                              3 PER
                              - PLU

Kongruenz wird als ein formaler Mechanismus verstanden, der durch die Unifikation der Indexmengen die Identifizierung zweier Individuenvariablen, mit denen die entsprechenden Indizes assoziiert sind, lizensiert. Die Identifi-zierung von Individuenvariablen hat die Identifizierung ihrer kontextuellen Belegungen, also der Referenten, zur Folge. Die Kongruenz dient also dazu,

Referenzidentität sprachlich zu lizensieren (vgl. Lehmann 1982, Pollard & Sag 1990, Wunderlich 1990). Zwischen der Koindizierung und der Koreferenz besteht die folgende Beziehung: Wenn zwei Elemente koindiziert sind, müssen ihre Referenten koreferent sein, wenn allerdings umgekehrt zwei Elemente koreferent sind, müssen sie nicht unbedingt koindiziert sein (Beispiele hierfür finden sich in Pollard & Sag 1990).

Die semantischen Prozesse, die die Identifizierung von Individuenvariablen bewirken und dadurch Kongruenz auslösen, sind: (i) Argumentsättigung durch Operationen der Kategorialgrammatik wie z.B. funktionale Applikation oder funktionale Komposition, (ii) die Θ-Identifikation (siehe Abschnitt 3.2) und (iii) anaphorische Bindung. Alle Domänen, in denen solche Prozesse möglich sind, sind automatisch auch Domänen der Kongruenz. Daraus folgt, daß es überflüssig ist, zusätzlich syntaktische (also rein strukturelle) Domänen wie z.B. AGRP oder ähnliches explizit zu postulieren.

So gibt zum Beispiel die Unifikation der k-Merkmale unter (13) bei der Kombination der VP *liest die Texte* mit ihrem externen Argument mittels funktionaler Applikation die Bedingung für die Wohlgeformtheit des resultierenden Ausdrucks vor (vgl. (13c)). Für das interne Argument gibt es in diesem Beispiel keine Kongruenzbeschränkung; die Unifikation mit der leeren Menge erfolgt immer. Dagegen muß die NP, die die externe Θ-Rolle sättigt, Merkmalsspezifikationen tragen, die mit { < PER, 3 >, < PLU, - > } verträglich sind. (D ist in (13) der Definitheitsoperator, der aus Prädikaten Individuen macht, im logischen Sinn also der Iota-Operator - siehe Kapitel 2 in dieser Arbeit; FEM steht für Femininum).

13. (a)   die Linguistin   (b)   liest die Texte

$$Dz \, (\text{LINGUIST} \, (z)) \qquad\qquad \lambda x \, [\, \text{LES} \, (x, \quad Dy \, (\text{TEXT} \, (y))\,]$$

3PER	3PER 3PER
-PLU	-PLU +PLU
+FEM	

(c)   die Linguistin liest die Texte

$$\text{LES} \, (\, Dx \, (\text{LINGUIST} \, (x)), \quad Dy \, (\text{TEXTE} \, (y)))$$

3PER   3PER
-PLU   +PLU
+FEM

12

Das Ergebnis der Unifikation der Merkmalsmengen zweier Ausdrücke A und B zeigt sich an dem Ausdruck C, der das Resultat ihrer Kombination ist, wie in (14) graphisch dargestellt ist. Die Merkmalsspezifikationen von C stehen weiter zur Verfügung und beschränken die weiteren Kombinationsmöglichkeiten des Ausdrucks. (M in (14) steht für Merkmal.)

14. A: λx [.....] B: λx [.....] C: λx [.....]
      | | |
      M1   M2   M1
                                                   M2

Es ist wichtig zu bemerken, daß, anders als z.b. im GB-Modell von Chomsky (1982) aber ähnlich wie in GPSG und HPSG, nicht die Identität der Indexmengen, sondern ihre Verträglichkeit (Unifizierbarkeit) verlangt wird (siehe Barlow & Ferguson 1988, Barlow 1988, Corbett 1988, Pollard & Sag 1990)[3]. Eine Konsequenz daraus ist, daß die Grammatik weniger redundant und daher ökonomischer wird. So sind z.B. im Maltesischen die Adjektive normalerweise für Numerus und (im Singular) Genus explizit markiert:

15. (a) ktieb   sabih
       Buch(msg) schön(msg)
       ein schönes Buch

    (b) vedut-a   sabih-a
        Sicht-fsg schön-fsg
        eine schöne Sicht

    (c) pittur-i   sbieh
        Gemälde-pl schön(pl)
        schöne Gemälde

Es gibt jedoch eine Klasse von Adjektiven, wie z.B. *intelligenti* 'intelligent' und *normali* 'normal', die keinerlei Formvariation aufweisen:

16. (a) ragel   intelligenti
       Mann(msg) intelligent
       ein intelligenter Mann

    (b) mara   intelligenti
        Frau(fsg) intelligent
        eine intelligente Frau

---

[3] In dem Modell von Chomsky (1982) ist es nicht möglich, ebenfalls mit Unifikation statt Identität zu operieren, da die Identität der Merkmale bei der Subjekt-Verb-Kongruenz (zu denen auch die Kasusmerkmale gehören),wichtig ist, damit Unterschiede zwischen Pro-drop- und nicht Pro-drop- Sprachen erklärt werden können. Bei Pro-drop-Sprachen gibt es strikte Identität zwischen den Merkmalen der Subjekt-NP und denen von INFL (also dem Kongruenzaffix).

(c) nies   intelligenti
     Leute(pl) intelligent
     intelligente Leute

Wenn in der Grammatik statt Unifikation Identität der Indexmengen verlangt
wird, muß man für diese Adjektive jeweils drei Lexikoneinträge postulieren,
einen für Singular-Maskulinum, einen für Singular-Feminum, und einen für
Plural. Mit dem Mechanismus der Unifikation aber reicht es, einen für Genus-
und Numerusattribute unterspezifizierten Eintrag anzusetzen. Das heißt, daß
die Indexmenge der k-Attribute, die mit der externen Θ-Rolle assoziiert ist,
leer und daher mit allen möglichen morphologisch verschiedenen Nominal-
formen kompatibel ist: Die Modifikation eines Nomens mit solchen Adjektiven
gelingt immer.

Schließlich ist es wichtig, zwischen formalen Attributen wie FEM oder
PLU und den semantischen Eigenschaften WEIBLICH bzw. INDIVIDUUM,
die als Prädikate über Variablen repräsentiert werden, zu unterscheiden, da
sie nicht immer miteinander korrelieren. So z.B. anders in (17a), wo sowohl
FEM als auch WEIBLICH in der Repräsenatation vorkommen, entspricht dem
Attribut FEM in (17b) kein Prädikat WEIBLICH. Es wird sich jedoch zeigen,
daß Kongruenz-Attribute und semantischen Prädikate nicht völlig unabhängig
von einander sind (siehe insbesondere Abschnitt 1.1. und Kapitel 10).

17. (a) λx [... MENSCH(x) & WEIBLICH(x) & INDIVIDUUM(x) ...]
           |
           +FEM
           -PLU

    (b) λx [... ~MENSCH(x) & INDIVIDUUM(x) ...]
           |
           +FEM
           -PLU

0.8. Kasus, Rektion und Kongruenz

Wunderlich (1990) schlägt vor, Kasusmerkmale bzw. Kasusrektion grundsätzlich anders als Kongruenzmerkmale bzw. Kongruenz zu behandeln (siehe auch
Lehmann 1982 und 1983 und Pollard & Sag 1990). Anders als Kongruenzmerkmale werden Rektionsmerkmale, die z.B. Kasusinformation wie 'Nominativ'
etc. tragen, beim Regens (z.B. Verb oder Nomen) nicht mit der Variablen,

sondern mit der ganzen Θ-Rolle, also der syntaktischen Position, asso-
ziiert. (Das ist unter (18) durch die waagerechte Linie angedeutet.) Das
Merkmal NOM steht dabei für eine Merkmalsmenge wie z.B. [-GOV, -OBL,
-GEN] (siehe dazu Bierwisch 1987). Bei dem regierten Element werden die
Rektionsmerkmale nicht mit der Θ-Rolle, sondern wie die Merkmale N und
V mit der Wortform bzw. Phrase assoziiert. Diese Merkmale bestimmen die
syntaktische Kategorie eines Wortes bzw. einer Phrase und stehen in keiner
direkten Beziehung zu dessen semantischen Eigenschaften.

Wie bei Kongruenz muß bei Rektion Unifikation der g-Merkmale stattfinden. Es gibt jedoch einen wesentlichen Unterschied: Bei der Kongruenz
bleiben die mit der Variable assoziierten k-Mermale erhalten und werden
weitergegeben, während die g-Merkmale, die mit der Θ-Rolle assoziiert sind,
bei der Rektion mit der Sättigung der Θ-Rolle "verbraucht" werden, d.h. als
Rektionsbedingungen nicht weiter zur Verfügung stehen. So wird zum Beispiel
nach der Verkettung einer Nominalphrase mit einer Verbalphrase und der
Unifikation ihrer grammatischen Merkmale das Kasusmerkmal, das mit der
Θ-Rolle des Verbs assoziiert ist, in diesem Sinne verbraucht. Das ist es,
was man formal unter Kasuszuweisung zu verstehen hat.

18. (a) küßt   (b) den Affen.

$$-N, +V, +FIN; \quad \lambda y \quad \lambda x \; [KÜSS(x, y)] \qquad +N, -V, AKK; \quad Dz(AFFE(z))$$

$$\underset{\underline{AKK}}{|} \quad \begin{matrix} 3PER \\ \underline{-PLU} \\ NOM \end{matrix} \qquad\qquad\qquad \begin{matrix} 3PER \\ -PLU \\ -FEM \end{matrix}$$

(c) küßt den Affen.

$$-N, +V, +FIN; \quad \lambda x \; [\; KÜSS(x, Dz(AFFE(z)))\;]$$

$$\begin{matrix} 3PER \\ -PLU \\ \underline{NOM} \end{matrix} \qquad \begin{matrix} 3PER \\ -PLU \\ -FEM \end{matrix}$$

Insgesamt kann man drei Arten von morphologischen Beziehungen zwischen
zwei Ausdrücken definieren, hier Kongruenz, Rektion und Konkordanz genannt. Im folgenden sind die Definitionen dieser Begriffe mit (stark verein-
fachten) Beispielen aufgeführt. α und β sind Mengen von Merkmalsspezifikationen.

(i) Kongruenz:

> Zwei Ausdrücke A und B kongruieren gdw. A und B sich in einer Kongruenzdomäne befinden und je eine Individuenvariable in ihrem Operatorenmuster haben, deren k-Kategorien α und β unifizierbar sind.

19. Ausdruck A   Ausdruck B

Dx (LINGUIST(x)) λz [SCHLAF(z)]
| |
-FEM   -PLU
-PLU   3PER
3PER

Kongruenzdomäne:

> Die Kongruenzdomäne ist die Domäne, in der Identifikation von Variablen durch Argumentsättigung, Θ-Identifikation oder durch anaphorische Bindung stattfindet.

Anders als die Kongruenz ist die Rektion ein syntaktisch, d.h. strukturell, beschränkter Prozeß. Die strikteste Festlegung würde Rektionsbeziehungen auf adjazente Knoten in lokalen Bäumen, d.h. Bäumen, die aus genau einem Mutterknoten und dessen Töchterknoten bestehen, beschränken. (Vgl. auch die formale Definition für lokale Bäume in GKPS 1985).

(ii) Rektion:

> Ein Ausdruck A regiert einen Ausdruck B gdw. (i) B innerhalb der Rektions-Domäne von A steht und (ii) eine g-Kategorie β von B unifizierbar ist mit einer g-Kätegorie α, die einer Θ-Rolle von A zugeordnet ist.

20. Ausdruck A   Ausdruck B

(a) Dx (SCHLAF(x))   NOM; Dy (LINGUIST(y))
     |
     NOM

(b) $\lambda P \lambda x$ [WILL (x, P(x))]   -FIN; λy [SCHLAF(y)]
     |
     -FIN

16

Rektionsdomäne:

> Die Rektionsdomäne eines regierenden Ausdrucks A ist der lokale
> Baum T, der aus dem syntaktischen Kopf A und aus einem zu ihm
> adjazenten Ausdruck B besteht.

Der dritte und letzte zu definierende Begriff ist der der Konkordanz, die z.B.
die Übereinstimmung von Kasusmerkmalen u.a. in folgenden Konstruktionen
betrifft:

1. attributive Adjektive und Kopfnomen:
   (mit dem) klugen Affen,
   **(mit den) kluge Affen*

2. koordinierte NPn:
   mit dem Mann und der Frau,
   **mit dem Mann und die Frau*

3. prädikative Phrasen und NPn:
   Sie liebt ihn wie einen Freund
   **Sie liebt ihn wie einem Freund*

4. appositive NPn (im Normalfall):
   Mein bester Freund, der kleine Hieronymus, ...
   **Mein bester Freund, den kleinen Hieronymus, ...*

(iii) Konkordanz:

> Zwei Ausdrücke A und B stehen in Konkordanz bezüglich einer g-
> Kategorie α gdw. der Anteil α ihrer g-Kategorie unifizierbar ist.

21.   Ausdruck A   Ausdruck B

DAT; $\lambda x\ [\ AFFE(x)\ ]$ DAT; $\lambda y\ [KLUG(y)]$

Welcher Anteil für die Konkordanz im jeweiligen Fall relevant ist und in
welchen Domänen sie stattfindet, ist durch sprachspezifische Prinzipien gere-
gelt. Im allgemeinen sind Kasusmerkmale betroffen, aber möglicherweise
auch die Kategorie D (für Definitheit; siehe Abschnitte 3.6, 5.12).

Die soeben skizzierte Theorie gibt das zur Behandlung der Kongruenzphänomene notwendige Inventar vor. In der nun folgenden Arbeit wird eine detaillierte Analyse der Kongruenzphänomene des Maltesischen in diesem Rahmen
unter Berücksichtigung der Zusammenhänge zwischen Kongruenz, Rektion und
Konkordanz vorgenommen.

1. Genus- und Numerusmorphologie von Nomen und Adjektiv

Bevor ich in den Kapiteln 2 und 3 auf die Kongruenz- und Rektionsverhältnisse auf der syntaktischen Ebene eingehe, möchte ich in diesem Kapitel einen
Überblick über den morphologischen Aufbau von Nomina und Adjektiven im
Maltesischen geben, um damit auch einen Einblick in Aufgaben und Prozesse
des Lexikons zu verschaffen. Im Vordergrund steht die Frage, welche morphologischen Prozesse für die Indizierung der Individuenvariablen verantwortlich
sind. Die maltesischen Daten, die für diesen Abschnitt relevant sind, insbesondere die, die die Pluralbildung betreffen, sind oft sehr komplex und noch
weitgehend unanalysiert. Ich möchte hier deshalb keinen Anspruch auf Voll-
ständigkeit erheben. Aus den Daten lassen sich aber trotzdem einige Annahmen herauskristallisieren, die eine Basis für die nötigen Repräsentationen
liefern. Im folgenden werden zunächst die Fakten dargestellt, anschließend
wird eine Formalisierung angestrebt.

1.1. Genusmorphologie: das Nomen

Für das Maltesische gilt die folgende Verallgemeinerung: Auf der Basis ihrer
Distribution können die Nomina im Singular in zwei Klassen unterteilt werden:
in die Klasse der Feminina, die auf -a enden, einerseits und die übrigen, die
als Klasse der Maskulina bezeichnet werden können. Diese Unterteilung der
Nomina wird durch ihre Distribution gerechtfertigt: In Kombination mit
anderen Wörtern oder Phrasen (Demonstrativum, APn, VPn) treten sie je
nach ihrer Klassenzugehörigkeit immer mit den entsprechenden Formen auf.
So kommen z.B Maskulina immer mit dem Demonstrativum *dak* und der
Verbform *ġie*, Feminina dagegen mit *dik* und der Verbform *ġiet* vor.

1. (a) Dak ir-raġel ġie.
        jener df-Mann kam(3msg)
        Jener Mann ist gekommen.

   (b) Dik il-mara ġie-t.
        jene df-Frau kam-3fsg
        Jene Frau ist gekommen.

   (c) *Dik ir-raġel ġie-t.
        jene df-Mann kam-3fsg

   (d) *Dak il-mara ġie.
        jener df-Frau kam(3msg)

(e) Pawlu ġie/*ġie-t.　　　　　　　(f) Pawla ġie-t/*ġie.
Paul　kam(3msg)/kam-3fsg　　　　Paula kam-3fsg/kam(3msg)
Paul ist gekommen.　　　　　　　Paula ist gekommen.

Das gilt unabhängig davon, ob die Nomina auf menschliche Objekte referieren
oder nicht.

2.(a) Dak　il-ktieb　　　wasal.　　　(b) Dik　l-ittr-a　　　wasl-et.
jene df-Buch(msg) ankam (3msg)　　jene df-Brief-fsg ankam-3fsg
Jenes Buch(msg) ist angekommen.　　Jener Brief ist angekommen.

(c) *Dik　il-ktieb　　　wasl-et.　　(d) *Dak　l-ittr-a　　　wasal.
jene df-Buch(msg) ankam-3fsg　　　jener df-Brief-fsg ankam (3msg)

Für Nomina, die auf belebte Objekte referieren, gilt folgendes: in der Regel
enden diejenigen Nomina, die auf weibliche Individuen referieren, auf -a,
und die, die auf männliche Individuen referieren, auf beliebige andere Laute,
wie die Beispiele in (3) zeigen:

3. (a) tifel　　　(b) tifl-a　　　(c) kelb　　　(d) kelb-a
Junge(msg)　　Mädchen-fsg　　Hund(msg)　　Hund-fsg

(e) zij-u　　　(f) zij-a　　　(g) mixli　　　　(h) mixli-ja
Onkel-msg　　Tante-fsg　　Angeklagter(msg)　Angeklagte-fsg

(i) barri　　　(j) baqr-a
Bulle(msg)　　Kuh-fsg

Ausnahmen sind *omm* 'Mutter' und *oht* 'Schwester', die einen Konsonanten im
Auslaut haben, trotzdem aber, wie die Kongruenz zeigt, Feminina sind (vgl.
(4)); andererseits gibt es Wörter wie *pa'pa* 'Vati' und *'papa* 'Papst', die zwar
auf -a enden, aber nach ihrer Distribution Maskulina sind (vgl. (5)).

4. (a) Omm　Pawlu　ġie-t.　　　　(b) *Omm　　Pawlu　ġie.
Mutter Paul　kam-fsg　　　　　Mutter　Paul　kam(msg)
Pauls Mutter ist gekommen.

(c) Oht　　　Pawlu　ġie-t.　　　(d) *Oht　　　Pawlu　ġie.
Schwester Paul　kam-fsg　　　Schwester Paul　kam(msg)
Pauls Schwester ist gekommen.

5. (a) Il-pa′pa ġie. (b) *Il-pa′pa ġie-t.
       df-Vati kam(msg)   df-Vati kam-fsg
       Vati ist gekommen.

   (c) Il-′papa ġie. (d) *Il-′papa ġie-t.
       df-Papst kam(msg)   df-Papst kam-fsg
       Der Papst ist gekommen.

Hier dominiert offensichtlich die semantische Information, die die Referenz
auf ein weibliches bzw. männliches Individuum festlegt, über die morphologische Markierung und bestimmt damit die formalen Eigenschaften der
Individuenvariable. Das stützt die These, daß die formale Kongruenz eng mit
der Semantik interagiert und daß es sinnvoll ist, Kongruenzattribute eher im
Zusammenhang mit der Semantik als mit der Syntax zu behandeln.

Da es keine Nomina gibt, die auf ein weibliches bzw. männliches Individuum referieren, aber nicht [+FEM] bzw. [-FEM] sind, kann man die folgenden Beziehungen formulieren.

6.   WEIBL(x)   —>   ⟨ x, ⟨ FEM, + ⟩ ⟩
       MÄNNL(x)   —>   ⟨ x, ⟨ FEM, - ⟩ ⟩

Die Implikation gilt allerdings nur in der angegebenen Richtung, da alle
Nomina, die auf Objekte ohne natürliches Geschlecht referieren, ebenfalls
[+FEM] oder [-FEM] sind, aber in ihrer Semantik nicht die Prädikate
WEIBL oder MÄNNL enthalten.

Auch unter den menschlichen Eigennamen gibt es häufig solche, die nicht
auf -a enden, aber trotzdem auf weibliche Personen referieren. Hier dominiert ebenfalls das natürliche Geschlecht, sie sind formal [+FEM].

7. (a) Audrey ġie-t. (b) Suzanne ġie-t.
       Audrey kam-3fsg   Susanne kam-3fsg
       Audrey ist gekommen.   Susanne ist gekommen.

Bei Markennamen für Industrieprodukte werden die formalen Eigenschaften
des Nomens, unter das das Produkt fällt, übernommen. So ist z.B. *Volks-
wagen* [+FEM], da *karozza* 'Auto' ebenfalls [+FEM] ist.

8. (a) Il-Volkswagen wasl-et (b) Il-karozz-a wasl-et
       df-Volkswagen ankam-3fsg   df-Auto-fsg ankam-3fsg
       Der VW ist angekommen   Das Auto ist angekommen

Aus historischen Gründen (romanische Abstammung) sind zwei auf *-i* endende Nomina (*ligi* 'Gesetz' und *arti* 'Kunst') sowie alle Wörter, die auf *-azzjoni* enden, Feminina, wie erneut aus den Kongruenzverhältnissen ersichtlich ist.

9. (a) Il-liġi   ghaddie-t.   (b) Id-dimonstrazzjoni kien-et ..
          df-Gesetz vorbei+ging-3fsg   df-Demonstration war-3fsg
          Das Gesetz ist ratifiziert worden.   Die Demonstration war ...

    (c) *Il-liġi   ghadda.   (d) *Id-dimonstrazzjoni kien ...
         df-Gesetz vorbei+ging(3msg)   df-Demonstration war(3msg)

Diese Wörter müssen als lexikalische Ausnahmen behandelt werden. Was das formal bedeutet, wird in Abschnitt 1.7 anhand von *ras* 'Kopf(fsg) erklärt.

1.2. Genusmorphologie: das Adjektiv

Bei den Adjektiven gilt ohne Ausnahmen die Verallgemeinerung, daß Wörter mit *-a* im Auslaut Feminina und Wörter mit einem Konsonanten im Auslaut Maskulina sind (vgl. (10)). Die Genusverhältnisse gehen aus der Kongruenz des Adjektivs mit dem Nomen klar hervor, wie in (11) zu sehen ist.

10. (a) sabih   sabih-a   (b) ġdid   ġdid-a   (c) twil   twil-a
      schön(msg) schön-fsg   neu(msg) neu-fsg   groß(msg) groß-fsg

11. (a) il-fjur-a   sabih-a   (b) ir-rumanz   sabih
        df-Blume-fsg schön-fsg   df-Roman(msg) schön (msg)
        die schöne Blume   der schöne Roman

    (c) ir-raġel   twil   (d) il-mar-a   twil-a
        df-Mann(msg) groß(msg)   df-Frau-fsg groß-fsg
        der große Mann   die große Frau

Alle auf *-i* endenden (nicht deverbalen) Adjektive, wie z.B. *intelliġenti* (intelligent), *kompetenti* (fähig) und *innoċenti* (unschuldig), sind in bezug auf Genus unbestimmt (siehe auch Beispiel (16) in Abschnitt 0.7). Das gilt jedoch nicht für deverbale Adjektive, also partizipial Formen wie *mixwi* 'getoastet', die im Maskulinum auf *-i* enden, dessen Femininum jedoch eine eigene reguläre, d.h. auf *-a* endende Form aufweist. (Die Epenthese des Halbvokals in (12d) ist rein phonologisch bedingt.)

12. (a) ir-raġel   intelliġenti   (b) il-mar-a   intelliġenti
       df-Mann(msg) intelligent   df-Frau-fsg   intelligent
       der intelligente Mann   die intelligente Frau

    (c) il-ħobż   mixwi   (d) il-ħobż-a   mixwi-ja
       df-Brot(msg) getoastet(msg)   df-Brot-fsg getoastet-fsg
       das getoastete Brot   das getoastete Stück Brot

1.3. Numerusmorphologie: das Nomen

Es gibt im Maltesischen zwei Hauptformen des Plurals: (i) der "ganze Plural",
bei dem sich die Pluralform von der Singularform durch Suffigierung unterscheidet, und (ii) der "gebrochene Plural", bei dem sich die Pluralform von
der Singularform durch eine Variation der CV-Struktur und eine Veränderung der Vokalmelodie unterscheidet. In (13) sind einige Beispiele aufgeführt:

13. (i) der ganze Plural   (ii) der gebrochene Plural
      SINGULAR PLURAL   SINGULAR PLURAL

    (a) art   art-ijiet   (c) bolla   bolol
       Land   Länder   Briefmarke Briefmarken

    (b) ħalliel   ħallel-in   (d) tabib   tobba
       Dieb   Diebe   Arzt   Ärzte

Es gibt die folgenden Pluralaffixe (siehe u.a. Żarb 1968, Fenech 1992):
    (a) *-iet*   /ı:t/   (e) *-in*   /ijn/   (i) *-ien* /ı:n/
    (b) *-ijiet* /ijı:t/   (f) *-a*   (j) *-an* /a:n/
    (c) *-at*   /a:t/   (g) *-i*
    (d) *-t*   (h) *-ejn*

Man kann die Menge der Affixe jedoch wegen folgender Beobachtung etwas
reduzieren: mit nur einigen wenigen Ausnahmen folgendes: (i) *-iet* kombiniert
mit Stämmen, die im Singular auf *-a* enden, also Feminina sind (vgl. (14a)
und (14b)); (ii) *-ijiet* wird an Stämme affigiert, die im Singular nicht auf *-a*

enden, und dadurch Maskulina sind (vgl. (14c) und (14d)); (iii) -*at* kommt mit Stämmen vor, die entweder auf den Verschlußlaut [ʔ] oder auf das Stumme *gh* in der Schrift enden (vgl. (14e) und (14f)); (iv) so wie -*iet* erscheint -*t* auch mit Wörtern wie *idea* 'Idee', die im Singular auf /a/ enden, dessen /a/ jedoch anders als bei -*iet* nicht als ein eigenständiges Morphem analysiet werden kann. Es kann also angenommen werden, daß -*ijiet*, -*iet*, -*at* und -*t* Allomorphe eines abstrakten Pluralmorphems -...*t* sind.

Aus ähnlichen Gründen können -*ien* und -*an* auf ein Morphem -*VVn* reduziert werden, da die Umgebung in der -*an* vorkommt prädiktabel ist, und zwar nur nach Stummes *gh* (vgl. (14g) und (14h)). Die Menge der Plural-Affixe kann also auf sechs Morpheme reduziert werden.

In (14i) - (14p) sind einige Beispiele für die restlichen Plural-Affixe dargestellt. Obwohl die Affixe in den meisten Fällen auf idiosynkratischer Weise an Nominalstämme affigiert werden, ist es jedoch manchmal möglich Beobachtungen zu machen, die die Willkur der Wahl etwas reduzieren. So z.B. scheint es, daß -*a* meistens an deverbale Nomina affigiert werden kann. (Vgl. (14m) und (14n), wo vermutlich *haddiem* 'Arbeiter' aus *hadem* 'arbeiten' und *kelliem* 'Redner' aus *kellem* 'mit jemandem reden' abgeleitet sind.)

14.	SINGULAR	PLURAL		SINGULAR	PLURAL
(a)	daqq-a	daqq-iet	(b)	siġr-a	siġr-iet
	Schlag	Schläge		Baum	Bäume
(c)	kors	kors-ijiet	(d)	siġġ-u	siġġ-ijiet
	Kurs	Kurse		Stuhl	Stühle
(e)	triq	triq-at	(f)	siegh-a	sigha-t
	Straße	Straßen		Stunde	Stunden
(g)	sid	sid-ien	(h)	qiegh	qiegh-an
	Besitzer	Besitzer(pl)		Boden	Böden
(i)	bahri	bahri-n	(j)	qassis	qassis-in
	Seemann	Seeleute		Priester	Priester(pl)
(k)	kaxx-a	kaxx-i	(l)	land-a	land-i
	Kiste	Kisten		Dose	Dosen
(m)	haddiem	haddiem-a	(n)	kelliem	kelliem-a
	Arbeiter	Arbeiter		Redner	Redner(pl)
(o)	widn-a	widn-ejn	(p)	ghajn	ghajn-ejn
	Ohr	Ohren		Auge	Augen

Obwohl das Affix -*ejn* (vgl. (14m) und (14n)) historisch der Dualmarker war, wird es synchronisch oft zur Pluralbildung benutzt (siehe Fenech 1992) und kann deswegen zu den Pluralaffixen gezählt werden.

24

15. Il-mostru   għand-u   għaxar   għajn-ejn.
    df-Monster bei-3msg   zehn   Auge-pl
    Das Monster hat zehn Augen.

Ob das Affix -s auch als Pluralaffix für das Maltesische betrachtet werden
kann, ist nicht so klar. Obwohl viele aus dem Englischen stammende Wörter
ihre Pluralform mit dem Suffix -s bzw. -is bilden (vgl. (16)), ist unklar,
inwieweit es sich dabei um tatsächlich in die Sprache integrierte Wörter
handelt.

16. (a) kuker   kukers   (b) friġ   friġis
        Herd   Herde   Kühlschrank Kühlschränke

(17a) und (17b) zeigen, daß bei einigen aus dem Englischen stammenden
Wörtern der Plural mit dem Suffix -ijiet gebildet wird. Dieses Faktum kann
als Hinweis darauf betrachtet werden, daß -ijiet bzw. -...t im Maltesischen
das Default-Affix für Plural im Sinne des Modells der lexikalischen Morpho-Phonologie ist (vergleichbar mit dem Pluralaffix -s im Deutschen), und
deshalb erst nach den anderen Affixen auf der höchsten Ebene affigiert wird.
Unabhängige Evidenz dafür ergibt sich aus dem sogenannten *Plural tal-Plural*
'Plural des Plurals' (vgl. (17c) und (17d)). Es handelt sich dabei um eine
relativ seltene Konstruktionen, in der das Affix -ijiet an eine Form affigiert
wird, die schon im Plural steht. Der Unterschied zwischen den beiden Pluralformen besteht darin, daß die erste, einfache Pluralform nicht mit Zahlwörtern vorkommen darf, die zweite, doppelte Pluralform jedoch schon.

17. (a) kejk   kejk-ijiet   (b) set   sett-ijiet
        Kuchen(sg) Kuchen-pl   Service(sg) Service-pl

    (c) tarf   truf   truf-ijiet
        Rand(sg) Rand(pl)   Rand-pl

    (d) għaġeb   għeġub   għeġub-ijiet
        Wunder   Wunder(pl)   Wunder—pl

Die Daten unter (18) zeigen, daß die Auslautvokale -a und -u bei der Pluralbildung immer durch die Pluralaffixe ersetzt werden, was darauf hindeutet,
daß -a und -u im Singular auch als Affixe, die einem Stamm hinzugefügt
werden, behandelt werden sollten:

18.

STAMM	SINGULAR	PLURAL	STAMM	SINGULAR	PLURAL
papr-	papr-a	papr-i	ball-	ball-u	ball-ijiet
Ente	Ente-sg	Ente-pl	Ball	Ball-sg	Ball-pl
bajd-	bajd-a	bajd-iet	kall-	kall-u	kall-ijiet
Ei	Ei-sg	Ei-pl	Hühnerauge	H. auge-sg	H.auge-pl
kikkr-	kikkr-a	kikkr-i	zij-	zij-u	zij-iet
Tasse	Tasse-sg	Tasse-pl		Onkel-sg	Onkel-pl
bews-	bews-a	bews-iet	zij-	zij-a	zij-iet
Kuß	Kuß-sg	Kuß-pl		Tante-sg	Tante-pl

Für den gebrochenen Plural gibt es sieben mögliche CV-Muster.

19.

	SINGULAR	PLURAL	CV-MUSTER	
(a)	tifel/ tifla	tfal	CCVVC	(VV = langes /a/)
	Junge/Mädchen	Kinder		
(b)	storja	stejjer	CCVCCVC	
	Geschichte	Geschichten		
(c)	barmil	bramel	CCVVCVC	(VV = langes /a/)
	Eimer	Eimer		
(d)	bozza	bozoz	CVCVC	
	Birne	Birnen		
(e)	tabib/a	tobba	CVCCV	
	Arzt/Ärztin	Ärzte		
(f)	bahar	ibħra	VCCCV	
	Meer	Meere		
(g)	bidwi	bdiewa	CCVVCV	(VV = langes /ι/)
	Bauer	Bauern		

Es gibt keine eins-zu-eins Abbildung von Singular- auf Plural-CV-Muster. Das Plural-CV-Muster CCVVC z.B. kann als Plural der Singular-Muster CVCC, CVC CVCVC auftreten.

20.   SINGULAR   PLURAL (CCVVC)

   (a)   belt   bliet
        Stadt   Städte
   (b)   suq   swieq
        Markt   Märkte
   (c)   ħabib   ħbieb
        Freund   Freunde

Man könnte diese verschiedenen Plural-Muster, von denen einige auf nur wenige Wörter beschränkt sind, möglicherweise verallgemeinern und ein zugrunde-liegendes CV-Template ableiten (wie McCarthy das für die Verbderivations-klassen (Binyanim) des Hocharabischen macht (siehe McCarthy 1981)). Solche Templates können auf der Basis von prosodischen Einheiten wie Silben oder Füßen abgeleitet werden (siehe McCarthy & Prince 1990). Das ist aber für die Zwecke dieser Arbeit nicht nötig, und ich werde es deshalb nicht versu-chen.

Da die Pluralbildung im Maltesischen, ähnlich wie im Deutschen, sehr idiosynkratisch ist, müssen die Basiseinträge der Nomina Information darüber beinhalten, zu welcher Pluralklasse (je nach Affix oder CV-Typ) sie gehören. Diese Information kann als Input für die Ebene dienen, auf der die Plural-affigierung stattfindet.

1.4. Numerusmorphologie: das Adjektiv

Dieselben Pluraltypen ('ganz' und 'gebrochen') wie für die Nomina gelten auch für die Adjektive – mit dem einzigen Unterschied, daß die Variation kleiner ist. Es gibt nur zwei Affixe (-in und -i) und zwei Plural-CV-Muster (CCVVC, in (21c) mit VV = langes /a/, und CVCVC):

21.   SINGULAR   PLURAL   SINGULAR   PLURAL

   (a)   kiesaħ   kesh-in   (b)   sinjur   sinjur-i
        kalt   kalt-pl   reich   reich-pl

   (c)   kbir   kbar   (d)   dejjaq   dojoq
        groß   groß (pl)   eng   eng (pl)

Schließlich können einige Adjektive, deren Plural mit dem Affix *-in* gebildet wird, auch mit *-a* als Variante vorkommen. Die meisten Adjektive, die als Variante zu *-in* auch *-a* erlauben, sind vermutlich deverbal. So z.B. ist *ghajjien* 'müde' in (22) mit dem Verb *ghajja* 'müde werden' verwandt. Damit verhalten sie sich wie die deverbalen Nomina, die ebenfalls oft im Plural auf *-a* enden (siehe (14m) und (14n) oben),

22. (a) it-tfal   ghajjen-in   (b) it-tfal   ghajjien-a
       df-Kinder(pl)   müde-pl   df-Kinder(pl)   müde-pl
       die müden Kinder   die müden Kinder

    (c) It-tfal   ghajje-w.
       df-Kinder(pl)   müde+werd-3pl
       Die Kinder sind müde geworden.

Diese Adjektive müssen die Information tragen, daß sie zwei verschiedenen Pluralklassen angehören.

Die Tabellen I und II geben eine Übersicht über die verschiedenen Nomen- und Adjektivformen.

Tabelle I: NOMEN

Genus	Numerus	
1. Nomen auf *-a*, *-azzjoni* sind Feminina	ganz	gebrochen
Einige Ausnahmen:	1. *-...t*	1. CCVVC
pa'pa 'Vati',	2. *-VVn*	2. CCVCCVC
liġi 'Gesetz'	3. *-(i)n*	3. CCVVCVC
2. sonst: Maskulina	4. *-i*	4. CVCVC
Einige Ausnahmen:	5. *-a*	5. CVCCV
oht 'Schwester',	6. *-ejn*	6. VCCCV
omm 'Mutter		7. CCVVCV

28

Tabelle II: ADJEKTIVE

Genus	Numerus	
1. - *a* Feminina 2. -*i* unspezifiziert (gilt nicht für deverbale Adjektive) 3. sonst: Maskulina	ganz	gebrochen
	1. -*in* 2. -*i* (mit -*a* als Variante)	1. CCVVC 2. CVCVC

1.5. Markiertheit

Bevor ich in den folgenden Abschnitten die morphologischen Regeln und die Vergabe von Defaultwerten diskutiere, möchte ich kurz auf das Konzept der Markiertheit eingehen. Bei Merkmalen mit boole'schen Werten soll durch die Verteilung der Werte die morphologische Markiertheit eines Elements wider-spiegelt werden. Der unmarkierte Wert eines Merkmals ist -, der markierte Wert ist "+". Die Festlegung des Merkmals selbst ist also so zu wählen, daß es den markierteren Fall "anspricht". So lassen sich Singular und Plural mit einem Merkmal unterscheiden: Setzt man das Merkmal SING an, so legt man damit automatisch die Singularform, die den Wert "+" trägt, als die markierte fest, setzt man dagegen (wie hier) PLU an, so legt man die Pluralform als die markierte Form und die Singularform als die unmarkierte fest.

Ein generelles Entscheidungskriterium für den Grad der Markiertheit ist die morphologische Komplexität einer Form. Nach diesem Kriterium ist ein Element (Wort) morphologisch markiert relativ zu einem anderen Element, wenn es ein explizites Affix trägt oder eine Formveränderung des Stammes aufweist. In diesem Sinne sind z.B. *tifl-a* 'Mädchen' und *kamr-a* 'Zimmer' gegenüber *tifel* 'Junge' und *bieb* 'Tür' in bezug auf Genus markiert. In diesem Sinne ist jedoch auch *zij-u* 'Onkel' markiert, da es wie *zij-a* 'Tante' ein explizites Affix aufweist. Um dieser Markiertheit Rechnung zu tragen, müßte man zusätzlich zu [+FEM] und [-FEM] eine Spezifikation wie [+MASK] verwenden, die aber später für die Zwecke der Kongruenz mit Adjektiven und Verben parallel zu [-FEM] interpretiert wird.

Will man nun aber Markiertheit nicht lediglich in bezug auf die morpho-logische Form von Einzelwörtern festmachen, sondern für generellere Klassen verallgemeinern, so macht es Sinn anzunehmen, daß die Markiertheit für Klassen von Elementen gilt, auch wenn Einzelvertreter der Klassen in bezug auf das morphologische Kriterium aus der Reihe fallen. So sind z.B. die Feminina insgesamt markiert im Vergleich zu den Maskulina, egal ob erstere explizit mit -a und letztere mit -u affigiert sind oder nicht. Bedingung für die Festlegung einer solchen allgemeinen Markiertheit einer ganzen Klasse gegenüber einer anderen muß aber auch wieder eine (in irgendeiner Form) größere Komplexität der einzelnen Vertreter der markierten Klasse gegenüber der unmarkierten sein. Im Fall von Genus ist die Markiertheit der Feminina gegenüber den Maskulina dadurch gegeben, daß der überwiegende Anteil morphologisch komplex ist, während das bei den Maskulina ein weit geringerer Teil ist.

Ich möchte im folgenden die Markiertheit als allgemeine Eigenschaft des ganzen Genussystems betrachten und daher, wie oben ausgeführt, Femininum für das Maltesische allgemein als den markierten Fall behandeln, da es in der Regel ein Affix benötigt. Daher kann die Affigierung von -a die Merkmalsspezifikation [+FEM] für Femininum hinzufügen.

1.6. Die Bildung der Genusformen

Der folgenden Analyse liegt das Modell der Lexikalischen Morphophonologie (siehe Kiparsky 1982, Kiparsky 1985, Mohanan 1986) zugrunde, in dem die Affigierung von Flexionsaffixen als lexikalischer Prozeß behandelt wird. Im folgenden steht jedoch im Vordergrund nicht die Interaktion von Derivations- bzw. Kompositionsprozessen mit der Flexion, und die daraus resultierende zyklische Natur von morphologischen Operationen. Es wird lediglich eine Skizze über den möglichen Aufbau von Flexionsformen und ihrer Merkmalsstrukturen angestrebt, und ihrer Interaktion mit phonologischen Prozessen wie der Silbifizierung angedeutet.

Es wird sich zeigen, daß ein effizientes System für den Aufbau von den Flexionsformen aus unterschiedlichen Stufen der Abstraktion bestehen muß. Um diese Stufen zu repräsentieren bediene ich mich von einer Idee, die auf einen Vorschlag von Wiese (1992) für die deutsche Morphologie, zurück geht (siehe Wiese 1992). Ich nehme an, daß die Staffelung bei der Bildung von Formen im Lexikon durch die Merkmale min(imal) und max(imal) repräsen-

tiert werden kann. Wie in (23) zu sehen ist, geben diese Merkmale die
Kategorien R(oot), S(tem) und W(ord), die drei unterschiedlichen Stufen in
den Aufbau von Wörtern im Lexikon darstellen[1], wieder.

23.

	min	max
R(oot)	+	-
S(tem)	-	-
W(ord)	-	+

Im folgenden werde ich die Operationen der Affigierung und der CV-Veränderung unter den Begriff "Umstrukturierung" fassen. In bezug auf die Merkmale
min und max sind die Basisformen danach klassifiziert, ob sie durch Umstrukturierung von Genus- oder Pluraloperation: (i) weiter betroffen werden müssen
([+min, -max]) und noch Default -Werte bekommen müssen, (ii) betroffen
werden können und noch Default-Werte bekommen müssen ([-min, -max])
oder (iii) nicht weiter betroffen sind und auch keine Default-Merkmale
bekommen dürfen ([-min, +max]). (24) zeigt einige Beispiele für diese drei
Klassen und in (25) sind einige Beispiele für Basiseinträge aufgelistet.

24.

(i)		(ii)	
ball-	Tanzveranstaltung	tifl	Kind
zij-	Onkel/Tante	neml	Armeise
ball-	Gewehrkugel	sabih	schön
mejd-	Tisch	missier	Vater

(iii)

intelligenti	intelligent
arroganti	arrogant
interessanti	interessant
kannella	braun

---

[1] Ich verwende den Begriff R(oot), also Wurzel, nicht wie er im traditionellen Sinn
für semitischen Sprachen verwendet wird, d.h. nur auf die konsonantischen Würzeln
bezogen. Hier bezieht sich der Begriff auf eine von den drei morphologischen Stufen, die für die Bildung der unterschiedlichen Formen notwendig ist. Inwiefern es
sinnvoll ist, daß bei Nomina wie bei Verben (siehe Abschnitt 4. 6.) im Maltesischen die Wurzel-Konsonanten von den Vokalen zu trennen werden, möchte ich hier
offen lassen. Bei Wörtern wie *ball-a* und *balal*, dessen Form vorhersagbar ist, wäre
eine solche Annahme sinnvoll, nicht aber bei solchen wie *tapit* 'Teppich' und *twapet*
'Teppiche'.

25.	Maltesisch	Deutsch	Basis-Kategorie	fertige Form
(a)	ball-	Tanzveranstaltung	+min, -max	ball-u/ball-ijiet
(b)	ball-	Gewehrkugel	+min, -max	ball-a/balal
(c)	tifl	Junge/Mädchen	-min, -max	tifel/tifl-a/tfal
(d)	sabih	schön	-min, -max	sabih/sabih-a/sbieh
(e)	ktieb	Buch	-min, -max	ktieb/kotb-a
(f)	ras	Kopf	-min, -max	ras/rjus
(g)	intelligenti	intelligent	-min, +max	intelligenti

(25a) und (25b) können ohne morphologische Veränderung nicht das Lexikon verlassen, da sie erst durch ein Genus- bzw. Plural-Affix ergänzt werden müssen. Für Genus erfogt das durch eine morphologische Regel, die -u bzw. -a affiziert. Die -u-Regel operiert nur auf Nomina, nicht auf Adjektive, und sie bildet zuerst Stämme aus den Basisformen, also sie führt [+min, -max]-Kategorien in [-min, -max]-Kategorien über. Die -u-Regel kann nicht auf die Formen von (25c) - (25g) operieren, da sie die Inputbedingung [+min, -max] nicht erfüllen.

Die -a-Regel operiert auf [-max]-Einträge wie die von (25b) bis (25d), also sowohl auf Nomina wie auch auf Adjektive. Deshalb velangt sie als Inputbedingung nur das Merkmal [+N] und sie fügt die Kongruenzinformation [+FEM], die mit der externen Θ-Rolle assoziiert wird. Diese Regel darf jedoch nicht (25a) ball- oder (25e) ktieb und (25f) ras als Input haben. Bei (25a) und (25f) wird das dadurch vermieden, daß der Basiseintrag schon das Merkmal [-FEM] trägt. Dieses ist gerechtfertigt, da, ob ein Wort als Maskulinum klassifiziert wird, eine unvorhersagbare idiosynkratische Eigenschaft dieses Wortes ist. Aus demselben Grund muß (25f) ras auch schon im Lexikon als [+FEM] markiert sein, da in der Regel Feminina auf -a enden, d.h. der a-Regel unterliegen.

Die Prinzipien der Spezifizität und der Nicht-Redundanz (siehe Wunderlich 1992b) verhindern die Bildung von ungrammatischen Formen wie z.B. *ball-u aus (25b) und *ras-a aus (25f). Das Prinzip der Spezifizität besagt, daß eine spezifischere Form bzw. Regel immer Vorrang hat (siehe auch Anderson 1986 und Kiparsky 1973). (25b) ball- könnte als Input sowohl für die u- als auch für die a-Regel dienen. Da die a-Regel jedoch die spezifischere ist, hat sie Vorrang über die u-Regel, sodaß die richtige Form ball-a gebildet wird. Das Prinzip der Redundanz verhindert, daß eine Information zweimal hinzugefügt wird. Dadurch daß (25f) ras in der Basis schon mit dem Merkmal [+FEM] versehen ist, wird vermieden, daß es ein redundantes -a als Affix bekommt.

Bevor ich die Pluralbildung und die Zuweisung von Default-Werten in den nächsten Abschnitten behandele, möchte ich die bisher diskutierten Genus-Bildungen schematisch darstellen.

26. (a) ball-   —>   ball-u
         [+min, -max; -FEM]   [-min, -max; -FEM]
     (b) ball-   —>   ball-a
         [+min, -max]   [-min, -max; +FEM]
     (c) tifl   —>   tifl-a
         [-min, -max]   [-min, -max; +FEM]
     (f) sabiħ   —>   sabiħ-a
         [-min, -max]   [-min, -max; +FEM]
     (g) ktieb   —>   ktieb
         [-min, -max; -FEM]   [-min, -max; -FEM]
     (h) ras   —>   ras
         [-min, -max, +FEM]   [-min, -max; +FEM]

1.7. Die Bildung der Pluralformen

Für die Pluralbildung gibt es mehrere Operationen (eine für jede Umstrukturierung), die die Information [+PLU] hinzufügen. Es ist nicht klar, inwiefern die Auswahl einer bestimmten Pluralform nur auf phonologische (vielleicht prosodische) Bedingungen zurückgeführt werden kann. Schlimmstenfalls müssen die Einträge für Nomina und Adjektive je nach Typ in Klassen unterteilt werden. Die Information darüber zu welcher Klasse ein Eintrag gehört, kann ähnlich wie bei den zwei Genus-Klassen, die oben diskutiert wurden, in Form eines g-Merkmals (z.B. PK für Plural-Klasse) mit einer Kardinalzahl als Wert repräsentiert werden. *kaxx-* 'Kiste' z.B. ist mit der Information [PK1] gekennzeichnet, und das Pluralaffix *-i* nimmt ein Nomen dieser Klasse. Wie bei den Genus-Regeln wird mit der Affigierung dann die Variable der externen Θ-Rolle mit der Spezifikation [+PLU] indiziert.

Für die Bildung der Pluralformen braucht man zwar verschiedene Regeln aber nur ein Regeltyp, der als Input [-max]-Kategorien nimmt, Operationen wie z.B. Affigierung oder CV-Veränderung durchführt und als Output [-max, -min] ergibt. Dieser Regeltyp kann auf alle die Formen in (25) operieren mit Ausnahme von Wörtern wie *intelligenti* (vgl. (25g)), das [-min, +max] ist und deshalb von keiner der bisher diskutierten Flexionsregeln betroffen wird. Im Lexikon befinden sich Verallgemeinerungen über die Distribution von

Merkmalen, die den Feature Cooccurrence Restrictions (FCRs) in GPSG entsprechen. Mit den folgenden Merkmalsdistributionsregeln (MDRn) wird erfaßt, daß im Maltesischen Genus keine Rolle spielt, wenn ein Wort im Plural steht. Das Zeichen '~' in (27) bedeutet "undefiniert für".

27. MDR: $[+\mathrm{PLU}] \longrightarrow [\sim\mathrm{FEM}]$

Im System von Wunderlich (1992b) interpretiert bedeutet (27), daß die Zelle im Paradigma für [+PLU] im Maltesischen kein Sub-Paradigma für die Dimension FEM hat.

Aufgrund dieser MDR aber müssen die Basiseinträge in (25) etwas verändert werden. Die Angaben über Genus in der Basis müssen optional sein, da diese Einträge ja sonst nie Input für eine Pluralregel sein könnten. So z.B. wenn *ktieb* Input für die Pluralregel ist, ist dann die Information [-FEM] unbrauchbar, da es für sie keine Zelle im Paradigma zur Verfügung steht.

28.   (a) ball- $[\ldots (-\mathrm{FEM})]$
      (b) ras $[\ldots (+\mathrm{FEM})]$
      (c) ktieb $[\ldots (-\mathrm{FEM})]$

Aufgrung der MDR in (27) brauchen die Genus- und Numerusregeln nicht geordnet werden. So z.B da *tifl-a* [+FEM] ist, kann es nicht mehr von einer Pluralregel betroffen werden, die [+PLU] mit sich bringt und umgekehrt.

1.8. Die Default-Werte

Die Operation, die für die Vergabe der Default-Werte verantwortlich ist, verlangt als Input [+N; -min, -max]-Formen. Sie wandelt sie in [-min, +max] um und fügt die Default-Merkmale [-FEM] und [-PLU] hinzu. Die einzige Klasse von Elementen, die diese Operation nicht unterliegt, ist die [-min, +max]-Klasse, die Wörter wie *intelligenti* enthält. Da diese Ausdrücke schon als [+max, -min] klassifiziert ist, bleiben sie für sowohl für FEM als auch für PLU unspezifiziert und sie verlassen das Lexikon völlig unterspezifiziert in bezug auf die Kongruenzmerkmale.

Für die Maskulinum-Formen von *tifl* (vgl. (25c)) und *sabih* (vgl. (25d)) braucht man keine zusätzliche phonologisch leere Regel, da die Default-Operation auch auf sie anwendbar ist. Dieselbe Regel operiert auch auf (25e) *ktieb* und (25f) *ras*. In (29) befinden sich einige Beispiele für die Default-Ergänzung von Flexionsformen.

29. (a) ball-   —>   ball-u

       [+min, -max; (-FEM)]   [-min, +max; -FEM, -PLU]

   (b) ball-   —>   ball-a

       [+min, -max]   [-min, +max; +FEM, -PLU]

   (c) sabiḥ   —>   sabiḥ-a

       [-min, -max]   [-min, +max; +FEM, -PLU]

   (d) ras   —>   rjus

       [-min, -max, (+FEM)]   [-min, +max; +PLU]

   (e) intelliġenti   —>   intelliġenti

       [-min, +max]   [-min, +max]

Bevor die so erzeugten Formen aus dem Lexikon ausgegeben werden, müssen sie silbifiziert werden. Unter anderem bewirkt die Silbifizierung, daß Vokal-Positionen für Nuklei erzeugt werden, damit sich wohlgeformte Silben-strukturen ergeben. So wird z.B. *tifel* 'Junge' aus *tifl* gebildet. Darüber hinaus findet möglicherweise das "Spreading" von Assoziationslinien bei Formen wie *balVl*, die aus *ball-* bzw. /bal/ gebildet werden. Möglicherweise könnte man Formen wie *ball-*, die als Plural *balal* haben (d.h. der Klasse der Nomina mit gebrochenen Plural gehören) als [-min, -max] anstatt [+min, -max] klassifizieren (siehe (25b)). Die Form *balal* ergibt sich dann aus Gründen der Silbifizierung (siehe Abschnitt 4.1). Das hieße, aber, daß es eine Pluralregel geben muß, die aber das Merkmal [+PLU] hinzufügt aber phonologisch leer ist. Ich möchte die Konsequenzen dieses Gedankens aber an dieser Stelle nicht weiter verfolgen.

1.9. Das Regelformat

Affixe können als Funktoren wie in (30) repräsentiert werden. Die g-Merkmale [+N] bzw. [+ N, -V] bestimmen die Kategoriezugehörigkeit der Ausdrücke, die als Eingabe für diese Operation dienen. Das Merkmal [+N] charakteri-siert das Affix selbst als nominales Element. In (30) sind zwei Beispiele für die Genusaffixe *-a* und *-u* angegeben. Die *-a*-Affigierung operiert auf Nomen- und Adjektivstämmen und bringt das k-Merkmal [+FEM] mit; die *-u*-Affigie-rung operiert nur auf Nomenstämmen.

30. (a)   *-a:* +N, -min, -max; λP λx [$P(x)$]

$$\underset{-max}{+N} \quad +FEM$$

(b)   *-u:* +N, -min, -max; λP λx [$P(x)$]

$$\begin{array}{c}+N\\-V\\-min\\-max\end{array}$$

Unter der Annahme, daß die Affixe funktionale Köpfe sind und die Merkmale, die auf den Mutterknoten vererbt werden, die g-Merkmale des Kopfes sind, erklärt sich, wie die g-Merkmale [+min, -max] z.B. bei einer Bildung mit *-u* durch die Merkmale [-max, -min] "ersetzt" werden. Die Merkmale [-max, +min] werden "verbraucht" und [-min, -max] wird weitergegeben.

Ein Problem dieser Repräsentation stellt sich bei der Vererbung des Merkmals [+V] bzw. [-V] in (30b), das ebenfalls auf der Mutterkategorie erscheinen muß, aber nicht über die Kopflinie vererbt werden kann. Dieses Problem der Vererbung von lexikalischen Merkmalen stellt sich immer wieder in Zusammenhang mit der Annahme von funktionalen Kategorien (vgl. Abney 1986, Radford 1989). Eine Lösung in dem hier gewählten Rahmen ergibt sich über das 'Merkmalsvererbungsprinzip' (MVP; vgl. (31)), das zwischen einem funktionalen (d.h. nicht-lexikalischen) Kopf und seinem Komplement Unifikation in bezug auf N und V verlangt. Unter der Annahme dieses Prinzips und der weiteren Annahme, daß das Ergebnis der Unifikation der relevanten Merkmale der Töchterknoten am Mutterknoten erscheinen muß, gelangen auch die N/V-Spezifikationen des Fußes zum Mutterknoten (vgl. (32) als Beispiel für die Bildung von *sabih-a* 'schön-f').

31. **Das Merkmalsvererbungsprinzip (MVP)**
    Zwischen zwei Ausdrücken A und B, von denen A eine funktionale Kategorie ist und B deren Komplement, muß Unifikation bezüglich der Merkmale N und V stattfinden.

32. (a)   *-a:*   +N, -min, -max; λP λx [$P(x)$]

$$\underset{-max}{+N} \quad +FEM$$

(b) *sabih-:*   +N, -V, -min; λz [SCHÖN(z)]

(c) *sabih-a:*   +N, -V, -min, -max; λx [SCHÖN(x)]

$$+FEM$$

Schließlich muß die Affigierung bei Ausdrücken für Lebewesen wie z.B. *zij-u* 'Onkel' und *zij-a* 'Tante' oder *tifel* 'Junge' und *tifl-a* 'Mädchen' auch die Information hinzufügen, daß es sich semantisch um ein weibliches oder ein männliches Lebewesen handelt. Das könnte entweder durch die Belegung eines im Basiseintrag schon vorhandenen Parameters für SEXUS erfolgen, oder aber die Information ist aus dem Affix zu erschließen. Um das zu erreichen müssen die Relationen, die unter (6) in Abschnitt 1.1. erwähnt wurden, erstens bijunktiv sein (siehe auch Ortmann 1992), und zweitens als "Default"-Beziehung betrachtet werden, d.h. sie gelten, falls nichts dagegen spricht. Ist z.B. das Denotat eines Ausdrucks im Femininum in bezug auf SEXUS unbestimmt, dann ist aufgrund der Regel WEIBL ⟨—⟩ [+FEM] mangels anderer Information zu schließen, daß es sich um ein weibliches Indviduum handelt. Bei den Pluralformen wird die Information, daß es sich um ein AGGREGAT handelt, hinzugefügt[2]. Auf Details der Pluralsemantik soll hier nicht eingegangen werden, siehe dazu Link 1983, Krifka 1986 und Eschenbach (ersch.). (In (33) ignoriere ich die Angaben für Pluralklasse.)

33. (a) *-i:* +N, -max, -min; $\lambda P \quad \lambda x \ [P(x) \ \& \ \text{AGGREGAT}(x)]$
    $\underset{-max}{+N} \quad +PLU$

(b) *kaxx-:* +N, -V, +min, -max; $\lambda \underline{z} \ [\text{KISTE}(z)]$
    Kiste

(c) *kaxx-i:* +N, -V, -max, -min; $\lambda \underline{x} \ [\ \text{KISTE}(x) \ \& \ \text{AGGREGAT}(x) \ ]$
    Kiste-pl $+PLU$

---

2 Eine Alternative zu dem Regelformat, das hier vorgestellt wurde, bietet Wunderlich (1992b) an. Wunderlich nimmt an, daß Flexionsaffixe bei ihrer Affigierung nur Formen und nicht semantische Informationen manipulieren. Die Formen werden erst später, vor der Ausgabe aus dem Lexikon semantisch interpretiert. Der Ansatz von Wunderlich erlaubt es, g- und k-Merkmale bei der Flexionsbildung zunächst als gleichwertig zu behandeln. Die k-Merkmale werden erst später als Indizes interpretiert.

Tabelle IV zeigt noch einmal schematisch, wie das Modell konzipiert ist.

Tabelle IV

4. PHONOLOGIE

| u.a. Silbifizierung, Spreading |
| Output: [-min, +max] |
| Input: [-min, +max] |

⇑

3. DEFAULTS

| (i) [-FEM]   (ii)   [-PLU] |
| Output: [-min, +max] |
| Input: [-min, -max] |

⇑

2. GENUS/
   NUMERUS

| Genus- und Numerusumstrukturierung: |
| Output: [-min, -max] |
| Input: (i) -u: [+min, -max] |
| (ii) -a: [-max] |
| (iii) Pluraloperationen: [-max] |

⇑

1. BASIS

| Einträge mit idiosynkratischer Information |

38

2. Definitheit und Kongruenz im Maltesischen

Definitheit scheint bei der Kongruenz in verschiedener Hinsicht eine wichtige Rolle zu spielen. Zum Beispiel treten laut Givon (1976) im Swahili Objekt-Kongruenzaffixe nur dann am Verb auf, wenn das Objekt "referentiell definit" ist, wie in (1) zu sehen ist. Da es im Swahili keinen expliziten morphologischen oder syntaktischen Definitheitsmarker gibt, wird erst beim Gebrauch deutlich, ob eine NP definit ist oder nicht, daher der Begriff "referentiell definit".

1. (a) ni-li-soma kitabu
       1sg-Pst-les Buch
       Ich las ein Buch

   (b) ni-li-ki-soma   kitabu
       1sg-Pst-3sg-les Buch
       Ich las das Buch.

Bei Sprachen, in denen Definitheit morphologisch markiert wird, findet man häufig innerhalb der NP eine Kovariation zwischen der Form des Kopfnomens und der des attributiven Adjektivs, je nachdem ob das Nomen bzw. die NP definit ist oder nicht. Die Beispiele aus dem Schwedischen unter (2) (aus Cooper 1986) und aus dem Hocharabischen unter (3) (aus Lehmann 1982) illustrieren das.

2. (a) en gammal häst
       ein alt(indf) Pferd(indf)
       ein altes Pferd

   (b) den gamla hästen
       das alt(df) Pferd(df)
       das alte Pferd

3. (a) al-qamaru 'l-kabīru
       df-Mond   df-groß
       der große Mond

   (b) qamarun kabīrun
       Mond   groß
       ein großer Mond

Wie im Arabischen wird im Maltesischen Definitheit nicht nur am Nomen, sondern auch am Adjektiv markiert. Schabert (1976) stellt in dem Kapitel "Kongruenz Substantiv-Adjektiv" (S. 201) folgende Behauptung auf (Hervorhebung von mir):

> Adjektive kongruieren mit ihrem Leitwort bei attributivem Gebrauch nach Genus, Numerus und *Determination* ... (Schabert 1976, 201)

Er führt die folgenden Beispiele als Belege an:

4. (a) bahar   abjad
        See(msg) weiß(msg)
        ruhiger ("weißer") See

   (b) lanċ-a   bajd-a
        Motorboot-fsg weiß-fsg
        ein weißes Motorboot

   (c) il-lanċ-a   l-bajd-a
        df-Motorboot-fsg df-weiß-fsg
        das weiße Motorboot

   (d) laneċ   bojod
        Motorboot(pl) weiß(pl)
        weiße Motorboote

Unmittelbar danach findet sich bei Schabert die folgende Bemerkung zu den Beispielen in (5), die andeuten, daß es Ausnahmen zu dieser Art von Kongruenz gibt:

> Adjektive von Ländern sind auch in attributiver Verwendung meist indeterminiert (Schabert 1976, 105)

5. (a) it-temp   Taljan
        df-Wetter italienisch
        der italienische Wetterbericht

   (b) l-ikel   Malti
        df-Essen maltesisch
        das maltesische Essen

   (c) il-lingua   Maltija
        df-Sprache maltesisch
        die maltesische Sprache

Bei Sutcliffe (1936), der in seiner Grammatik des Maltesischen das Phänomen der Definitheit etwas ausführlicher als Schabert erörtert, ist dagegen keine Rede von Definitheitskongruenz zwischen Kopfnomen und attributivem Adjektiv. Stattdessen listet Sutcliffe einige semantisch-pragmatische Bedingungen auf, die Einfluß auf das Vorkommen bzw. Fehlen des definiten Artikels beim Adjektiv haben:

(i) An attributive adjective in agreement with a noun which is accompanied by the definite article itself takes the article only if the article is used with the noun to specify a particular object, and moreover, the adjective helps to identify the object named...

(ii) On the other hand, the article does not accompany the adjective if this is merely descriptive and does not help to distinguish the object named from others of its kind.

40

Sutcliffe erwähnt dann einige spezifische Fälle:

(iii) A noun may be made definite, not only by the article, but also by a
pronominal suffix. An adjective in agreement with a noun so determined also takes the article if its purpose is to indicate exactly the
object named.

(iv) In some common expressions in which the adjective is felt to be
descriptive, the article is not used, although in strict analysis it does
help to identify the object or objects named...

(v) Moreover, the article does not accompany the adjective when the noun
with its article does not signify a particular object, but has a generic
sense.

(vi) Adjectives derived from proper names are sufficiently determined in
themselves, and do not require the article.

Unter (6a) - (6d) sind die Beispiele angeführt, die Sutcliffe für die Fälle (iii)
bis (vi) gibt:

6. (a) b'xabla   f'id-u   l-waħda   (b) il-belt   imqaddsa
        mit Schwert in Hand-seine df-eine   df-Stadt heilige
        mit dem Schwert in der einen Hand   die heilige Stadt

   (c) il-ħobż iebes jitfarrak (d) l-ilsien Għarbi
       df-Brot hart   krümelt   df-Zunge arabisch
       hartes Brot krümelt   die arabische Sprache

Ziel dieses Kapitels ist es, zu bestimmen, ob Definitheit im Maltesischen in
der Tat genau wie Genus und Numerus der Kongruenz unterliegt, oder ob es
sich um ein teilweise oder sogar völlig anderes Phänomen handelt.

2.1. Der definite Artikel

Die zugrundeliegende Form des definiten Artikels im Maltesischen ist /l/ (in den Beispielen als *l-* geschrieben):

7. (a) ajruplan   (b) l-ajruplan   (c) ittra   (d) l-ittra
Flugzeug   df-Flugzeug   Brief   df-Brief
(ein) Flugzeug   das Flugzeug   (ein) Brief   der Brief

Je nach phonologischer Umgebung ist /l/ den phonologischen Prozessen der /i/-Epenthese und Assimilation unterworfen. Es gibt zwei Formen der /i/-Epenthese: eine "äußere" und eine "innere". Äußere Epenthese findet statt, wenn das Wort, an das affigiert wird, mit einem Konsonanten anfängt und kein auf einen Vokal endendes Wort vorausgeht.

8. (a) ktieb   (b) il-ktieb   (c) hanut
Buch   df-Buch   Laden
(ein) Buch   das Buch   (ein) Laden

(d) il-hanut   (e) Ta-ni   l-ktieb.   (f) Ta-k   il-ktieb.
df-Laden   gab-mir df-Buch   gab-dir df-Buch
der Laden   Er gab mir das Buch.   Er gab dir das Buch.

Innere Epenthese findet statt, wenn das Wort, an das affigiert wird, mit einem /s/ oder /ʃ/ beginnt. Diese Laute werden wegen der Verletzung des Sonoritäts-Prinzips in einigen Theorien als extrasilbisch bezeichnet.

9. (a) skola   (b) l-iskola   (c) xkora   (d) l-ixkora
Schule   df-Schule   Sack   df-Sack
(eine) Schule   die Schule   (ein) Sack   der Sack

Schließlich findet progressive Assimilation statt, wenn das nachfolgende Wort mit den koronalen Lauten /d/, /t/, /s/, /z/, /ʃ/, /ts/, /tʃ/, /n/ oder /r/ beginnt. Interessant ist hier, daß /dʒ/ als einziger koronal Laut keine Assimilation auslöst. Das könnte damit zusammenhängen, daß /ʒ/ allein als Phonem nicht vorkommt. Unter (10) sind Beispiele für die Assimilation aufgeführt:

10. (a)	dinja	(b)	id-dinja	(c)	zija	(d)	iz-zija
	Welt		df-Welt		Tante		df-Tante
	(eine) Welt		die Welt		(eine) Tante		die Tante

Diese phonologischen Effekte (zusammen mit Überlegungen über den syntaktischen Status des definiten Artikels, deren Ausführung jedoch hier zu viel Platz einnehmen würde) deuten an, daß der Artikel im Maltesischen ein Affix ist. Den Prinzipien der Lexikalischen Phonologie folgend, nehme ich an, daß /l/ bereits im Lexikon affigiert wird und daß bereits dort Assimilation und innere Epenthese ausgelöst werden. (Im folgenden wird in diesem Zusammenhang von *l*-Affigierung die Rede sein.)

Nicht-definite Nomina bzw. NPn haben normalerweise keine explizite Kennzeichnung. Unter bestimmten Umständen, die hier nicht weiter erläutert werden sollen, kann auch das Zahlwort *eins* mit den Wurzeln *w-ḥ-d* (*wieḥed*: Maskulinum; *waḥda*: Femininum) benutzt werden, um Indefinitheit auszudrücken.

11. (a)	Qraj-t	ktieb.	(b)	Kellim-t	lil	wieḥed	raġel.
	las-1sg	Buch		sprech-1sg	zu	ein(msg)	Mann.
	Ich habe ein Buch gelesen.			Ich sprach mit einem Mann.			

(c)	Waḥd-a	mara	qal-et ...
	Ein-fsg	Frau	sag-3fsg ....
	Eine Frau sagte ...		

2.2. Attributives Adjektiv und Nomen

In den folgenden Abschnitten werde ich anhand der Daten systematisch die Beziehung zwischen Nomen und Adjektiv im Hinblick auf Definitheit untersuchen, um später zu einer Diskussion über die formale Repräsentation dieser Elemente überzugehen. Es wird oft von +df/-df-Nomina oder -Adjektiven die Rede sein. Die Bezeichnung +/-df hat keinen formalen Status, sondern ist rein deskriptiv zu verstehen. +df bezieht sich auf morphologisch mit *l*-präfigierte Elemente, -df auf solche ohne *l*-. So ist *il-ktieb* '+df-Buch' ein +df-Nomen im Gegensatz zu *ktieb* 'Buch', das ein -df- Nomen ist.

12. (a)	mara twila	(b)	ktieb ġdid	(c)	raġel oħxon
	Frau groß		Buch neu		Mann dick
	eine große Frau		ein neues Buch		ein dicker Mann

(d) *mara t-twila   (e) *ktieb il-ġdid   (f) *ragel l-oħxon
   Frau df-groß   Buch df-neu   Mann df-dick

Die Daten unter (12) zeigen, daß auf ein -df-Nomen nur ein -df-Adjektiv
folgen darf. Da diese Regel keine Ausnahmen hat, liegt es nahe, folgende
Generalisierung aufzustellen:

Generalisierung 1:

   Wenn ein Nomen in einer Attributiv-Konstruktion -df ist, dann muß das
   attributive Adjektiv auch -df sein.

Es gibt Bildungen, die auf den ersten Blick Ausnahmen zu dieser Behauptung
zu sein scheinen, da das Nomen nicht definit, das Adjektiv jedoch definit ist:

13. (a) Raħal il-Ġdid   (b) Triq   il-Kbira
        Dorf df-neu   Straße df-groß
        Neudorf   Großstraße

Diese Bildungen gehören jedoch zu einem allgemeinen Wortbildungsprozeß,
der nicht auf Nomina und attributive Adjektive beschränkt ist, sondern auch
die Kombination von zwei Nomina betreffen kann:

14. (a) Dar   il-Paċi   (b) Wied il-Għajn
        Haus df-Frieden   Tal   df-Quelle
        Friedenshaus   Tal der Quelle

Außerdem kann das Adjektiv in Konstruktionen wie (13), anders als bei der
syntaktisch gebildeten Modifikationskonstruktion, nicht durch Gradausdrücke
wie *hafna* (sehr) ergänzt werden, was darauf hindeutet, daß es sich hier
nicht um eine Kombination von einer N-Phrase und einer AP handelt, sondern um die Kombination der X^0-Kategorien N und A.

15. (a) *Triq   il-Kbira hafna   (b) triq   kbira hafna
        Straße df-groß sehr   Straße groß sehr
                                       eine sehr große Straße

Für die Konstruktionen in (13) und (14) ist also ein lexikalischer Wortbildungsprozeß, der Eigennamen bildet, zuständig (siehe auch Abschnitt 6.4). Mit den
syntaktisch gebildeten Modifikationskonstruktionen, die Untersuchungsgegen-

stand dieses Kapitels sind, haben solche Bildungen nichts zu tun, deswegen spielen sie hier keine Rolle. Generalisierung 1 kann daher aufrecht erhalten werden.

Die Frage ist jetzt, ob Generalisierung 1 erweitert werden kann, um +df-Nomina miteinzubeziehen. Die neue Verallgemeinerung könnte wie folgt lauten:

Generalisierung 2:

> Hinsichtlich Definitheit muß ein attributives Adjektiv mit dem von ihm modifizierten Nomen kongruieren.

Die Daten ergeben jedoch ein anderes Bild:

16. (a) il-mara   t-twila   (b) il-ktieb il-ġdid   (c) ir-raġel l-oħxon
        df-Frau   df-groß   df-Buch   df-neu   df-Mann   df-dick
        die große Frau   das neue Buch   der dicke Mann

17. (a) il-mara   twila   (b) il-ktieb ġdid   (c) ir-raġel oħxon
        df-Frau   groß   df-Buch   neu   df-Mann   dick
        die große Frau   das neue Buch   der dicke Mann

Obwohl keine Kongruenz zwischen Nomen und Adjektiv hinsichtlich Definitheit stattfindet, sind die Beispiele in (17) grammatisch. Das heißt, daß Generalisierung 2 und Schaberts oben zitierte Behauptung nicht haltbar sind.

Um zu einer adäquaten Erfassung der Daten zu kommen, muß zunächst geklärt werden, unter welchen Bedingungen "Nicht-Kongruenz" hinsichtlich Definitheit möglich ist. Dann erst kann festgestellt werden, (i) ob im Grunde doch Kongruenz im selben Sinne wie bei Genus- und Numeruskongruenz vorliegt, die jedoch in bestimmten Fällen verletzt werden kann, (ii) ob Kongruenz im selben Sinne wie bei der Übereinstimmung von Kasusmerkmalen im Deutschen, also Konkordanz, vorliegt, die aber wie auch bei (i) manchmal nicht stattzufinden braucht, (iii) ob gar keine Kongruenz vorliegt und ganz andere Faktoren für die Regulierung der Beziehung zwischen dem Nomen und dem Adjektiv hinsichtlich Definitheit verantwortlich sind. Eine genauere Untersuchung der jeweils typischen Kontexte, in denen die verschiedenen Kombinationen von Nomina und Adjektiven vorkommen, kann Hinweise über die Bedingungen liefern, unter denen diese Kombinationen erlaubt sind.

Es wird sich zeigen, daß die Tatsache, ob das Nomen einen Sortal-, Funktional-, oder Relationalbegriff kodiert, eine wichtige Rolle bei der Bestimmung der Definitheitsmarkierung des Adjektivs spielt. Löbner (1985) klassifiziert Nomina folgendermaßen:

> Nouns have two basic interpretations. Taken in isolation they can be considered either *sortal nouns* or *relational nouns*. Sortal nouns classify objects, whereas relational nouns describe objects as standing in a certain relation to others....The type of relational nouns can be further subdivided into several subtypes....The most important subclass is that of *functional nouns*. For functional nouns, the relation that defines their reference is a function. Functions relate objects unambiguously (or one-to-one) to others ... [These] distinctions apply to *uses of nouns*. (Löbner 1985, 292 ff)

Wichtig für die Zwecke dieses Kapitels ist die Art der Referenz solcher Nomina. So kodiert das Nomen *Mutter* typischerweise einen Funktionalbegriff, da jedes Individuum normalerweise genau eine Mutter hat. Man erwartet, daß die Referenz des Nomens *Mutter* im Kontext eindeutig ist. Dagegen ist *Schwester* typischerweise nicht funktional, sondern relational im weiteren Sinne, da ein Individuum mehrere Schwestern haben kann. Bei Sortalnomen wie *Frau* oder *Mann*, gibt es keine solche Relation und die Anzahl der potentiellen Referenten im Kontext ist offen.

Ich werde zunächst nur Kombinationen von Sortalbegriffen und +df-Adjektiven betrachten und danach auf typische Funktional- und Relationalbegriffe wie *Mutter* und *Schwester* eingehen. Mein Ziel ist es, durch eine systematische Untersuchung der Daten zu zeigen, daß es sinnvoll ist, die Fakten über Definitheit innerhalb der Nominalphrase, wie von Sutcliffe (1936) angedeutet wird, semantisch bzw. pragmatisch zu erklären, so daß sie nichts mit Kongruenz zu tun haben. Die betrachteten Beispiele enthalten ausschließlich Ausdrücke im Singular. So weit ich es absehen kann, verhalten sich pluralische Ausdrücke in bezug auf Definitheit genauso.

2.3. Sortalbegriffe und definite Adjektive

Beispiel (18) zeigt den typischen Fall eines Kontextes, in dem ein sortales +df-Nomen von einem +df-Adjektiv modifiziert wird. (18a) ist der erste Satz einer Geschichte, die zwei Charaktere einführt. Die Sätze (18b) und (18c) zeigen zwei mögliche Erweiterungen dieser Geschichte (Die Fragezeichen in (18c) sollen die geringe pragmatische Akzeptanz des Satzes markieren und nicht seine Grammatikalität bewerten):

18. (a) Darba kien hemm żewġt irġiel: wiehed oħxon u wiehed irqieq
Einmal war dort zwei Männer: einer dick und einer dünn
Es waren einmal zwei Männer: einer war dick und einer war dünn.

(b) Ir-raġel l-oħxon tant beda' jitkellem jgħajjat, li ...
df-Mann df-dick so fing an spricht schreit, daß ...
Der <u>dicke</u> Mann fing an, so laut zu sprechen, daß ...

(c) ??Ir-raġel oħxon tant beda' jitkellem jgħajjat, li ...
df-Mann dick so fing an spricht schreit, daß ...
Der dicke Mann fing an, so laut zu sprechen, daß ...

Die Verwendung von (18b) mit dem +df-Adjektiv *l-oħxon* 'df-dick' wird als Fortsetzung der Geschichte der Verwendung von (18c) mit dem -df Adjektiv *oħxon* 'dick' vorgezogen. Das deutet darauf hin, daß das +df-Adjektiv gewählt wird, wenn der Sprecher ein ganz bestimmtes Individuum im Kontrast zu einer Anzahl von ähnlichen, kontextuell gegebenen Individuen auswählen möchte. In dieser Verwendung entspricht das +df-Adjektiv im Maltesischen dem betonten, kontrastiven Adjektiv im Deutschen. Diese Verwendung ist typisch für restriktive Adjektive (und wird durch die Unterstreichung in der Übersetzung von Beispiel (18b) angedeutet).

Die Beobachtung, daß bei der Verwendung von +df-Adjektiven der Kontext eine wichtige Rolle spielt, wird dadurch weiter gestützt, daß einigen Sprechern die Phrase in (19a), in der zwei definite Adjektive vorkommen, isoliert etwas merkwürdig vorkommt, sie in einem passenden Kontext wie in (20) aber akzeptabler wird. Allgemein scheint die rekursive Anwendung von Adjektiven bzw. APn, gleichgültig ob sie definit oder indefinit sind, etwas beschränkt, aber doch möglich zu sein. Bevorzugt wird stattdessen häufig die Konjunktion von APn mit *u* 'und' wie in (19b). (Prg in (20c) steht für 'Progressiv'.)

19. (a) ir-raġel   it-twil   l-irqieq   (b) ir-raġel   it-twil   u   rqiq
         df-Mann   df-groß   df-dünn   df-Mann   df-groß   und dünn
         der dünne große Mann   der dünne und große Mann

20. (a) Kien hemm żewġt irġiel:
         War dort   zwei   Männer:
         wieħed twil u   rqieq, l-ieħor   twil u   oħxon
         einer   groß und dünn, df-andere groß und dick
         Es gab zwei Männer: einer war groß und dünn,
         der andere groß und dick.

    (b) Waqt   li   r-raġel   it-twil   l-irqieq   kien   rieqed,
         während daß df-Mann df-groß df-dünn   war   schlafend
         Während der dünne große Mann schlief,

    (c) l-ieħor   kien   qed   ikanta   Aria   sabiħa.
         df-anderer war   Prg   singt   Arie   schöne
         sang der andere eine schöne Arie.

Offensichtlich spielen semantische und pragmatische Faktoren eine Rolle in
Hinblick darauf, welches der präferierte Wert für Definitheit am Adjektiv ist.
Aufgrund dieser Beobachtungen kann man folgende Generalisierung aufstellen:

Generalisierung 3:

> Ein +df Adjektiv, das ein +df Nomen modifiziert, unterstreicht die
> Eindeutigkeit[1] des Trägers der Eigenschaft X, die durch das
> Adjektiv ausgedrückt wird, und deutet darauf hin, daß es im Kon-
> text mehr als ein Individuum als möglichen Referenten für die sor-
> tale Bedingung des Kopfnomens gibt.

Generalisierung 3 scheint jedoch etwas zu stark und deswegen nicht völlig
korrekt zu sein, da es häufig Fälle wie unter (21b) gibt, wo ein +df -Adjektiv

---

[1] Bei pluralischen Ausdrücken betrifft die Eindeutigkeit die Gesamtmenge. Also sug-
geriert *l-irġiel it-twal* 'die großen Männer', daß es im Kontext eine weitere Gruppe
von Männern gibt, die eine andere Eigenschaft haben als groß zu sein.

nicht so eindeutig die kontrastive Wirkung hat, die in der Generalisierung postuliert wird. (21a) gibt den Kontext wieder, 'Rel' steht für 'Relativpronomen'.

21. (a) Fi triqtu lejn   il-palazz Duminku ra   mara sabiħa ħafna.
        in Straße Richtung df-Palast Dominik sah Frau schön sehr
        Auf seinem Weg zum Palast sah Dominik eine schöne Frau.

    (b) ... Il-mara s-sabiħa li   ra   Duminku ...
        df-Frau df-schön Rel sah Dominik ...
        Die schöne Frau, die Dominik sah ...

    (c) ... Il-mara sabiħa li ra Duminku ...
        df Frau schön Rel sah Dominik ...
        Die schöne Frau, die Dominik sah ...

Sowohl die Erweiterung mit dem +df- als auch die mit dem -df-Adjektiv sind in diesem Fall akzeptabel. Das ist ein Unterschied zu (18) und (20), wo durch die gegebene kontextuelle Information deutlich wird, daß es mehrere Männer gibt, von denen nur einer relevant ist, so daß die Erweiterung mit dem +df-Adjektiv bevorzugt wird.

Wenn aber, wie in Generalisierung 3 formuliert, ein +df-Adjektiv einen Kontrast herbeiführt, warum kann dann in (21b) ein +df-Adjektiv benutzt werden, obwohl es keine kontrastive Auswahl gibt? Im Deutschen wäre es unmöglich, hier ein betontes Adjektiv zu verwenden. Offensichtlich unterscheidet sich die Wirkung des Artikels am Adjektiv im Maltesischen doch etwas von der kontrastiven Betonung eines restriktiven Adjektivs im Deutschen.

Es scheint, daß es in Kontexten wie (21a) möglich ist, die eine relevante Frau in Kontrast zu anderen in der wirklichen Welt vorkommenden Frauen zu betrachten. Das heißt, daß der relevante Kontext nicht als der enge Diskurskontext zu verstehen ist, sondern eher in einem weiteren Sinn als die Welt. Das wird deutlicher, wenn man zum Vergleich die Sätze in (22) nimmt:

22. (a) Ix-xemx sħuna tisreġ fuq l-iġsma   roża ta-t-turisti.
        df-Sonne heiß   scheint auf df-Körper rosa von-df-Touristen
        die heiße Sonne scheint auf die rosanen Körper der Touristen.

    (b) ?Ix-xemx is-sħuna tisreġ fuq l-iġsma   roża ta-t-turisti.
        df-Sonne df-heiß   scheint auf df-Körper rosa von-df-Touristen

(22a) wird eindeutig bevorzugt, weil man davon ausgeht, daß es nur ein Objekt gibt, das man im alltäglichen Sprachgebrauch *xemx* 'Sonne' nennt. *Xemx* ist in diesem Sinne ein Funktionalbegriff, d.h. es hat immer genau einen Referenten in der Welt; *mara* 'Frau' in (21) dagegen ist ein Sortalbegriff. (22b) könnte nur in einem Science- Fiction vorkommen, in dem eine Welt, die mehrere Sonnen hat, beschrieben wird. Relevant für die Form des Adjektivs hinsichtlich der Affigierung des definiten Artikels ist also eine Art von Weltwissen über das Individuum, das Referent des Kopfnomens ist.

Zum Schluß möchte ich noch einen Vergleich anstellen, der die Generalisierung 3 bestätigt. (23a) gibt wieder den Kontext vor:

23. (a) Simon und Miriam haben ein Haus gekauft.

   (b) Id-dar   ġdida ta' Simon u   Miriam qiegħda n-Naxxar.
       df-Haus neu   von Simon und Miriam liegt   df-Naxxar
       Das neue Haus von Simon und Miriam liegt in Naxxar.

   (c) Id-dar   il-ġdida ta' Simon u   Miriam qiegħda n-Naxxar.
       df-Haus df-neu von Simon und Miriam liegt   df-Naxxar
       Das neue Haus von Simon und Miriam liegt in Naxxar.

Das Adjektiv *ġdid* 'neu' in Verbindung mit einem Nomen wie *dar* 'Haus' kann zwei Interpretationen haben: (i) es ist neu im absoluten Sinn, also das Haus ist kürzlich gebaut worden; (ii) es ist neu im relativen Sinn, also im Vergleich zu einem anderen Haus oder zu mehreren Häusern, die Simon und Miriam besitzen. Der Satz (23c) wird vorzugsweise mit der Interpretation (ii) verwendet, impliziert also eher eine Auswahl aus mehreren Häusern und selektiert eines (und zwar das neue) davon; (23b) wird eher mit der Interpretation (i) benutzt.

Es ist wichtig zu betonen, daß es sich bei den bisher diskutierten Phänomenen um mehr oder weniger bevorzugte Konstruktionen und nicht um akzeptable oder nicht- akzeptable Konstruktionen handelt. Das hängt damit zusammen, daß es sich eben um Interpretationen handelt, die von kontextuellen Informationen abhängen und die deshalb (pragmatische) "Angemessenheitsurteile" und nicht (grammatische) Wohlgeformtheitsurteile erfordern. Das ist bei den Beispielen, die im folgenden diskutiert werden, etwas anders.

2.4. Semantisch induzierte Kontrastivität: das Adjektiv

Es gibt Adjektive, die schon durch ihre Bedeutung eine kontextuelle Wahl implizieren. Dabei handelt es sich um Adjektive wie *iehor* 'ander-' und *lemin/xellug* 'links/rechts'. Diese Adjektive müssen im Maltesischen definit sein, wenn das Nomen definit ist. Es gibt also nicht die Möglichkeit, in diesen Fällen ein -df-Adjektiv zu benutzen, wie das bei Adjektiven wie *ġdid* 'neu' und *sabiħ* 'schön' der Fall ist:

24.(a) ir-raġel l-iehor   (b) raġel iehor
     df-Mann df-ander   Mann andere
     der andere Mann   ein anderer Mann

  (c) *raġel l-iehor   (d) *raġel iehor
     Mann df-andere   df-Mann andere

(24a) und (24b) sind unproblematisch, da *raġel* ein Sortalbegriff ist, und zwei -df- bzw. +df-Elemente beteiligt sind. (24c) ist grundsätzlich unmöglich, wie schon oben gezeigt, weil das Nomen -df das Adjektiv aber +df ist. (24d) ist aber auch inakzeptabel. Daß *iehor*, anders als andere Adjektive, nicht -df sein darf, wenn das Nomen +df ist, hängt damit zusammen, daß es eben zu der Bedeutung von *iehor* gehört, aus dem Kontext ein bestimmtes von mehreren Individuen auszuwählen. Es macht keinen Sinn von "dem anderen Objekt" zu sprechen, wenn nicht schon eines derselben Sorte erwähnt worden ist. Anders herum heißt das, wenn das Nomen schon +df ist, erfordert die Semantik von *iehor* die Anwendung des definiten Artikels am Adjektiv.

Ähnliche Effekte hat man bei *lemin* 'rechts', wie aus (25) zu ersehen ist:

25.(a) il-kwadru l-lemini   (b) * il-kwadru lemini
     df-Gemälde df-recht   df-Gemälde recht
     das rechte Gemälde

Der Grund ist klar: ein Objekt ist nur rechts bzw. links relativ zu einem anderen Objekt. Durch die Bedeutung von *lemin* wird präsupponiert, daß es im Kontext (mindestens) zwei Objekte der Sorte des Nomens gibt.

Genau wie es Adjektive gibt, die eine Auswahl implizieren, gibt es auch solche, die das gerade ausschließen, und deswegen kein Definitheitsaffix tragen dürfen. Ein Beispiel dafür ist *ewlieni* 'einzig'.

26. (a) ir-rumanz ewlieni (b) *ir-rumanz l-ewlieni (c) *rumanz ewlieni
    df-Roman   einzig   df-Roman   df-einzig   Roman   einzig
    der einzige Roman

Bei *ewlieni* muß auch das Nomen definit sein (vgl. Englisch: *an only novel*),
da *ewlieni* besagt, daß es genau ein Individuum von der Sorte des Nomens
gibt. Ein +df-Adjektiv würde eine mögliche Auswahl aus im Kontext vorgegebenen Individuen implizieren, was jedoch der Bedeutung des Adjektivs
widersprechen würde. Daher ist (26b) semantisch nicht akzeptabel.

2.5. Semantisch induzierte Kontrastivität: inalienable Nomina

In den Fällen, die im vorhergehenden Abschnitt beschrieben wurden, ergibt
sich die Beschränkung auf ein +df- bzw. -df-Adjektiv aus der Bedeutung des
Adjektivs selbst. Eine solche Beschränkung kann aber auch wie bei dem
Beispiel mit *xemx* 'Sonne' vom Kopfnomen ausgehen, was vor allem bei
inalienablen Nomina häufig der Fall ist. Solche Fälle werden in diesem
Abschnitt diskutiert.
   Die Nomina, die die Klasse der inalienablen Nomina bilden, können im
Normalfall nicht mit dem definiten Artikel auftreten.

27. (a) oht   Pawlu   (b) *l-oht   Pawlu
       Schwester Paul   df-Schwester Paul
       Pauls Schwester

    (c) ras   il-mostru   (d) *ir-ras   il-mostru
       Kopf df-Monster   df-Kopf df-Monster
       der Kopf des Monsters

Weitere Eigenschaften, die diese Nomina zu einer Klasse zusammenfassen,
werden in Kapitel 6 ausführlicher angesprochen. Diese Nomina werden dort
als Ausdrücke mit zwei Θ-Rollen behandelt, wobei die Possessum-NP der
Kopf und die Possessor-NP deren internes Argument ist.
   Inalienable Nomina sind in der Regel Nomen, die Körperteile oder Verwandtschaftsbeziehungen bezeichnen. Die Elemente dieser Klasse sind entweder
Funktionalbegriffe wie *omm* 'Mutter' oder *xaghar* 'Haar', oder Relationalbegriffe wie *oht* 'Schwester' oder *ghajn* 'Auge'. Die Begriffe 'alienable' vs.
'inalienable' einerseits, und 'sortal' vs. 'funktional' und 'relational' andererseits,

sind unabhängig voneinander. So z.B. ist *xemx* 'Sonne' ein Funktionalbegriff, aber ein alienables Nomen (es kann mit dem definiten Artikel auftreten); *ras* 'Kopf' ist ebenfalls ein Funktionalbegriff, aber anders als *xemx* wird *ras* normalerweise (siehe Abschnitt 6.2) als ein inalienables Nomen behandelt (d.h. im Normalfall kommt es ohne den definiten Artikel vor).

Die Tatsache, daß inalienable Nomina den definiten Artikel nicht erlauben, deutet darauf hin, daß sie schon inhärent definit sind. Damit stellt sich die Frage, welche Form ein Adjektiv, das die Elemente dieser Klasse modifiziert, hinsichtlich Definitheit annimmt.

2.6. Relationalbegriffe

Die Tendenz zum Vergleich bei Relationalbegriffen ist, wie zu erwarten, sehr stark. Das Adjektiv in Konstruktionen mit inalienablen Nomina, die Relationalbegriffe kodieren, muß, wie das Beispiel in (28) zeigt, definit sein, weil solche Nomina eine Auswahl von möglichen Referenten implizieren. Da man davon ausgeht, daß Menschen zwei Augen haben, wird implizit ein Vergleich zum anderen Auge vorausgesetzt, wenn von einem Auge die Rede ist. (Damit das Beispiel (28a) akzeptiert werden kann, muß man sich vorstellen, daß jemand über eine Person spricht, die zwei verschiedenfarbige Augen hat, von denen eines blau ist.)

28.(a) Għajn Pawlu l-blu kbira.   (b) *Għajn Pawlu blu kbira
     Auge Paul df-blau groß   Auge Paul blau groß
     Pauls blaues Auge ist groß.

Für Verwandschaftsbezeichnungen gilt folgendes: Der definite Artikel am Adjektiv ist bei Relationalbegriffen wie z.B. *oħt* 'Schwester' obligatorisch, wenn der Possessor mehrere Schwestern hat. Es scheint, daß man in solchen Fällen wie bei den Körperteilen davon ausgeht, daß es um eine Schwester im Vergleich zu anderen geht.

29.(a) Oħt Pawlu l-ħoxna   (b) *Oħt Pawlu ħoxna
     Schwester Paul df-dicke   Schwester Paul dicke
     Pauls dicke Schwester

Wenn dagegen das Nomen für einen Relationalbegriff wie *oħt* 'Schwester' im Kontext nur einen Referenten haben kann, weil z.B. die Person, von der die

Rede ist, nur eine Schwester hat, dann verhält sich *oht* genau wie Funktionalbegriffe wie *omm* 'Mutter', die im nächsten Abschnitt beschrieben werden.

2.7. Funktionalbegriffe

Nach den bisherigen Beobachtungen müßte das Adjektiv bei Funktionalbegriffen
wie 'Haar' (im Sinne von 'Haarschopf') oder 'Mutter' -df sein, da ein +df-
Adjektiv eine Auswahl implizieren würde, die aber wegen der Bedeutung des
Nomens nicht möglich ist. Wie die Beispiele in (30) zeigen, ist das bei
'Haar' in der Tat der Fall. In Nominalphrasen mit einem Funktionalbegriff
wie *xaghar* 'Haar' darf das Adjektiv nicht definit sein:

30. (a) Xaghar Simon twil joghġob-ni.
         Haar   Simon lang gefällt-mir
         Simons lange Haare gefallen mir

    (b) *Xaghar Simon t-twil joghġob-ni.
         Haar   Simon df-lang gefällt-mir

Die Verwendung eines +df-Adjektiv in dieser Konstruktion würde implizieren,
daß Simon mehrere Haarschöpfe hat, was normalerweise nicht der Fall ist.
   Für inalienable Funktionalbegriffe wie *ras* 'Kopf' aber auch *omm* 'Mutter'
und *missier* 'Vater' ist es schwierig festzustellen, wie sich das Adjektiv hinsichtlich Definitheit verhält. Das liegt daran, daß es in diesen Fällen - aus
mir unklaren Gründen - unmöglich ist, solche Nomina mit einem attributiven
Adjektiv zu modifizieren. Möglicherweise liegt das daran, daß attributive
Adjektive so nah wie möglich an dem Nomen, das sie modifizieren, stehen
müssen.

31. (a) ?? missier Karla xih   (b) * missier Karla ix-xih
        Vater   Karla alt   Vater   Karla df-alt
        Karlas alter Vater

    (c) ?? omm   Ġanni   sabiha   (d) omm   Ġanni   s-sabiha
        Mutter Johannes schöne   Mutter Johannes df-schöne
        Johannes schöne Mutter

In solchen Fällen kann aber die folgende Konstruktion verwendet werden, in
der das Adjektiv definit sein muß und links vom Nomen steht:

32.(a) is-sabiħa omm Pawlu   (b) ix-xiħ missier Karla
       df-schöne Mutter Paul   df-alt Vater Karla
       Pauls schöne Mutter   Karlas alter Vater

  (c) * sabiħa omm Pawlu   (d) *xiħ missier Karla
      schöne Mutter Paul   alt Vater Karla

Da aber das pränominale Adjektiv in Verwendungen wie (32) einen etwas
negativen Beiklang hat und ironisch wirkt, wird meistens eine appositive
Konstruktion wie z.B. in (33) vorgezogen.

33. Omm   Karla, mara sabiħa ...
     Mutter Karla Frau schöne
     Karlas Mutter, eine schöne Frau

Schließlich ist es interessant, daß Nomina, die eigentlich inalienable sind,
auch als alienable Nomina benutzt werden können, z.B. wenn wie in (34)
eher von der Mutterrolle als von der Mutter als Person die Rede ist. In
solchen Fällen kann das Nomen ein Definitheitsaffix tragen und das Adjektiv
darf entweder definit oder indefinit sein, d.h. es verhält sich genau wie in
Abschnitt 2 für Sortalbegriffe beschrieben:

34.(a) L-omm   biżlija qatt ma tiŧħallas   għal xogħl-ha.
        df-Mutter fleißig nie ng bezahlt-wird für Arbeit-ihre
        Die fleißige Mutter wird nie für ihre Arbeit bezahlt.

  (b) L-omm   il-biżlija qatt ma tiŧħallas   għal xogħol-ha.
       df-Mutter df-fleißig nie ng bezahlt-wird für Arbeit-ihre
       Die fleißige Mutter wird nie für ihre Arbeit bezahlt.

  (c) Omm   biżlija qatt ma tiŧħallas   għal xogħol-ha.
       Mutter fleißig nie ng bezahlt-wird für Arbeit-ihre
       Eine fleißige Mutter wird nie für ihre Arbeit bezahlt.

  (d) *Omm   il-biżlija qatt ma tiŧħallas   għal xogħol-ha.
      Mutter df-fleißig nie ng bezahlt-wird für Arbeit-ihre

Zu bemerken ist, daß (34a) gegenüber (34b) die präferierte Form ist, falls
'Mutter' im generischen Sinn benutzt wird, also synonym zu (34c) ist. Wenn

es aber im Diskurskontext mehrere Mütter gibt und gerade von einer davon gesprochen wird, dann gilt, wie zu erwarten, (34b) als die präferierte Form.

Ähnliches gilt für Nomina wie z.B. *ras* 'Kopf', die typischerweise Funktionalbegriffe kodieren, aber unter Umständen im Gebrauch nicht funktional, sondern relational sein können, z.B. wenn von einem Monster mit zwei Köpfen die Rede ist. Vorzugsweise wird ein +df-Adjektiv gewählt, wenn man über einen dieser Köpfe redet. Hier wird wieder deutlich, daß die kontextuelle Anwendung des Nomens eine Rolle bei der Bestimmung der Form des Adjektivs spielt.

35. (a) Il-monstru kellu żewġt irjus, waħda kbira   u   l-oħra   zghira.
         df-Monster hatte zwei Köpfe, eine   große und df-andere kleine
         Das Monster hatte zwei Köpfe, einen großen und einen kleinen.

   (b)   Ir-ras   il-kbira kella toqob suwed   flok   ghajnejn ...
         df-Kopf df-große hatte Löcher schwarze statt   Augen ...
         Der große Kopf hatte schwarze Löcher statt Augen ...

2.8. Fazit

Angesichts der beschriebenen Fakten halte ich es nicht für sinnvoll, die Definitheitsverhältnisse zwischen Nomen und Adjektiv als Kongruenz- bzw. Konkordanzphänomen zu behandeln. Eine solche Behandlung kann die Fakten nicht adäquat erfassen und wäre mit zu vielen "Ausnahmen" belastet. Das Vorkommen bzw. Fehlen des Definitheitsaffixes beim attributiven Adjektiv im Maltesischen wird von semantischen und pragmatischen Faktoren bestimmt und muß von einer von der Kongruenztheorie unabhängigen Theorie der Definitheit erfaßt werden.

Es bleiben noch etliche Fakten, die analysiert werden müssen, bis eine entsprechende Theorie formuliert werden kann. Darunter fallen unter anderem Untersuchungen von Konstruktionen mit mehr als einem postnominalen Adjektiv wie in (36) und (37), die ziemlich komplexe und undurchsichtige Verhältnisse aufweisen.

36. (a) il-bozza l-ħamra l-ġdida   (b) ?? il-bozza ħamra ġdida
         df- Birne df-rot df-neu   df-Birne rot   neu
         die neue rote Birne

56

    (c) ? il-bozza ħamra l-ġdida   (d) * il-bozza l-ħamra ġdida
        df-Birne rot   df-neu   df-Birne df-rot   neu

37. (a) ?? il-ħabib   il-ġdid   il-barrani   tieghu
        df-Freund df-neu   df-ausländisch sein
        sein neuer ausländischer Freund

    (b) il-ħabib   ġdid   barrani   tieghu
        df-Freund neu   ausländisch sein
        sein neuer ausländischer Freund

    (c) *il-ħabib   ġdid   il-barrani   tieghu
        df-Freund neu   df-ausländisch sein

    (d) ? il-ħabib   il-ġdid   barrani   tieghu
        df-Freund df-neu   ausländisch sein
        sein neuer ausländischer Freund

Vermutlich spielt bei der Beurteilung dieser Phrasen die Semantik der beteiligten Wörter eine wesentliche Rolle.

Die Konsequenz, die sich aus den Beobachtungen über Definitheit für eine Theorie der Kongruenz im Maltesischen ergibt, ist, daß es kein k-Merkmal für Definitheit gibt. Da dieser Schluß seinerseits bestimmte Konsequenzen für die Analyse der Beziehung hinsichtlich Definitheit zwischen dem Demonstrativum und dem Nomen hat, möchte ich dieses Kapitel mit einer Beschreibung dieser Beziehung abschließen.

2.9. Das Demonstrativum

Einem Demonstrativum kann nur eine definite Nominalphrase folgen. Das Beispiel (38b) ist nur als kopulaloser Satz mit der Bedeutung 'Das ist eine Maus' und nicht als die Nominalphrase 'diese Maus' akzeptabel.

38. (a) dan il-ġurdien   (b) *dan ġurdien
       diese df-Maus   diese Maus
       diese Maus

Es stellt sich die Frage, wie die Beziehung zwischen dem Demonstrativum und der Nominalphrase formal zu beschreiben ist: Kongruenz scheidet in diesem Fall direkt aus, da man dafür ein k-Merkmal DEF am Nomen benötigt, was soeben ausgeschlossen wurde.

Eine plausible Alternative ist es, diese Beziehung als Rektion zu behandeln. Dafür braucht man ein g-Merkmal, das der funktionalen Kategorie D, die in vielen neueren Theorien (siehe Abney 1986, Radford 1989, Haider 1988) angesetzt wird, entspricht. Als g-Kategorie klassifiziert das Merkmal D die Wörter bzw. Phrasen selbst, genau wie N, V oder NOM. Im Rahmen einer Merkmalstheorie, wie sie in Kapitel 1 beschrieben wurde, kann man D als einen Merkmalsnamen mit boole'schen Werten darstellen. Die Kategorie [+N, -V, +D, -MAX] entspricht dann der Kategorie D^0, die Kategorie [+N, -V, +D, +MAX] der Kategorie DP, d.h der maximalen Projektion von D. (Die Kategorie syntaktische MAX ist von der morphologischen Kategorie max - siehe Anschnitt 1.6 - zu unterscheiden.)

Die Frage ist, welche Elemente der maltesischen Nominalphrase als [+D]- und welche als [-D]-Elemente zu betrachten sind. (Ich werde im folgenden den Begriff 'Nphrase' für 'Nominalphrase' verwenden, wenn offenbleiben soll, ob es sich dabei um eine NP - also eine [-D]-Kategorie oder eine DP - d.h. eine [+D]-Kategorie - handelt.) Es liegt nahe anzunehmen, daß der definite Artikel im Maltesischen genau wie im Englischen und im Deutschen ein [+D]-Element ist. Unter dieser Annahme entspricht syntaktisch die maltesische Nphrase in (39a) der deutschen Nphrase in (39b), da sie beide DPn sind, und die Nphrase in (39c) der in (39d), da beide NPn sind. Das g-Merkmal D kodiert syntaktisch das semantische Konzept von Definitheit. Wie von Löbner (1990) vorgeschlagen, entspricht der DP semantisch ein Individuum und der NP ein Prädikat.

39. (a) il-ktieb   (b) das Buch   (c) ktieb   (d) ein Buch
        df-Buch   Buch

Wie in Abschnitt 2.1 erwähnt wurde, ist es sinnvoll anzunehmen, daß der definite Artikel im Maltesischen keine eigene syntaktische Position einnimmt, sondern im Lexikon affigiert wird. Der definite Artikel ist semantisch eine Funktion von Typ <1/01>, die aus einem Prädikat ein Individuum macht. In der Darstellung in (40) entspricht D in der semantischen Repräsentation dem ι-Operator, wie aus der Definition von D in (40a) hervorgeht.

58

40.(a)   DxN(x) =def N(x) & ∀y (N(y) ⟶ y = x))

(b)   *l-:*   +N, -V, +D;   λN [Dx (N(x))]
      df |
                                   -D

(c)   *ktieb:*   +N, -V, -D;   λz̲ [BUCH(z)]
      Buch

(d)   *il-ktieb:*   +N, -V, +D;   Dx(BUCH(x))
      df-Buch

Aufgrund des affixalen Charakters des definiten Artikels im Maltesischen ergibt sich die Situation, daß schon beim Austreten aus dem Lexikon die von D kodierte Information am Nomen präsent ist. Wenn also der definite Artikel Träger des Merkmals [+D] sein soll, sind die definiten und nicht-definiten Nphrasen im Maltesischen durch die Kategorie [+D] bzw. [-D] zu unterscheiden. Die Operation der *l*-Affigierung führt dann im Lexikon das Merkmal [+D] ein. Der definite Artikel muß als der Kopf der Konstruktion betrachtet werden, da das Merkmal [+D] an den Mutterknoten weitergegeben werden muß, was nur über die Kopflinie erfolgen kann. Die Distribution von Wörtern wie *omm* 'Mutter' aber auch von Eigennamen führt zu der Annahme, daß sie bereits inhärent [+D] sind (siehe Kapitel 6 für eine genauere Festlegung von 'inhärent'); alle anderen Nomen sind per Default [-D]. Die Defaultregel, die [-D] einführt, operiert am Ausgang des Lexikons nach der *l*-Affigierung, so daß alle Nomen, die bis dahin noch keine [+D] Markierung tragen, als [-D]-Kategorien das Lexikon verlassen.

Eine Konsequenz aus der Annahme, daß der definite Artikel das [+D]-Element ist, besteht darin, daß auch definite APn den Status einer DP, also die Merkmalskombination [+D, +N, +V, +MAX] haben. Bisher weiß man nur wenig über funktionale Kategorien, so daß es verschiedene Vorschläge gibt, wie ihr Vorkommen zu beschränken ist. Eine vorgeschlagene Beschränkung besteht darin, daß nur die Kategorien [+N, -V] und [-N, +V] ein funktionales Gerüst haben dürfen. Gründe für diese Beschränkung liegen in den referentiellen Eigenschaften der Kategorien. Die Annahme, daß die AP im Maltesischen eine DP ist, verstößt gegen diese Beschränkung.

Mir ist nicht klar, ob eine solche Beschränkung tatsächlich *a priori* notwendig ist. Bei der Analyse des +df-Adjektivs hat sich gezeigt, daß es mit den restriktiven APn im Deutschen vergleichbar ist und in Kapitel 10 wird Evidenz dafür diskutiert, daß ein +df-Adjektiv referentiell gebunden ist (siehe

Abschnitt 10.5). Das +df-Adjektiv referiert auf ein Individuum, das bei der Modifikation mit dem Individuum identifiziert wird, auf das das +df-Nomen referiert. Eine +df-AP entspricht nach dieser Analyse syntaktisch der folgenden Kategorie: [+N, +V, +D, +MAX].

Wenn schon die definite Nphrase eine [+D]-Kategorie ist, stellt sich die Frage, welchen Status das Demonstrativum haben soll. Wenn die Beziehung zwischen Demonstrativum und DP als Rektion zu behandeln ist, regiert es eine Kategorie [+N, -V, +D]. Dann kann es nicht ebenfalls [+D, +N, -V] sein, weil sonst die ungrammatische Struktur unter (41) nicht vermieden werden kann.

41. *dan   dan   dan ... il-ktieb
    dies   dies   dies   df-Buch

Andererseits sollte es als [+N]-Kategorie für D definiert sein, und es entspricht seiner Interpretation als definites Element, daß es die Merkmalsspezifikation [+D] trägt. Die Frage ist also, zu welcher syntaktischen Kategorie das Demonstrativum gehört. Mein Vorschlag besteht in der Einführung eines g–Merkmals DEM (für Demonstrativum). Das Demonstrativum im Maltesischen ist von der Kategorie [+DEM, +N, -V] und regiert eine [+D, +N]-Kategorie. Es nimmt eine eigene syntaktische Position ein und projiziert auf eine maximale Kategorie DEMP.

Semantisch ist das Demonstrativum ein Funktor vom Typ <1/1>, es operiert auf einem Individuum und ergibt wiederum ein Individuum, wobei Information über die "Proximität" bzw. "Distalität" dieses Individuums zum Sprecher/Hörer hinzugefügt wird. In (42) befindet sich die Repräsentation des Demonstrativums am Beispiel von *dan* 'dieser'.

42. *dan*:   +DEM, +N, -V; $\lambda y \ [\ Dx \ (x = y \ \& \ PROX(x) \ ) \ ]$
    dies(msg) $\underset{+D}{|}$

Durch die MDR in (43a) ergibt sich für das Demonstrativum *dan* in Kombination mit dem Nomen *il-ktieb* 'das Buch' (vgl. (43b)) die Repräsentation in (43c). (43c) kann weiter reduziert werden; siehe dazu Bsp. (5), Abschnitt 3.1. Die rekursive Struktur in (41) kann dadurch vermieden werden, daß das Demonstrativum eine [-DEM]-Kategorie regieren muß.

43.(a) MDR: [+DEM] —> [+D]   (b) *ktieb*: +N, -V, +D; Dz(BUCH(z))
                                        Buch

(c) *dan*   *il-ktieb*:
    dies(msg) df-Buch(msg)

    +DEM, +D, +N, -V;   Dx (x = Dz(BUCH(z)) & PROX(x))

Die Annahme einer projizierenden DEM-Kategorie hat eine wünschenswerte
Konsequenz, die auf den ersten Blick allerdings wie ein Problem erscheint:
Die Annahme wirft die Frage über den Status der [SPEC, XP]-Position auf,
insbesondere von [SPEC, DEMP], [SPEC, DP] und [SPEC, NP]. Es gibt
keine Evidenz, daß so viele syntaktische Positionen benötigt werden, daher
ergibt sich durch das Modell eine unerwünschte Redundanz. Darüberhinaus
stellt sich unter der Annahme daß generell nur maximale Kategorien in
dieser Position stehen dürfen (siehe Abney 1986, Haider 1988), das Problem,
daß es im Maltesischen keinen sinnvollen Kandidaten gibt, der diese Position
besetzen kann. Mit der Annahme einer DEMP ergibt sich als Lösungs-
möglichkeit, ein einstufiges X-Bar-Modell anzusetzen, in dem es keine
[SPEC, XP]- Positionen gibt. Ein solches Modell erlaubt es, das Problem zu
vermeiden, das sich für die [SPEC, DP]-Position in einem zweistufigen
Modell für die maltesische Nphrase ergibt. Durch die Einstufigkeit, die von
der Annahme einer DEMP nahegelegt wird, wird dieses Problem vermieden,
da eine solche Position gar nicht vorhanden ist.

In der Tat gibt es keinen zwingenden Grund, ein zweistufiges X-Bar-Modell
für das Maltesische anzusetzen. Ich nehme daher an, daß die maltesische
Nphrase einstufig ist. Es wird sich zeigen, daß es weiterhin sinnvoll (und
theoretisch wünschenswert) ist, auch für andere Kategorien wie VP, PP, TP
und AP im Maltesischen eine einstufige Projektion anzusetzen. Die Stufigkeit
kann mithilfe des Merkmals MAX kodiert werden. Attributive APn werden an
[+N, -V, -DEM, +MAX] (d.h. DP oder NP) frei adjungiert.

Zum Schluß noch einige Beispiele für die syntaktische Struktur der maltesischen Nphrase: (Das Merkmal [-DEM] ergibt sich aus der Defaultregel
in (44), die in der syntaktischen Komponente gilt.)

44. DFR: [+N, -V, -DEM]

45.(a)   [+N, -V, -D, -DEM, +MAX] = NP
                                    |
                    [+N, -V, -D, -DEM, -MAX] = N
                                    |
                                ragel

(b)

$$[+N, -V, +D, -DEM, +MAX] = DP$$

$$[+N, -V, +D, -DEM, -MAX] = D$$

ir-raġel

(c)

$$[+N, -V, +D, +DEM, +MAX]$$

$$[+N, -V, +D, +DEM, -MAX]$$

dak

$$[+N, -V, +D, -DEM, +MAX]$$

$$[+N, -V, +D, -DEM, -MAX]$$

ir-raġel

(d) DEMP

DEM — *dak*

DP

DP → D → *ir-raġel*

AP → A → *xiħ*

(e) NP

NP → N → *raġel*

AP → A → *xiħ*

62

3. Numerus- und Genuskongruenz in der Nphrase

Innerhalb der Nphrase spielen Numerus und Genus eine wesentliche Rolle bei den Beziehungen zwischen Demonstrativum/Nomen, Adjektiv/Nomen und Zahlwort/Nomen. In diesem Kapitel möchte ich diese Beziehungen detailliert untersuchen und eine Formalisierung der Ergebnisse im Rahmen der hier vertretenen Theorie vornehmen. Dabei soll auch präzisiert werden, wie lexikalisch bereitgestellte Kongruenzinformation bei der Phrasenkomposition verarbeitet wird[1].

3.1. Demonstrativum/Nomen

Es gibt sechs verschiedene Formen des Demonstrativums:

1. (a) dak 'jener' (msg)   (b) dik 'jene' (fsg)   (c) dawk 'jene' (pl)
    (d) dan 'dieser' (msg) (e) din 'diese' (fsg) (f) dawn 'diese' (pl)

Es ist eine offene Frage, ob man von einem sehr armen Basiseintrag wie in (2a) ausgehen soll, der entsprechend durch idiosynkratische Operationen wie in (2b-f) ergänzt wird, oder ob es sinnvoller ist, von vollständigen Formen im Lexikon auszugehen. Die Entscheidung hängt von allgemeinen Annahmen über die Struktur des Lexikons ab, auf die ich hier nicht eingehen möchte. In jedem Fall sieht der Output des Lexikons so aus, wie in (3) anhand von *dak* illustriert. (Die g-Information wird in (3) nicht berücksichtigt; siehe dazu Abschnitt 2.9.)

2. (a) *d-*   : Basiseintrag $[+N, -V, +DEM]$
    (b) *-k*   : fügt die Information 'distal' hinzu
    (c) *-n*   : fügt die Information 'proximal' hinzu
    (d) *-i-*   : fügt die Information $[+FEM]$, per Default $[-PLU]$
    (e) *-aw-* : fügt die Information $[+PLU]$ hinzu
    (f) *-a-*   : per Default $[-FEM, -PLU]$

---

[1] Ich danke Dieter Wunderlich für wichtige Hinweise hierzu.

3. *dak:* *N, -V, +DEM; $\lambda y\,[\,Dx\,(x = y\ \&\ \sim PROX(x))\,]$
$$\begin{array}{c} | \\ -PLU \\ -FEM \end{array}$$

Das Demonstrativum und das Nomen kongruieren bezüglich Genus und Numerus.

4. (a) dak   it-tifel   (b) dik   it-tifl-a
       jener(msg) df-Junge(msg)   jene(fsg) df-Mädchen-fsg
       jener Junge   jenes Mädchen

   (c) *dik   it-tifel   (d) * dak   it-tifl-a
       jene(fsg) df-Junge(msg)   jener(msg) df-Mädchen-fsg

   (e) dawk   it-tfal   (f) * dawk   it-tifel
       jene(pl) df-Kinder(pl)   diese(pl) df-Junge(msg)
       jene Kinder

Diese Daten werden wie in (5) behandelt. (5b) zeigt das Ergebnis der Kombination von *dak* (vgl. (3)) und *it -tifel* (vgl. (5a)); (5b) wird zu (5c) gekürzt.

5. (a) *it-tifel:* $Dz\,(JUNGE(z))$
     df-Junge $\begin{array}{c}|\\-PLU\\-FEM\end{array}$

   (b) *dak it-tifel:* $Dx\,(x = Dz\,(JUNGE(z))\ \&\ \sim PROX(x))$
     jener df-Junge $\begin{array}{cc}|&|\\-PLU&-PLU\\-FEM&-FEM\end{array}$

   (c) *dak it-tifel:* $Dx\,(JUNGE(x)\ \&\ \sim PROX(x))$
     jener df-Junge $\begin{array}{c}|\\-PLU\\-FEM\end{array}$

Bei der Kürzung von (5b) auf (5c) muß die Kongruenzinformation am inneren Binder mit derjenigen am äußeren Binder unifiziert werden. Die Information am Binder drückt aus, welche grammatischen Informationen zur Identifizierung der möglichen Referenten benötigt werden. In *dak* und *it-tifel* liegen zunächst zwei unabhängige Zugriffsweisen vor. Bei der Komposition ensteht eine einzige Zugriffsweise, die beide Informationen zusammenführen muß. Man kann daher als Prinzip der Kongruenztheorie folgendes formulieren:

<u>Das Kürzungsprinzip der Kongruenztheorie (kurz: KKP)</u>
Bei der kategorialgrammatischen Kürzung eines Binders muß dessen Kongruenzinformation mit der Kongruenzinformation des neuen Binders unifiziert werden.

3.2. Adjektiv/Nomen

Die Beispiele in (6) zeigen, daß die Formen eines modifizierten Nomens und eines modifizierenden Adjektivs in bezug auf Numerus und Genus kovariieren müssen:

6. (a) ktieb   ġdid   (b) *ktieb   ġdid-a
         Buch(msg) neu(msg)   Buch(msg) neu-fsg
         ein neues Buch

    (c) tazz-a   żghir-a   (d) *tazz-a   żghir
         Glas-fsg klein-fsg   Glas-fsg klein(msg)
         ein kleines Glas

    (e) kotb-a   ġodd-a   (f) *kotb-a   ġdid/ġdid-a
         Buch-pl neu-pl   Buch-pl neu(msg)/neu-fsg
         neue Bücher

Nach Higginbotham (1985) (siehe auch Bierwisch 1988 und Wunderlich 1987) ist die Modifikation semantisch als Θ-Identifikation zu verstehen. Unter Θ-Identifikation wird folgendes verstanden: Die mit zwei Θ-Rollen assoziierten Variablen werden identifiziert und gemeinsam von einen λ-Abstraktor gebunden. Damit diese Identifizierung stattfinden kann, müssen die k-Merkmale, mit denen die Variable indiziert ist, unifizierbar sein. Gleichzeitig mit der Identifizierung der Variablen findet also Unifikation der Merkmale statt. Der Variablenidentifizierung entspricht die Schnittmengenbildung der Prädikats-domänen; also werden die semantischen Informationen von Nomen und Attribut konjunktiv verbunden. In (7) sind einige Beispiele aufgeführt:

7. (a) *ktieb*   (b) *ġdid*   (c) *interessanti*
      Buch (msg)   neu(msg)   interessant

$$\lambda \underline{x} \, [\text{BUCH}(x)] \qquad \lambda \underline{y} \, [\text{NEU}(y)] \qquad \lambda \underline{z} \, [\text{INTERESSANT}(z)]$$
$$\begin{array}{ll} -\text{PLU} & -\text{PLU} \\ -\text{FEM} & -\text{FEM} \end{array}$$

(d) *ktieb*   *ġdid*   (e) *ktieb*   *interessanti*
      Buch(msg) neu(msg)   Buch(msg) interessanti

$$\lambda \underline{x} \, [\text{BUCH}(x) \ \& \ \text{NEU}(x)] \qquad \lambda \underline{x} \, [\text{BUCH}(x) \ \& \ \text{INTERESSANT}(x)]$$
$$\begin{array}{ll} -\text{PLU} & -\text{PLU} \\ -\text{FEM} & -\text{FEM} \end{array}$$

Um die Modifikation eines +df-Nomens durch ein +df-Adjektiv zu erfassen, muß man annehmen, daß neben der Θ-Identifikation auch die Identifizierung der von den D-Operatoren gebundenen Variablen wie in (8) möglich ist:

8. (a) *il-ktieb*   (b) *il-ġdid*   (c) *il-ktieb*   *il-ġdid*
      df-Buch(msg)   df-neu(msg)   df-Buch(msg) df-neu(msg)

$$Dx(\text{BUCH}(x)) \qquad Dy(\text{NEU}(y)) \qquad Dx\,(\text{BUCH}(x) \ \& \ \text{NEU}(x))$$
$$\begin{array}{lll} -\text{PLU} & -\text{PLU} & -\text{PLU} \\ -\text{FEM} & -\text{FEM} & -\text{FEM} \end{array}$$

Im Fall der Modifikation eines +df-Nomens durch ein −df-Adjektivs muß das Adjektiv in den Skopus des D-Operators aufgenommen werden:

9. (a) *il-ktieb*   (b) *ġdid*   (c) *il-ktieb ġdid*
      df-Buch(msg)   neu(msg)   df-Buch(msg)

$$Dx\,(\text{BUCH}(x)) \qquad \lambda \underline{y} \, [\text{NEU}(y)] \qquad Dx\,(\text{BUCH}(x) \ \& \ \text{NEU}(x))$$
$$\begin{array}{lll} -\text{PLU} & -\text{PLU} & -\text{PLU} \\ -\text{FEM} & -\text{FEM} & -\text{FEM} \end{array}$$

Man hat also drei Varianten der Modifikation, die in Tabelle I unter (a) − (c) aufgeführt sind.

Tabelle I

	Nomen	Adjektiv	Komposition	Abkürzung
(a)	λx Px	λy Qy	λx [Px & λy[Qy](x)]	λx [Px & Qx]
(b)	Dx Px	Dy Qy	Dx (Px & x = DyQy)	Dx (Px & Qx)
(c)	Dx Px	λy Qy	Dx (Px & λy[Qy](x))	Dx (Px & Qx)
(d)	λx Px	Dy Qy	———	———

Die unter (d) aufgeführte vierte Variante ist empirisch ausgeschlossen, obwohl sie theoretisch denkbar wäre. Darin zeigt sich die Asymmetrie der Modifikation: Die Information des Modifikators wird hinzugefügt. Für die Komposition wird angenommen, daß jede mögliche Belegung der Individuenvariable des Nomens auch die durch den Modifikator eingebrachten Eigenschaften aufweisen muß. Es wäre wünschenswert, eine generelle theoretische Begründung dafür zu finden, daß die Kombination unter (d) unmöglich ist.

Tabelle I zeigt, daß die Θ-Identifikation im Sinne von Higginbotham (1985) (vgl. (a)) nur ein möglicher Fall von Modifikation ist. Alle drei Fälle unterliegen nunmehr dem oben formulierten Prinzip der Kongruenztheorie KKP: die zunächst unabhängigen k-Merkmale müssen an dem gemeinsamen Binder unifiziert werden. Mit anderen Worten, die k-Merkmale des Modifikators werden auf den syntaktischen Kopf vererbt.

3.3. Zahlwort/Nomen: Rektion oder Kongruenz?

In bezug auf Genus gibt es nur für *w-h-d* 'eins' Kovariation zwischen Zahlwort und Nomen:

10. (a)   waḥd-a mar-a
       ein-fsg Frau-fsg
       eine Frau
    (b)   wiehed   raġel
       ein(msg) Mann(msg)
       ein Mann

11. (a)   *waḥd-a raġel
       ein(fsg) Mann(msg)
    (b)   *wiehed   mar-a
       ein(msg) Frau-fsg

12. (a)   żewġ nisa
       zwei Frau(pl)
       zwei Frauen
    (b)   żewġ subien
       zwei Jungen(pl)
       zwei Jungen

Da Zahlwörter eine indefinite Nominalphrase (vgl. (13)) regieren, können sie generell als Funktoren mit einer Prädikats- und einer Individuen-Θ-Rolle repräsentiert werden, wie in (14) für ein beliebiges Zahlwort zu sehen ist. In (14) ist K(x) als Funktion zu verstehen, deren Wert n die Kardinalität K von x ist.

13. (a) *waḥd-a   l-mar-a   (b) *żewġ l-irġiel
       ein-fsg df-Frau-fsg   zwei df-Mann(pl)
       eine Frau   zwei Männer

14. $\lambda N \, \lambda \underline{x} \, [\, N(x) \: \& \: K(x) = n \,]$

Die Repräsentation des Zahlworts *w-ḥ-d* enthält Information über Genus, die bei der Anwendung von funktionaler Applikation mit der Genusinformation des Nomens unifiziert. Die anderen Zahlwörter tragen keine Genusinformation und sind daher sowohl mit Maskulina als auch mit Feminina kombinierbar. Numerus spielt eine Rolle bei der Unterscheidung zwischen *w-ḥ-d* 'eins' einerseits und den Zahlwörtern, die größer als eins sind, andererseits. So ist die Individuen-variable bei *w-ḥ-d* mit [-PLU], die bei *żewġ* 'zwei' aber mit [+PLU] indi-ziert. Die Beispiele in (15) und (16) zeigen den Aufbau einer Nphrase mit dem Zahlwort *w-ḥ-d*.

15. (a) *waḥd-a*   (b) *mar-a*
       ein-fsg   Frau-fsg

    $\lambda N \, \lambda \underset{\substack{| \\ +\text{FEM} \\ -\text{PLU}}}{\underline{x}} \, [\, N(x) \: \& \: K(x) = 1 \,]$ $\lambda \underset{\substack{| \\ +\text{FEM} \\ -\text{PLU}}}{\underline{z}} \, [\, \text{FRAU}(z) \,]$

16. (a) *waḥd-a mar-a*   (b) *waḥd-a mar-a*
       ein-fsg Frau-fsg   ein-fsg Frau-fsg

    $\lambda \underset{\substack{| \\ +\text{FEM} \\ -\text{PLU}}}{\underline{x}} \, [\, \lambda \underset{\substack{| \\ +\text{FEM} \\ -\text{PLU}}}{\underline{z}} \, [\, \text{FRAU}(z) \,](x) \: \& \: K(x) = 1 \,]$ $\lambda \underset{\substack{| \\ +\text{FEM} \\ -\text{PLU}}}{\underline{x}} \, [\, \text{FRAU}(x) \: \& \: K(x) = 1 \,]$

Die Beziehung zwischen Zahlwort und Nomen in bezug auf Numerus ist jedoch etwas komplizierter. Hier stellen sich interessante Fragen sowohl über die Morphosyntax von Zahlwörtern als auch über die Auffassung von Kon-gruenz und Rektion innerhalb der hier vertretenen Theorie.

Die Behauptung, daß es sich bei dieser Beziehung - ähnlich wie bei den Adjektiven - um eine Kongruenzbeziehung handelt, die durch das k-Merkmal PLU erfaßt werden kann, ist für das Maltesische empirisch nicht gerechtfertigt: Bei den Zahlwörtern ab *zwei* steht das Kopfnomen nicht immer im Plural, sondern abhängig davon, welches Zahlwort ihm vorangeht, entweder im Singular oder im Plural.

17. (a) żewġ nisa   (b) għaxar nisa
        zwei Frau(pl)   zehn Frau(pl)
        zwei Frauen   zehn Frauen

    (c) ħdax-il mar-a   (d) għoxrin mar-a
        elf   Frau-fsg   zwanzig Frau-fsg
        elf Frauen   zwanzig Frauen

    (e) mitt   mar-a   (f) elf   mar-a
        hundert Frau-fsg   tausend Frau-fsg
        hundert Frauen   tausend Frauen

Das Nomen muß in Kombination mit den Zahlwörtern von *zwei* bis *zehn* im Plural, mit den Zahlwörtern von *elf* aufwärts dagegen im Singular stehen. Wenn man nun annimmt, daß Kongruenz in bezug auf Numerus besteht, müßte z.B. das Zahlwort für *zwanzig* wie in (18a) repräsentiert werden. Die Konstruktion mit einem Nomen im Singular ergäbe (18b):

18. (a) *għoxrin*   (b) *għoxrin student*
        zwanzig   zwanzig Student(msg)

$$\lambda N \, \lambda \underset{|}{x} \, [\, N(x) \,\&\, K(x) = 20 \,] \qquad \lambda \underset{|}{x} \, [\, STUDENT(x) \,\&\, K(x) = 20 \,]$$
$$-PLU -PLU$$

Bei dieser Analyse ist die Phrase *għoxrin student* formal Singular. Das ist allerdings problematisch, da sie als Subjekt oder Objekt eines Satzes, wie man in (19) sehen kann, mit einem Verbkongruenzmarker kombiniert wird.

19. (a) Għoxrin student   biss marr-u   u   pprotest-aw.
        zwanzig Student(msg)   nur ging-3pl und   protestier-3pl
                Sb   Sb   Sb
        Nur zwanzig Studenten sind gegangen und haben protestiert.

(b)   Raj-t-hom   l-għoxrin student   ta-l-linguistika.
              sah-1sg-3pl   df-zwanzig Student(msg) von-df-Linguistik
               Sb dO   dO
              Die zwanzig Linguistikstudenten habe ich gesehen.

(c)   *Għoxrin student   biss mar   u   pprotest-a.
              zwanzig Student(msg) nur ging(3msg) und protestier-3msg

(d)   *Raj-t-u   l-għoxrin student   ta-l-linguistika.
              sah-1sg-3msg df-zwanzig Student(msg) von-df-Linguistik

Dieses Verhalten zeigen alle Zahlwörter ab elf. Hier noch zwei Beispiele mit *ħdax-il* 'elf' und *elf* 'tausend'. (*Rel* in (20) steht für *Relativpronomen*.)

20. (a)   Il-ħdax-il ktieb   li   xtraj-t   diġa qraj-t-hom
           df-elf   Buch(msg) Rel kauf-1sg schon las-1sg-3pl
           Die elf Bücher, die ich gekauft habe, habe ich schon gelesen

(b)   *Il-ħdax-il ktieb   li   xtraj-t   diġa qraj-t-u
           df-elf   Buch(msg) Rel kauf-1sg schon las-1sg- msg

(c)   Elf   mar-a   marr-u għa-d-dimostrazzjoni
           tausend Frau-fsg ging-pl für-df-Demonstration
                Sb   Sb
           tausend Frauen gingen zu der Demonstration

(d)   *Elf   mar-a   marr-et għa-d-dimostrazzjoni
           tausend Frau-fsg ging-3sg für-df-Demonstration

Die Beispiele unter (21) zeigen, daß nicht nur das Verb, sondern auch das Demonstrativum im Plural stehen muß:

21. (a) *dik   il-ħdax-il mar-a   (b) dawk   il-ħdax-il mar-a
       jene(fsg) df-elf   Frau-fsg   jene(pl) df-elf   Frau-fsg
                                          jene elf Frauen

(c)   *dak   l-għoxrin   ktieb   (d) dawk   l-għoxrin   ktieb
       jene(msg) df-zwanzig Buch(msg)   jene(pl) df-zwanzig Buch(msg)
                                          jene zwanzig Bücher

Im folgenden möchte ich zuerst die morpho-syntaktischen Eigenschaften von Zahlwörtern im Maltesischen genauer untersuchen und dann auf der Basis dieser Eigenschaften die Vor- und Nachteile einiger möglicher Lösungen für das Numerusproblem diskutieren.

3.4. Das Zahlwortsystem

Zunächst müssen zwei Hauptklassen von Kardinalzahlwörtern aufgrund ihrer Form und Distribution unterschieden werden, die ich im folgenden als Kardinalzahlwörter der Klasse 1 und Kardinalzahlwörter der Klasse 2 (kurz K1 und K2) bezeichnen möchte. Die "Nicht-Kongruenz" in bezug auf Numerus für die Zahlwörter ab *zehn* gilt nur für K1. Ich werde weitere Unterschiede zwischen diesen beiden Zahlwortklassen hauptsächlich anhand von *żewġ* (K1) und *tnejn* (K2), beides Bezeichnungen für das Zahlwort 'zwei', diskutieren. Tabelle II (siehe unten) gibt eine Übersicht der verschiedenen Zahlwortformen. (Das Apostroph bei den Zahlwörtern *erba'* 'vier', *seba'* 'sieben' und *disa'* 'zehn' ersetzt das stumme 'għ' am Wortende.)

Die Unterscheidung zwischen K1 und K2 erstreckt sich durch das ganze Zahlwortsystem. Für die Zahlwörter von *zwei* bis *zehn* spiegelt sich diese Unterscheidung explizit in der Wortform; für die Zahlen von elf bis neunzehn unterscheiden sich die K1 von den K2 durch das zusätzliche Suffix *-il*. Das *-il* hat in diesem Zusammenhang keine semantische Wirkung und hat sowohl synchron als auch diachron nichts mit dem definiten Artikel *il-* zu tun[2]. Synchron ist seine Funktion, die K1 (mit *-il*) von den K2 (ohne *-il*) zu unterscheiden.

---

[2] Nach M. Mifsud (persönliche Mitteilung) ist *-il* eine lautliche Umwandlung der Silbe *-ar* von *ghaxar* 'zehn'. *tnax* 'zwölf'(K2) z.B. erhält man aus *tnejn* 'zwei'(K2) und *ghaxra tnax-il* 'zwölf'(K1) aus *tnejn* 'zwei'(K2) und *ghaxar* 'zehn'(K1). Letzteres ist zu *tn-ax-ar* reduziert und *-ar* zu *-il* umgewandelt worden.

Tabelle II

Deutsch	K1	K2
zwei	żewġ	tnejn
drei	tliet	tlieta
vier	erba'	erbgha
fünf	hames	hamsa
sechs	sitt	sitta
sieben	seba'	sebgha
acht	tmien	tmienja
neun	disa'	disgha
zehn	ghaxar	ghaxra
elf	hdax-il	hdax
zwölf	tnax-il	tnax
...	...	...
neunzehn	dsaghtax-il	dsaghtax
zwanzig	ghoxrin	ghoxrin
einundzwanzig	wiehed-u-ghoxrin	wiehed-u-ghoxrin
zweiundzwanzig	tnejn-u-ghoxrin	tnejn-u-ghoxrin
...	...	...
dreißig	tletin	tletin
einunddreißig	wiehed-u-tletin	wiehed-u-tletin
...	...	...
hundert	mitt	mija
...	...	...
hundertzwei	mija-u-żewġ	mija-u-tnejn
...	...	...
tausend	elf	elf

Für *wiehed* 'ein/s' und für die Zahlwörter der Zehnerzahlen ab zwanzig (mit Ausnahme von *mija* 'hundert') sind K1 und K2 aufgrund der Form nicht unterscheidbar. Wie im folgenden Abschnitt beschrieben wird, verhalten sie sich je nach syntaktischer Umgebung entweder wie K1 oder wie K2.

3.5. Die Kardinalzahlwörter der Klasse 1

(i) Transitivität

Die K1 sind transitiv in dem Sinne, daß sie nie allein vorkommen dürfen.
Das Nomen, mit dem sie auftreten, muß zählbar und indefinit sein:

22. (a) Żewġ   nisa   ġew   biss.   (b) żewġ   kotb-a   ġodd-a
     zwei(K1) Frau(pl) kamen nur   zwei(K1) Buch-pl neu-pl
     Nur zwei Frauen sind gekommen   zwei neue Bücher

   (c) *Żewġ   ġew   biss   (d) *żewġ   ġodd-a
      zwei(K1) kamen nur   zwei(K1) neu-pl

   (e) *żewġ   il-kotb-a   (f) *żewġ   kafe
      zwei(K1) df-Buch-pl   zwei(K1) Kaffee(msg)

(ii) /t/-Epenthese

Unter bestimmten Bedingungen gibt es für die K1 von *zwei* bis *zehn* phonologische Veränderungen, die sowohl das Zahlwort als auch das ihm folgende
Nomen betreffen: Wenn das Nomen mit einem epenthetischen /i/ anfängt,
tritt ein /t/ an die K1. So bilden z.B. *ħbieb* (Freunde) und *żewġ* ʹzweiʹ(K1),
also *żewġ ħbieb*, den Cluster *ġħb*. Da aber ein solcher Cluster weder als
Onset noch als Coda erlaubt ist, muß er durch die i-Epenthese aufgebrochen
werden, damit Silbifizierung möglich ist. Das geschieht, indem der Vokal /i/
eingeschoben wird: *żewġ i+ħbieb*. In einer solchen Umgebung tritt dann
obligatorisch das /t/ auf: *żewġ+t i+ħbieb*.

23. (a) żewġ   nisa   (b) żewġ-t   iħbieb
     zwei(K1) Frau(pl)   zwei (K1) Freund(pl)
     zwei Frauen   zwei Freunde

   (c) *żewġ-t   nisa   (d) *żewġ   iħbieb
      zwei(K1) Frau(pl)   zwei (K1) Freund(pl)
      zwei Frauen   zwei Freunde

Wenn das Nomen mit einem nicht-epenthetischen /i/ anfängt, kommt kein /t/ vor:

24. (a) żewġ   Indjan-i (b) *żewġ-t   Indjan-i
     zwei(K1) Indian-pl   zwei(K1) Indian-pl
     zwei Indianer

   (c) żewġ   injorant-i (d) *żewġ-t injorant-i
     zwei(K1) dumm-pl   zwei(K1) dumm-pl
     zwei Dumme

Mir ist unklar, was die genaue Funktion des /t/ ist. Fest steht, daß der Prozeß in dieser Form ausschließlich bei dieser Konstruktion vorkommt. Dieses /t/ könnte als ein nicht-assoziiertes Element im Lexikoneintrag der K1 dargestellt werden, das nur unter bestimmten Bedingungen (eben bei epenthetischem /i/ beim Nomen) erscheinen darf. Eine Alternative wäre es anzunehmen, daß /i/ und /t/ nicht unabhängig voneinander eingefügt werden, sondern das Segment /ti/ mit der Silbe CV assoziiert wird.

(iii) Strikte Adjazenz

Das Nomen in K1-Konstruktionen muß immer rechtadjazent zum Zahlwort stehen. Es darf nicht extrahiert werden, d.h. an anderer Stelle im Satz vorkommen, und auch zwischen einem K1 und einem Nomen darf nichts stehen, nicht einmal pränominale Adjektive (vgl. (25e) und (25f)).

25. (a) Żewġ nisa ġew (b) *Nisa żewġ ġew
     zwei(K1) Frau(pl) kamen   Frau(pl) zwei(K1) kamen
     Zwei Frauen kamen.

   (c) *Żewġ ġew nisa (d) *Nisa ġew żewġ.
     zwei(K1) kamen Frau(pl)   Frau(pl) kamen zwei(K1)

   (e) iċ-ċwieċ ħut-ek
     df-dumm(pl) Geschwister(pl)-dein
     deine dummen Geschwister

   (f) *iz-żewġ ċwieċ ħut-ek
     df-zwei(K1) dumm(pl) Geschwister(pl)-dein
     deine beiden dummen Geschwister

(iv) Betonung

Die K1 sind nur in sehr markierten Fällen betont:

26. (a) ?? Żewġ   <u>kotb</u>-a xtrajt jien.
        zwei(K1) Buch-pl kaufte ich
        Zwei   Bücher habe ich gekauft.

   (b) *Iż- <u>żewġ</u> kotb-a xtrajt jien.
       df-zwei(K1) Buch-pl kaufte ich

Wenn aus irgendwelchen Gründen eine Betonung des Zahlworts nötig ist, wird meistens ein K2 mit einem Topik-Nomen (vgl. (27c) unten) anstelle von einem K1 und einem Nomen benutzt. Solche Konstruktionen werden im folgenden beschrieben.

3.6. Die Kardinalzahlwörter der Klasse 2

Die K2 kommen vor: (a) allein als Proform, (b) mit unzählbarem (nicht-Topik-)Nomen, (c) mit zählbarem Topik-Nomen, (d) mit einem Adjektiv, (e) in Partitivkonstruktionen und (f) beim Zählen.

27. (a)   Tnejn   ġe-w   biss.   (b)   tnejn   kafe
          zwei(K2) komm-3pl nur   zwei(K2) Kaffee
          Nur zwei kamen.   zwei Kaffee

   (c)   Kotb-a tnejn   xtraj-t.   (d)   Tnejn   sbieħ   xtraj-t.
          Buch-pl zwei(K2) kauf-1sg   zwei(K2) schön(pl) kauf-1sg

   (e)   tnejn   min-n-nisa   (f)   tnejn,   tlieta
          zwei(K2) von-df-Frauen   zwei(K2), drei(K2)
          zwei Frauen

Aufgrund dieser Daten scheint es sinnvoll anzunehmen, daß die K2 Proformen für K1+Nomen sind. Bei der Verwendung mit unzählbarem Nomen steht ein K2 wie z.B. *tnejn* für Maßphrasen wie *żewġ tazzi* 'zwei Gläser' oder *żewġ kilos* 'zwei Kilo'.

28.

(a) Xtraj-t   żewġ   kotb-a   minflok tlieta.
    ich-kauf-1sg   zwei(K1) Buch-pl anstatt drei(K2)
    Ich habe zwei Bücher anstatt drei gekauft.

(b) Agħti-ni   żewġ   tazz-i   nbid   abjad u   tnejn ħomor
    gib-mir   zwei(K1) Glas-pl Wein(msg) weiß(sg) und zwei(K2) rot(pl)
    Gib mir zwei Gläser Weißwein und zwei (Gläser) Roten.

Wie (28b) und (29) zeigen, muß das Adjektiv mit dem K2 in bezug auf
Numerus (und bei w-ħ-d 'eins' in bezug auf Genus) kongruieren.

29. (a) tnejn   ġodd-a   (b) wieħed   ġdid
        zwei(K2)   neu-pl   eins(K2/msg)   neu(msg)
        zwei Neue   ein Neues

    (c) *tnejn   ġdid   (d) *wieħed   ġodd-a
        zwei(K2)   neu(msg)   eins(K2/msg)   neu-pl

    (d) *elf   ġdid   (f) elf   ġodd-a
        tausend(K2) neu(msg)   tausend(K2)   neu-pl
                                        tausend Neue

Kongruenz in bezug auf Numerus (und bei w-ħ-d Genus) ist auch bei den
K2 und einem Topik-Nomen erforderlich. Daß es sich bei dieser Konstruktion
um ein Topik- Nomen handelt, zeigt sich dadurch, daß es zwischen dem
Nomen und dem Rest des Satzes eine kurze Pause gibt, d.h. die beiden
Teile bilden je eine eigene Intonationsphrase, was man oft durch das Ein-
setzen eines Kommas wie in (30) markiert.

30.

(a) Mara,   waħd-a   ġiet   biss.   (b) *Nisa,   waħd-a   ġiet   biss.
    Frau(fsg) ein(K2)-fsg kam   nur   Frau(pl)   ein(K2) -fsg kam   nur
    Nur eine Frau kam.

(c) Irġiel,   ħdax   biss   ġew.   (d) *Raġel,   ħdax   biss   ġew.
    Mann(pl)   elf(K2) nur   kamen   Mann(msg)   elf(K2) nur   kamen
    Nur elf Männer kamen.

(e) Kotb-a, tnejn   biss xtraj-t.   (f) *Ktieb,   tnejn   biss xtraj-t.
    Buch-pl zwei(K2) nur kauf-1sg   Buch(sg) zwei(K2) nur kauf-1sg
    Bücher habe ich nur zwei gekauft.

Eine Betrachtung der möglichen Wortstellungen bei solchen Konstruktionen
zeigt, daß das Topik-Nomen sich in einer Topik-Position außerhalb der
Nphrase befindet und nicht in einer Position innerhalb der Nphrase. Wenn
die Topik-Position innerhalb der Nphrase wäre, wäre es unmöglich, die
Wortstellungen in (31a) und (31b) zu erklären, da in beiden Fällen das Verb
zwischen dem Zahlwort und dem Nomen steht. (Die Syntax von Topik-
konstruktionen wird ausführlich in den Kapiteln 6-8 behandelt.)

31. (a) Nisa   ġe-w   tnejn   biss.   (b) Tnejn   ġe-w   nisa.
       Frau(pl) kam-3pl zwei(K2) nur   zwei (K2) kam-3pl Frau(pl)
       Frauen sind nur zwei gekommen.   Zwei Frauen sind gekomen.

Die K2 müssen in bezug auf Definitheit mit dem Topik-Nomen übereinstimmen. Man kann dieses Phänomen als einen Fall von Konkordanz zwischen
dem Zahlwort und dem Topik-Nomen in bezug auf das Merkmal D erfassen
(siehe auch Abschnitt 5.12.).

32. (a) Nisa   tnejn   ġe-w.
        Frau(pl)   zwei (K2)   kam-3pl
        Frauen sind zwei gekommen.

    (b) In-nisa   it-tnejn   ġe-w.
        df-Frau(pl) df-zwei (K2) kam-3pl
        Die zwei Frauen sind beide gekommen.

    (c) *Nisa   it-tnejn   ġe-w.
        Frau(pl)   df-zwei (K2) kam-3pl

    (d) *In-nisa   tnejn   ġe-w.
        df-Frau(pl) zwei(K2)   kam-3pl

In Tabelle III sind die Haupteigenschaften der K1 und K2 noch einmal aufgelistet:

TABELLE III

K1	K2
1. sind transitiv	Benutzt:
2. lösen teilweise t-Epenthese aus	1. zum Zählen
3. sind adjazent zum Nomen	2. in Partitivkonstruktionen
4. sind normalerweise unbetont	3. als Proform
	(a) allein
	(b) mit unzählbarem Nomen
	(c) mit Topik-Nomen
	(d) mit Adjektiv
	4. sind meistens betont

Zum Schluß noch eine kurze Bemerkung zu den komplexen Zahlwörtern: Auch dort zeigt sich der gerade beschriebene Unterschied zwischen den K1 und den K2, in (33) anhand von *einhundertzwei* dargestellt:

33. (a) mija   u   zewg   (b) mija   u   tnejn
     hundert(K2) und zwei(K1)   hundert(K2) und zwei(K2)
     einhundertzwei   einhundertzwei

Das linke Element ist immer ein K2, das rechte kann entweder ein K2 oder ein K1 sein. Die morphosyntaktischen Eigenschaften des gesamten Ausdrucks sind immer die des rechten Elements. So verlangt z.B. *mija-u-żewġ* (hundertzwei) ein indefinites, zählbares Nomen im Plural: der syntaktische Kopf solcher komplexen Ausdrücke ist also das rechte Element.

34. (a) Mija   u   żewġ   nisa   ġe-w.
       hundert(K2) und zwei(K1) Frau(pl) kam-3pl
       Hundertzwei Frauen sind gekommen.

    (b) Nisa   mija   u   tnejn   ġe-w.
       Frau(pl) hundert(K2) und zwei(K2) kam-3pl
       Frauen sind hundertzwei gekommen.

3.7. Formale Repräsentation

Ich nehme im folgenden an, daß die K1 aus den K2 abgeleitet werden. Das geschieht durch eine Operation (die K-Operation), die dem Θ-Raster eine Θ-Rolle hinzufügt, die über ein Prädikat abstrahiert. (Eine ähnliche Operation muß bei den Possessiva angenommen werden: siehe dazu Abschnitt 6.3.) Morphologisch wird die K-Operation bei den Zahlwörtern von *zwei* bis *zehn* durch das *t-marbuta* und bei den Zahlwörtern von *elf* bis *neunzehn* durch -*il* ausgedrückt. Bei den restlichen Zahlwörtern ist die K-Operation nicht sichtbar. Entsprechend dieser Unterscheidung können die Basiseinträge der Zahlwörter in drei Klassen unterteilt werden: die Zahlwörter der NMK1 (NMK1 steht für Zahlwortklasse 1), die ein -*t* suffigieren; die Zahlwörter der NMK2, die ein -*il* bekommen und die der NMK3, die kein solches Affix bekommen. Die Form *żewġ* (K1) ist eine Ausnahme, da sie nicht aus *tnejn* (K2) ableitbar ist; sie erhält daher einen eigenen Basiseintrag.

Alle Zahlwörter sind in der Basis mit dem g-Merkmal [+NMB] (für 'Number') versehen. Dadurch werden sie als Klasse von den restlichen [+N]-Kategorien (Nomina, Adjektive etc.) unterschieden. [+NMB] dient als Input-Bedingung für die Komponente, die die nur auf Zahlwörtern operierende K-Operation enthält. In (35) sind einige Beispiele für Basiseinträge von Zahlwörtern zu sehen; (36) zeigt das Ergebnis der K-Operation aus diesen Basiseinträgen.

35. (a) *hams-:* +N, +NMB, NBK1; $\lambda \underset{+PLU}{\underline{x}} [\ N(x)\ \&\ K(x) = 5\ ]$
       fünf

    (b) *hdax :* +N, +NMB, NBK2; $\lambda \underset{+PLU}{\underline{x}} [\ N(x)\ \&\ K(x) = 11\ ]$
       elf

    (c) *ghoxrin :* +N, +NMB, NBK3; $\lambda \underset{+PLU}{\underline{x}} [\ N(x)\ \&\ K(x) = 20]$
       zwanzig

36. (a) *hames(t):* +N, +NMB; $\lambda N\ \lambda \underset{+PLU}{\underline{x}} [\ N(x)\ \&\ K(x) = 5\ ]$
       fünf

    (b) *hdax-il :* +N, +NMB; $\lambda N\ \lambda \underset{+PLU}{\underline{x}} [\ N(x)\ \&\ K(x) = 11\ ]$
       elf

    (c) *ghoxrin :* +N, +NMB; $\lambda N\ \lambda \underset{+PLU}{\underline{x}} [\ N(x)\ \&\ K(x) = 20]$
       zwanzig

Die K-Operation ist nicht obligatorisch: wenn sie nicht auf einem [+NMB]-Element operiert, erhält man die K2. Das Prädikat N bei den K2 muß entweder durch den Kontext oder durch das Topik-Nomen spezifiert werden. Bei den K1 ist N jedoch ein Argument und muß syntaktisch gesättigt werden.

3.8. Die Numerusphrase

Eigenschaften wie Unbetonbarkeit, strikte Adjazenz und insbesondere die Auslösung von idiosynkratischen phonologischen Prozessen sind typische Merkmale funktionaler Kategorien (siehe Abney 1986). Deswegen ist die Kategorie NMB als funktionale Kategorie zu betrachten. Ich nehme weiter an, daß die Zahlwörter funktionale Köpfe sind, d.h. Kategorien, die auf die maximale Kategorie [+N, -V, +NMB, +MAX] projizieren, die man als Numerusphrase (kurz: NMBP) interpretieren kann. Es gibt eine interessante Parallele in bezug auf die Distribution und die morphologische Markierung zwischen K1- und K2-Zahlwörtern einerseits und den lexikalischen [-MAX]-Köpfen V, P, N (im folgendem X^0) und Kombinationen dieser Kategorien mit den Kongruenzmarkern (im folgendem X^0+Mk) andererseits, die die Annahme einer Kopf-Kategorie [+NMB] unterstützt.

Vergleicht man die K1 mit einem transitiven X^0 und die K2 mit einem intransitiven X^0+Mk, dann zeigt sich eine Korrelation von drei Eigenschaften: (i) Adjazenz, (ii) ihr Vorkommen als Proformen und, in Zusammenhang damit, (iii) die Fähigkeit, eine Topik-Phrase zu lizensieren. (Poss-N steht für Possessiv-Nomen.)

(i) Rechtsadjazenz

Bei den K1 ist die Stellung des Arguments immer rechts, adjazent zum Zahlwort. Das ist die unmarkierte Stellung transitiver lexikalischer Köpfe:

37. (a) K1
     żewġ nisa
     zwei Frauen
     zwei Frauen

    (b) Poss-N^0
     ras t-tifel
     Kopf df-Kind
     der Kopf des Kindes

    (c) V^0
     Raj-t li-r-raġel.
     sah-ich Ks-df-Mann
     Ich sah den Mann.

    (d) P^0
     fuq iż-żiemel
     auf df-Pferd
     auf dem Pferd

(ii) Proform

Bei den Zahlwörtern werden die K2 als Proformen für die K1+Nomen verwendet. Wenn das Komplement bei einem lexikalischen Kopf fehlt, muß ein Kongruenzmarker am Kopf vorkommen, so daß das X^0+Mk als Proform für das X^0 und sein Komplement fungiert.

38. (a) K2

    Tnejn ġe-w.
    zwei kam-3pl
    Zwei kamen.

    (b) Poss-N^0+Mk

    Ras-u kbira.
    Kopf-3msg groß
    sein Kopf ist groß.

    (c) V^0+Mk

    Raj-t-u l-bierah.
    sah-2sg-3msg df-gestern
    Ich sah ihn gestern.

    (d) P^0+Mk

    Fuq-u qbiż-t.
    auf-3msg sprang-2sg
    Auf ihn sprangst du.

(iii) Topikphrase

Schließlich kann mit K2 und X^0+Mk immer eine Topikphrase assoziiert werden.

39. (a) K2

    Nisa tnejn ġe-w.
    Frauen zwei kam-3pl
    Frauen sind zwei gekommen.

    (b) Poss-N^0+Mk

    Pawlu ras-u kbira.
    Paul Kopf-3msg groß
    "Paul, sein Kopf ist groß."

    (c) V^0+Mk

    Marija raj-t-ha l-bierah.
    Maria sah-ich-3fsg df-gestern
    "Maria, die habe ich gestern gesehen."

    (d) P^0+Mk

    Jane iż-żiemel eżatt fuq-u qabż-et.
    Jane df-Pferd genau auf-3msg sprang-3fsg
    "Das Pferd, Jane sprang genau darauf."

Diese Parallele legt nahe, die Zahlwörter genau wie die lexikalischen Haupt-
kategorien als Köpfe eigener Phrasen zu behandeln, die somit auf eine
NMBP projizieren.

In diesem Zusammenhang wird wieder die Frage der Bar-Stufigkeit relevant. Die Idee einer NMBP paßt zu der Annahme eines 1-stufigen X-BAR–
Modells: da die Zahlwörter Köpfe sind, braucht man keine [SPEC, NP]-
Position für sie. Mit einem Zahlwort sieht die maltesische Nphrase wie folgt
aus:

40. (a)   [+N, -V, +NMB, -D, +MAX] = NMBP

[+N, -V, +NMB, -D, -MAX]= NMB   [+N, -V, -NMB, -D, +MAX] = NP

                                    [+N, -V, -NMB, -D, -MAX] = N

              żewġ   *nisa*
              zwei(K1)   Frauen

(b)   [+N, -V, +NMB, +D, +MAX]   = NMBP [+D]

               [+N, -V, +NMB, +D, -MAX]   = NMB [+D]

                    it-tnejn
                    df-zwei (K2)

Die Repräsentation der K2 und die der K1 von *eins* bis *zehn* ist unproblematisch und ergibt die richtigen Strukturen. (41) zeigt ein Beispiel mit dem
K1 *żewġ* 'zwei'.

41. (a) *żewġ:* λN λx [N(x) & K(x) = 2]
        zwei (K1) $\underset{-D}{|}$ $\underset{+PLU}{|}$

    (b) *kotb-a:* λz [BUCH(z)]
        Buch-pl $\underset{+PLU}{|}$

    (c) *żewġ   kotb-a:* λx [BUCH(x) & K(x) = 2]
        zwei (K1) Buch-pl $\underset{+PLU}{|}$

Im Zusammenhang mit der Repräsentation der K1 stößt man wieder auf das
Problem, das die K1 und ihre Beziehung zum Nomen hinsichtlich Numerus
betrifft. Wie schon zu Anfang des Kapitels erwähnt, muß das Nomen bei den
K1, die Zahlen über zehn bezeichnen, im Singular stehen, die gesamte Phrase,
bestehend aus K1 und Nomen, wegen der Kongruenz mit dem Demonstrativum
und der VP jedoch im Plural.

Die Frage ist, welche Kongruenz- bzw. Rektionsinformationen die Einträge
der K1 haben müssen, damit die Verhältnisse hinsichtlich der Numeruskongruenz mit dem Nomen richtig erfaßt werden können. Im folgenden sollen
verschiedene Möglichkeiten, mit diesem Problem umzugehen, diskutiert werden.

Eine zunächst vielversprechende Möglichkeit, das Numerusproblem zu be-
wältigen, besteht darin, die Beziehung zwischen Zahlwort und Nomen einerseits und die zwischen Subjekt und Verb andererseits als zwei verschiedene
Formen von Kongruenz zu betrachten.

3.9. Semantische Kompatibilität

Semantische Kompatibilität spielt bei der Kongruenz eine wesentliche Rolle
(siehe dazu genauer Kapitel 10). Für die semantische Kompatibilität sind
semantische Prädikate wie WEIB(lich) oder AGGR(egat) relevant; für die
formale Kongruenz-Attribute wie FEM oder PLU. Die Hypothese ist, daß die
Übereinstimmung zwischen Zahlwort und Nomen formal, die zwischen Demonstrativum und Nomen und zwischen Subjekt und Verb aber semantisch ge-
steuert ist. Das würde bedeuten, daß die Zahlwörter von *zwei* bis *zehn* die
Spezifizierung [+PLU], das Zahlwort *eins* und die Zahlwörter ab *elf* aber
(wie unter (18) angenommen) die Spezifizierung [-PLU] tragen. Alle Zahlwörter ab *zwei* spezifizieren ihr externes Argument semantisch als AGGR,
eins dagegen als INDIV(iduum).

42. (a) *wiehed:* λN $\lambda \underline{x}$ [N(x) & K(x) = 1 & INDIV(x)]
    eins $\underset{\overline{-D}}{|}$ $\underset{-PLU}{|}$

    (b) *zewġ:* λN $\lambda \underline{x}$ [N(x) & K(x) = 2 & AGGR (x)]
    zwei(K1) $\underset{\overline{-D}}{|}$ $\underset{+PLU}{|}$

    (c) *hdax-il:* λN $\lambda \underline{x}$ [N(x) & K(x) = 11 & AGGR(x)]
    elf-K1 $\underset{\overline{-D}}{|}$ $\underset{-PLU}{|}$

In diesem Modell wäre eine Phrase wie (43) daher formal als Singular markiert, obwohl sie ein Aggregat denotiert. Das Wort *ktieb* in (43) dürfte selbst nicht das Prädikat INDIV bzw. AGGR beinhalten, d.h. es müßte semantisch "unterspezifiziert" sein.

43. *hdax-il ktieb:* $\lambda \underline{x}$ [BUCH(x) & K(x) = 11 & AGGR (x)]
    elf-K1 Buch(msg)   -PLU

Die Annahme, daß innerhalb der DP formale, von der DEMP an aufwärts aber semantische Kompatibilität gilt, müßte stipuliert werden.

Abgesehen davon, daß diese Lösung viele Fragen offen läßt, kann sie empirisch nicht aufrechterhalten werden: In Kapitel 10 wird gezeigt, daß man annehmen muß, daß auch die Beziehung zwischen Subjekt und Verb auf formaler Kongruenz beruht und nicht auf semantischer Kompatibilität. Um das Numerusproblem zu erfassen, müßte man behaupten, daß die Kongruenz zwischen Subjekt und Verb (bzw. zwischen dem Demonstrativum und dem Nomen) sich nur aus der semantischen Kompatibilität beider Elemente ergibt, wenn das Subjekt (bzw. das Nomen) eine NMBP ist, sonst aber nicht.

Dazu kommt das Genusproblem. Ausschlaggebend für die Beziehung zwischen Subjekt und Verb sowie für die zwischen Demonstrativum und Nomen ist die grammatische Kategorie Genus und nicht die semantische Information Sexus, da ein Nomen wie *pjazza* 'Platz' z.B. für Sexus gar nicht definiert ist, aber offensichtlich in bezug auf FEM kongruiert. Die Behauptung, daß nur semantische Kompatibilität und nicht formale Kongruenz bei der Beziehung zwischen Subjekt und Verb relevant ist, müßte also nur für Numeruskongruenz gelten und zwar nur dann, wenn das Subjekt eine NMBP ist und könnte nicht verallgemeinert werden. Eine solche Annahme ist sehr willkürlich und stellt ein unbefriedigendes Ergebnis dar. Die Lösung muß anders aussehen.

3.10. Das *g*-Merkmal PL

Eine zweite Möglichkeit besteht darin, für die Pluralformen zwei Merkmale anzusetzen: das k-Merkmal PLU und zusätzlich ein g-Merkmal PL. Dann könnten die K1 ab *elf* ein [-PL]-Nomen regieren. Die Basiseinträge für Nomina im Singular wären für das Merkmal PLU unspezifiziert.

44. (a) *ḥdax-il:* +N, +NMB; $\lambda N \quad \lambda \underline{x} \ [\ N(x) \ \& K(x) = 11 \ ]$
   elf-K1
   $\underset{-D}{\overset{|}{-PL}} \quad \overset{|}{+PLU}$

(b) *ktieb:* +N, -V, -PL, -D; $\lambda \underline{z} \ [\ BUCH(z) \ ]$
   Buch(msg)
   $\overset{|}{+FEM}$

(c) *ḥdax-il ktieb:* +N, -V, +NMB, -D; $\lambda \underline{x} \ [\ BUCH(x) \ \& \ K(x) = 11 \ ]$
   elf-K1 Buch(msg)
   $\underset{-FEM}{\overset{|}{+PLU}}$

Ein Problem dieser Lösung ist, daß man die Defaultregel [-PLU] (siehe Kapitel 1) für Nomen aus dem Lexikon auslagern müßte, während andere Defaultregeln wie die Festlegung von [-FEM] oder [-D] jedoch im Lexikon operieren. Die Verteilung solcher Regeln über die Grammatik ist aus theoretischen Gründen unerwünscht: Es wäre wünschenswert, alle Defaultregeln, die Eigenschaften von Wörtern bestimmen, im Lexikon anzusetzen und nicht über die ganze Grammatik zu verteilen.

Darüberhinaus schwächt diese Lösung die Annahmen der Theorie zu stark ab: Die saubere Trennung zwischen g- und k-Merkmalen, die ihre unterschiedlichen Funktionen widerspiegeln soll, wäre nicht mehr eindeutig. Man könnte dann direkt alle Merkmale gleich behandeln, so daß es nicht mehr möglich wäre, Kongruenz von Rektion formal strikt zu unterscheiden.

3.11. Unterspezifikation

Ein alternativer Vorschlag bestünde darin, mit Unterspezifikation in bezug auf das Merkmal PLU zu arbeiten. Das ist aber problematisch, da nicht zu verhindern wäre, daß die K1 von *zwei* bis *zehn* auch mit einem in bezug auf PLU unterspezifiziertem Nomen auftreten.

45. (a) *żewġ:* $\lambda N \quad \lambda \underline{x} \ [\ N(x) \ \& \ K(x) = 2 \ ]$
   $\overset{|}{-D} \quad \overset{|}{+PLU}$

(b) *ktieb:* $\lambda \underline{z} \ [BUCH(z)]$
   $\overset{|}{-FEM}$

(c) ** żewġ ktieb:* $\lambda \underline{x} \ [\ BUCH(x) \ \& \ K(x) = 2 \ ]$
   $\underset{-FEM}{\overset{|}{+PLU}}$

Um dieses Problem zu vermeiden, könnte man von einem g-Merkmal wie z.B. SPEZ für 'spezifiziert' Gebrauch machen. Dann wäre ein Wort wie *ktieb* 'Buch' [-SPEZ], aber *kotba* 'Bücher' [+SPEZ]; die K1 von zwei bis zehn regieren eine [+SPEZ]-Form, die übrigen eine [-SPEZ]-Form des Nomens. (In den Beispielen kommen nur die relevanten Merkmale SPEZ und PLU vor.)

46. (a) *ħdax-il:*
  elf -K1

$$\lambda N \quad \lambda\underline{x} \ [\ N(x) \ \& \ K(x) \ = \ 11 \ ]$$
$$\overline{-SPEZ} \quad +PLU$$

   (b) *raġel:*
   Mann(msg)

$$-SPEZ; \quad \lambda\underline{y} \ [\ MANN(y) \ ]$$

   (c) *ħdax-il raġel:*
   elf-K1 Mann(msg)

$$\lambda\underline{x} \ [\ MANN(x) \ \& \ K(x) \ = \ 11 \ ]$$
$$+PLU$$

47. (a) *żewġ:*
   zwei(K1)

$$\lambda N \quad \lambda\underline{x} \ [\ N(x) \ \& \ K(x) \ = \ 2 \ ]$$
$$\overline{+SPEZ} \quad +PLU$$

   (b) *rġiel:*
   Mann(pl)

$$+SPEZ; \quad \lambda\underline{y} \ [\ MANN(y) \ ]$$
$$+PLU$$

   (c) *żewġt irġiel:*
   zwei Mann(pl)

$$\lambda\underline{x} \ [\ MANN(x) \ \& \ K(x) \ = \ 2 \ ]$$
$$+PLU$$

Diese Lösung liefert die richtigen Ergebnisse für die Abarbeitung der Information über Numerus in den Phrasen, die aus einem K1 und einem Nomen bestehen, sie hat aber wie die vorhergehenden erhebliche Schwächen. Die Frage ist, wie das Merkmal SPEZ zu interpretieren ist. Sinnvoll wäre es, anzunehmen, daß [-SPEZ] Wörter bzw. Phrasen klassifiziert, die völlig unspezifiert sind, und zwar sowohl für Numerus als auch für Genus. Attributiv-Konstruktionen (siehe Abschnitt 3.2) zwingen zu der Annahme, daß Nomina für Genus spezifiziert sind, da sie mit dem modifizierenden Adjektiv kongruieren müssen.

48. (a) ħdax-il ktieb   ġdid   (b) *ħdax-il ktieb   ġdid-a
      elf-K1 Buch(msg) neu(msg)   elf-K1 Buch(msg) neu-fsg
      zwanzig neue Bücher

(c) ġhoxrin   bozz-a   ħamr-a   (d) *ġhoxrin   bozz-a   aħmar
    zwanzig(K1) Birne-fsg rot-fsg   zwanzig(K1) Birne-fsg rot(msg)
    zwanzig neue Birnen

Abgesehen davon, daß das Attribut SPEZ ad hoc ist, zeigt sich, daß die Spezifizierungen [-SPEZ] bzw. [+SPEZ] sich auf genau dieselben Formen beziehen, die auch die oben diskutierten Merkmale [-PL] bzw. [+PL] tragen. Die Verteilung des Merkmals SPEZ entspricht also der des Merkmals PL.

49.

raġel	irġiel	mara	nisa
-SPEZ -PL -FEM	+SPEZ +PL	-SPEZ -PL +FEM	+SPEZ +PL

Bei beiden Lösungen ergibt sich ein weiteres Problem, das mit der Morphologie des Nomens hinsichtlich der Eigenschaft der Zählbarkeit zusammenhängt. Diese wird im folgenden Abschnitt genauer dargestellt.

3.12. Zählbarkeit

Bei einer großen Klasse von Nomina ist die Unterscheidung zwischen Zählbarkeit und Unzählbarkeit im Maltesischen morphologisch relevant. So gibt es für *Tomate* und *Tomaten* drei Wörter: *tadam* (unzählbar-singular), *tadama* (zählbar-singular) und *tadamiet* (zählbar-Plural):

    Generell gilt, daß ein Nomen zählbar ist, falls es mit einem K1 zwischen *eins* und *zehn* vorkommen kann, andernfalls unzählbar. In (50) steht *c* für zählbar (countable), *nc* für unzählbar (noncountable))

50. (a) żewġ   tadam -iet   (b) *żewġ   tadam
    zwei(K1) Tomate-c/pl   zwei(K1) Tomate(nc/msg)
    zwei Tomaten

    (c) ħames   bajd-iet   (d) *ħames   bajd
    fünf(K1) Ei-c/pl   fünf(K1) Ei(nc/msg)
    fünf Eier

Der Test der Kombination mit dem Kl ist bei *w-ḥ-d* (eins) nicht immer anwendbar, da *w-ḥ-d* auf die Kombination mit "menschlichen" Nomina beschränkt ist.

51. (a) waḥd-a mar-a   (b) *waḥd-a bozz-a
       ein-fsg Frau-c/fsg   ein-fsg Birne-c/fsg

    (c) *waḥd-a tadam-a
        ein-fsg Tomate-c/fsg

Es ist aber klar, daß man mit *tadama* von genau einer Tomate spricht. Deshalb ist die Aussage in (52) auch immer eindeutig: man bekommt genau eine Tomate und nicht mehr.

52. Aghti-ni tadam-a.
     gib-1sg   Tomate-c/fsg
     Gib mir eine Tomate!

Die Kongruenz mit dem attributiven Adjektiv, mit dem Demonstrativum und mit dem Verb zeigt, daß Nphrasen mit einem unzählbaren (bzw. Massen-) Kopfnomen Singular (und Maskulinum) sind (*Sb* und *dO* stehen für Subjekt- und Objekt-Kongruenzmarker; siehe Kapitel 4):

53. (a) Dak   il-bajd   l-ahmar   j-oghġob-ni.
         jene(msg) df-Ei(nc/msg)   df-rot(msg)   3(msg)-gefallen-1sg
                                                    Sb   dO

     Jene rote Eier gefallen mir.

    (b) *Dawk   il-bajd   l-ahmar   j-oghġb-u-ni.
         jene(pl)   df-Ei(nc/msg)   f-rot(msg)   3-gefallen-pl-1sg

Daraus ergibt sich folgende Klassifikation für die Nomina:

Tabelle IV

	+CNT	-CNT
-PLU	tadam-a	tadam
	Tomat-f	Tomat(m)
+PLU	tadam-iet	
	Tomat	

Sowohl das Suffix -*iet* (mit den phonologischen Varianten -*at* und -*ijiet*) als auch -*a* fügen den g-Merkmalen des Nomens das g-Merkmal [+CNT] hinzu. Das Merkmal besagt, daß die Dimension der Zählbarkeit im Maltesischen grammatikalisiert ist. Für -*iet* gilt das ohne Ausnahme: alle Wörter mit Pluralmorphologie sind zählbar. Für -*a* gibt es eine kleine Klasse von Ausnahmen wie z.B. *letteratur-a* 'Literatur' oder *arroganz-a* 'Arroganz', die aus dem Romanischen entlehnt sind. Es ist sinnvoll, diese Wörter nicht als aus zwei Morphemen (*letteratur-* bzw. *arroganz-* und -*a*) bestehend zu analysieren, sondern als schon in der Basis vollspezifizierte, fertige Wörter, also als [-min, +max, -CNT; +FEM, -PLU]-Elemente.

Das Merkmal CNT ist nur für die Rektionsbeziehung zwischen Zahlwort und Nomen morphologisch relevant, da es sonst keine explizit für Zählbarkeit markierten Formen des Demonstrativums, des Adjektivs oder des Verbs gibt. Man kann daher CNT als ein Merkmal auffassen, das die Nomina hinsichtlich ihrer Wortform klassifiziert und regierbar ist. Tabelle V zeigt die Merkmalsdistribution von CNT im Zusammenhang mit den Merkmalen SPEZ und PLU.

Tabelle V

unmarkiert		markiert	
tadam		tadam-a	tadam-iet
—	tifel	tifl-a	tfal
-CNT	+CNT	+CNT	+CNT
-SPEZ	-SPEZ	-SPEZ	+SPEZ
-PLU	-PLU	-PLU	+PLU
-FEM	+FEM	+FEM	—

Aus der Tabelle wird deutlich, daß das Merkmal SPEZ völlig ad hoc ist: Es ist nicht klar, in welcher Interpretation von [-SPEZ] *tadam* und *tadama* denselben Wert haben sollten. Wenn überhaupt, sollte *tadam* die [-SPEZ]-Form sein, da sie die Merkmale [-CNT] und [-PLU, -FEM] hat. SPEZ wäre also tatsächlich nur zur Abgrenzung der Rektionsforderung der K1 von *zehn* aufwärts von der der anderen K1 zu verwenden.

3.13. Gebundene vs. ungebundene Morpheme

Nachdem sich alle bisher diskutierten Lösungsversuche als unbrauchbar
erwiesen haben, möchte ich eine Alternative vorschlagen, die auf einer völlig
anderen Interpretation der Daten aufbaut.

In Abschnitt 3.8 wurde dafür argumentiert, daß die Zahlwörter im Maltesischen funktionale Kategorien sind. In der einschlägigen Literatur wird allgemein angenommen, daß funktionale Kategorien häufig morphologisch (d.h.
als gebundene Morpheme) realisiert werden, wobei innerhalb einer Sprache
ein und dieselbe Funktion oft sowohl morphologisch als auch syntaktisch
ausgedrückt wird (siehe Emonds 1985). Ich will im folgenden dafür argumentieren, daß die K1 von *eins* bis *zehn* (kurz: K1<11) den Status von Wörtern
(d.h. von ungebundenen Morphemen) haben, die in der Syntax eine Position
einnehmen; während sich die K1 von *elf* aufwärts (kurz: K1>10) bereits im
Lexikon mit dem Nomen verbinden (also gebundene Morpheme sind).

Die folgenden Daten zeigen, daß die K1>10 sich nicht nur hinsichtlich der
Rektionseigenschaften anders als die K1<11 verhalten, sondern daß sie auch
noch andere Eigenschaften aufweisen, die die Hypothese über ihren grammatischen Status bestätigen: (54b) zeigt, daß das [-PLU]-Adjektiv, das ein von
einem K1>10 regiertes [-PLU]-Nomen modifiziert, nicht maximal sein kann.
Das [+PLU]-Adjektiv aber, das ein von einem K1<11 regiertes Nomen modifiziert, ist maximal (vgl. (54a)). Darüberhinaus kann ein K1>10 und das von
ihm regierte [-PLU]-Nomen von einer [+PLU]-AP modifiziert werden (vgl.
(54c)).

54. (a) iż-żewġ   kotb-a   ġodd-a ħafna
         df-zwei(K1) Buch-pl   neu-pl sehr
         die zwei sehr neuen Bücher

    (b) *1-għoxrin   ktieb   ġdid   ħafna
         df-zwanzig(K1) Buch(msg) neu(msg) sehr

    (c) 1-għoxrin   ktieb   ġodd-a ħafna
         df-zwanzig(K1) Buch(msg) neu-pl sehr
         die zwanzig sehr neuen Bücher

Die K1<11 und das von ihnen regierte [+PLU]-Kopfnomen treten sowohl mit
einer +df- als auch mit einer -df-AP auf (vgl. (55a) und (55b)). Dagegen
kann eine AP, die ein von einem K1>10 regiertes Nomen modifiziert, nur
dann definit sein, wenn das Adjektiv [+PLU] ist (vgl. (55c) und (55d)).

55. (a) iż-żewġ kotb-a   il-ġodd-a   (b)   iż-żewġ kotb-a   ġodd-a
      df-zwei Buch-pl df-neu-pl   df-zwei Buch-pl neu-pl
      die zwei neuen Bücher   die zwei neuen Bücher

  (c) l-ghoxrin   ktieb   il-ġodd-a
      df-zwanzig   Buch(msg)   df-neu-pl
      die zwanzig neuen Bücher

  (d) *ghoxrin   ktieb   il-ġdid
      zwanzig   Buch(msg)   df-neu(msg)

  (e) l-ghoxrin   ktieb   ġodd-a
      df-zwanzig   Buch(msg)   neu-pl
      die zwanzig neuen Bücher

Um diese Daten zu erklären, möchte ich zusätzlich zu der Annahme, daß ein K1>10 sich mit seinem Nomen im Lexikon verbindet, ein K1<11 aber eine syntaktische Position einnimmt, das folgende annehmen:

1) Es gibt in bezug auf die Kombination eines Nomens mit einem Adjektiv zwei Optionen im Maltesischen:
    (i) die lexikalische Option: Adjektiv und Nomen können im Lexikon zu einem Wort kombiniert werden (als N+A Element);
    (ii) die syntaktische Option: eine attributive AP wird in der Syntax an die höchste [+N, -V]-Kategorie adjungiert (in (56) z.B. an NMBP).
2) Die Bildung von K1+N+A findet vor der Affigierung des definiten Artikels statt.

Mithilfe dieser Annahmen ergibt sich die folgende Interpretation der Daten unter (54) und (55): (54b) ist ungrammatisch, weil es sich bei dem Adjektiv in solchen Strukturen nicht um eine AP handelt und es daher nicht von *hafna* modifiziert werden kann. Bei (54a) und (54c) handelt es sich um die syntaktische Option der Modifikation, wie in (56) zu sehen ist:

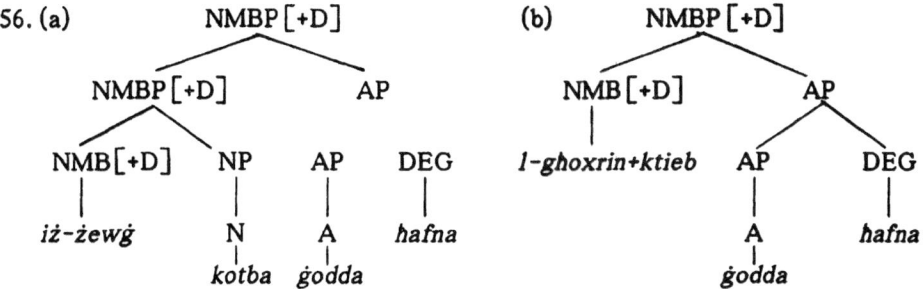

56. (a) / (b)

Die Kongruenz ergibt sich in diesen Fällen dadurch, daß sowohl *iż-żewġ kotba* als auch *l-għoxrin ktieb* pluralisch sind, daher muß das Adjektiv auch pluralisch sein.

57. (a) *iż-żewġ kotb-a:* $Dx \underset{\text{+PLU}}{\underline{\ }} [\ BUCH(x)\ \&\ K(x) = 2\ ]$
        df-zwei Buch-pl

   (b) *l-għoxrin ktieb:* $Dx \underset{\text{+PLU}}{\underline{\ }} [\ BUCH(x)\ \&\ K(x) = 20\ ]$
        df-zwanzig Buch-pl

(55d) ist ausgeschlossen, weil es sich hier bei der Kombination K1+N+A um die lexikalische Option handelt, die vor der Affigierung des definiten Artikels stattfindet, so daß der definite Artikel nur an den ganzen Ausdruck affigiert werden kann, aber nicht an das Adjektiv. Bei (55c) und (55e) handelt es sich um die syntaktische Option der Modifikation, dadurch ist es möglich, daß das Adjektiv in (55c) pluralisch und definit ist.

Zum Schuß folgt eine Übersicht über die sukzessive Anwendung der hier angenommenen lexikalischen Operationen, illustriert an der Kombination des Zahlworts *ħdax* 'elf' mit dem Nomen *boċċ-* 'Kugel'.

4. GENUSAFFIGIERUNG: (output) *ħdax-il-boċċ-a*
        +N, -V, +NMB; $\lambda \underline{x}\ [\ KUGEL\,(x)\ \&\ K(x) = 11]$
                                                        +PLU

3. K1+N-BILDUNG: (output): *ħdax-il-boċċ-*
        +N, -V, +NMB, +STM; $\lambda \underline{x}\ [\ KUGEL\,(x)\ \&\ K(x) = 11]$
                                                        +PLU

2. K-OPERATION: (output): *ħdax-il*
        +N, -V, +NMB; $\lambda N\ \lambda \underline{x}\ [\ N(x)\ \&\ K(x) = 11]$
                                                        +PLU

1. BASIS: *ħdax*
        +N, -V, +NMB; $\lambda \underline{x}\ [\ N(x)\ \&\ K(x) = 11]$
                                                        +PLU

4. Morphophonologie der verbalen Kongruenzmarker

Das Verb kongruiert im Maltesischen mittels Kongruenzmarkern obligatorisch mit dem Subjekt und optional mit dem direkten und dem indirekten Objekt (vgl. (1) - (3)). In der Interlinearübersetzung der Beispielsätze steht im folgenden Sb für Subjekt, dO für direktes Objekt, iO für indirektes Objekt, Ks für Kasus und Prf für Perfektiv. Mit Sb, dO und iO werden sowohl die Marker als auch die Nphrasen, mit denen sie kongruieren, gekennzeichnet. Die Übersetzung in Anführungszeichen in (2) und (3) gibt die ungefähre Bedeutung der Sätze wieder, in denen das Objekt, mit dem das Verb kongruiert, eine Topikphrase ist. Die syntaktischen Eigenschaften dieser Topik-Konstruktionen werden in Kapitel 5 diskutiert. Bei Eigennamen verzichte ich auf eine Kennzeichnung von Genus und Numerus, soweit sie offensichtlich sind: So ist z.B. der Name *Cleopatra* trivialerweise fsg. Entsprechendes gilt für Pronomen.

1. Kongruenz mit dem Subjekt (obligatorisch)

(a) Jien n-ara   1-programm.
    Ich 1sg-seh df-Programm(msg)
    Sb Sb Impf   dO
    Ich sehe die Sendung.

(b) *Jien ara 1-programm.
    Ich seh df-Programm(msg)

(c) Int t-ara   lil Cleopatra.
    du 2sg-seh   Ks Cleopatra
    Sb Sb Impf   dO
    Du siehst Cleopatra.

(d) *Int n-ara lil Cleopatra.
    du 1sg-seh Ks Cleopatra

2. Kongruenz mit dem direkten Objekt (optional, vgl. dazu (1a))

(a) Jien n-ara-h   il-programm.
    ich 1sg-seh-3msg df-Programm(msg)
    Sb Sb Impf-dO   dO
    "Die Sendung, ich sehe sie."

(b) Huwa j-ar-ha   lil Cleopatra.
    er   3msg-seh-3fsg Ks Cleopatra
    Sb   Sb Prf dO   dO
    "Cleopatra, er sieht sie."

(c) Ahna   n-ara-w-hom   il-programm-i
     wir   1-seh-pl-3pl   df-Programm-pl
     Sb   Sb-Impf-Sb-dO   dO
     "Die Sendungen, wir sehen sie."

(d) *Ahna   n-ara-w-kom   il-programmi
     wir   1-seh-pl-2pl   df-Programm-pl

3. Kongruenz mit dem indirekten Objekt (optional)

(a) Jien   n-ibghat   l-ittr-a   lil Alan.
     ich   1sg-schick   df-Brief-fsg   Ks Alan
     Sb   Sb Impf   dO   iO
     Ich schicke Alan den Brief.

(b) Jien   n-ibghat-lu   l-ittr-a   lil Alan.
     ich   1sg-schick-3msg   df-Brief-fsg Ks Alan
     Sb   Sb Impf iO   dO   iO
     "Dem Alan, ich schicke ihm den Brief."

(c) Jien   n-ibghati-lha   r-rigal   lil Ingrid.
     ich   1sg-schick-3fsg   df-Geschenk(msg)   Ks Ingrid
     Sb   Sb Impf iO   dO   iO
     "Der Ingrid, ich schicke ihr das Geschenk."

(d) *Jien   n-ibghati-lha   r-rigal   li-t-tfal.
     ich   1sg-schick-3fsg   df-Geschenk(msg)   Ks-df-Kinder(pl)

4. Kongruenz mit dem Subjekt, dem direkten und dem indirekten Objekt

(a) Jien   n-ibghat-hie-lu   l-ittr-a   lil Alan.
     ich   1sg-schick-3fsg-3msg   df-Brief-fsg Ks Alan
     Sb   Sb Impf dO iO   dO   iO
     "Dem Alan, den Brief, ich schicke ihn ihm."

(b) Jien   n-ibghati-hu-lha   r-rigal   lil Ingrid.
     ich   1sg-schick-3msg-3fsg   df-Geschenk(msg)   Ks Ingrid
     Sb   Sb Impf dO iO   dO   iO
     "Der Ingrid, das Geschenk, ich schicke es ihr."

Ich verwende den Begriff "Kongruenzmarker" bzw. "Marker" als neutralen Begriff, wenn ich mich bei der Beschreibung der Daten nicht festlegen möchte, ob es sich um Affixe, Klitika oder etwas anderes handelt. Der morphophonologische Status der Marker wird am Ende des Kapitels diskutiert.

4.1. Die Subjekt-Kongruenzmarker

Im Maltesischen gibt es wie auch in anderen semitischen Sprachen keine spezielle Infinitivform (siehe dazu insbesondere Kapitel 8), deshalb werde ich im folgenden wie traditionell üblich die 3msg/Prf, also z.B. *holom* 'er hat geträumt' oder *werżaq* 'er hat geschrien', als Zitierform des Verbs verwenden.

Die Subjekt-Marker (kurz: Sb-Marker) müssen in zwei Gruppen unterteilt werden: (i) die, die mit der imperfektiven Form des Verbs vorkommen und (ii) die, die mit der perfektiven Form vorkommen. Tabelle I und II zeigen das Paradigma der Sb-Marker für Imperfektiv und Perfektiv anhand des triliteralen (dreikonsonantischen) Verbs *holom* 'träumen' und des quadriliteralen (vierkonsonantischen) Verbs *werżaq* 'schreien'. Im folgenden werde ich mich auf die verschiedenen Formen mit Abkürzungen beziehen, so z.B. mit 3fsg/Prf auf ein perfektives Verb, das einen Marker der dritten Person Femininum Singular trägt, bzw. auf den Marker selbst.

Tabelle I: das triliterale Verb *holom* 'träumen'

Imperativ: o-hlom 'träume!'

a) Imperfektiv

	SING	PLU
1.	n-ohlom	n-oholm-u
2.	t-ohlom	t-oholm-u
3m.	j-ohlom	j-oholm-u
3f.	t-ohlom	

b) Perfektiv

	SING	PLU
1.	hlom-t	hlom-na
2.	hlom-t	hlom-tu
3m.	holom	holm-u
3f.	holm-ot	

Tabelle II: das quadriliterale Verb *werżaq* 'schreien'

Imperativ: *werżaq* 'schreie!'

a) Imperfektiv   b) Perfektiv

	SING	PLU			SING	PLU
1.	n-werżaq	n-werżq-u	1.		werżaq-t	werżaq-na
2.	t-werżaq	t-werżq-u	2.		werżaq-t	werżaq-tu
3m.	i-werżaq	⎫		3m.	werżaq	⎫
3f.	t-werżaq	⎭ i-werżq-u		3f.	werżq-et	⎭ werżq-u

Im Imperfektiv wird die Unterscheidung in bezug auf Person und (im Singular) auf Genus durch die Präfixe *n-, t-, i-* (bzw. *j-* vor Vokalen) und *t-*
ausgedrückt. Numerus wird unabhängig davon durch das Suffix *-u* (bzw.*-w*
bei Verben wie *ra* 'sehen', die auf einen Vokal enden) kodiert. Beim Perfektiv gibt es die Suffixe *-t, -Vt, -na, -tu* und *-u* bzw. *-w*, die sowohl Person
und Genus als auch Numerus kodieren. Der Vokal des 3fsg-Markers *-Vt*
unterliegt bestimmten phonologischen Harmonie-Regeln, die ich hier nicht
diskutieren möchte. So zeigt z.B. (5), daß dieser Vokal verschieden sein
kann, je nachdem ob ein vorderer oder ein hinterer Vokal im Stamm vorkommt:

5. (a) werżq-et   (b) niżl-et   (c) korb-ot
       schrei-3fsg   runtergeh-3fsg   seufz-3fsg
       Sie hat geschrien.   Sie ist runtergegangen.   Sie hat geseufzt.

Die Bildung der verschiedenen Formen ergibt sich mithilfe bestimmter
Annahmen über die phonologische Form der Basiseinträge und die Reihenfolge
von morpholexikalischen Prozessen wie Affigierung und Silbifizierung.

Die phonologischen Alternationen in der CV-Struktur und in der Vokalmelodie sind Nebeneffekte von Silbifizierung, Betonung, Vokalharmonie usw.
Es ist daher nicht nötig, die CV-Struktur der Verbformen als Teil des Kon-
gruenzmorphems zu analysieren, also z.B. anzunehmen, daß die 3fsg/Prf-
Form eines triliteralen Verbs aus der CV-Struktur CVCC und dem Suffix *-Vt*
besteht (z.B. *holm-ot*) und die 1sg/Prf-Form aus der CV-Struktur CCVC
und dem Suffix *-t* (z.B. *hlom-t*). Die für die Kongruenz relevanten Informationen sind ausschließlich im Affix enthalten.

Für den Basiseintrag eines Verbs ist es ausreichend, wie für *holom* in (6)
Informationen über die Wurzelkonsonanten einerseits und die Vokalmelodie
andererseits anzugeben.

6. Wurzel: [ħ, l, m];   Vokalmelodie: [o]

Die Wurzelknoten werden nach den Prinzipien der prosodischen Phonologie von links nach rechts mit dem CCC-Template assoziiert. Darauf operieren zuerst die morphologischen Prozesse der Affigierung und anschließend die Silbifizierung, Epenthese usw. In Tabelle III werden diese Prozesse anhand der Bildung von *n-oħlom* 'ich träume' und *ħolm-ot* ' sie hat geträumt' illustriert. Die betonten Silben sind unterstrichen; die Silbengrenzen werden durch Bindestriche dargestellt.

Die Silbifizierung in Tabelle III findet von rechts nach links statt. Ein Silbe kann gebildet werden, falls die richtigen Bausteine für eine Silbe vorhanden sind. So kann z.B. bei *ħlmVt* zunächst die Silbe *mVt* gebildet werden, da Nukleus, Onset und Coda vorhanden sind. Bei *ħl* scheitert jedoch die Silbifizierung, weil es keinen Nukleus gibt. *ħlmVt* wird also zunächst nur partiell silbifiziert. Bei *noħlm* scheitert die Silbifizierung sofort, weil *ħlm* keine wohlgeformte Coda im Maltesischen sein kann (siehe Borg 1975). Im nächsten Schritt muß in beiden Fällen eine mit der Melodie /o/ assoziierte V-Position, die als Nukleus dient, hinzugefügt werden. Im nächsten Schritt kann resilbifiziert werden, so daß sich ein phonologisches Wort mit zwei Silben ergibt.

Anders als im Hoch-Arabischen hat die Vokalmelodie im Maltesischen keine morphologische sondern eine phonologische Funkion: sie wird angesetzt, um die Silbifizierung zu ermöglichen, und nicht um wie im Hoch-Arabischen Aspekt oder Modus zu kodieren.

Tabelle III: Das triliterale Verb *ħolom* 'träumen'

	Imperfektivbildung	Perfektivbildung
Basiseintrag:	ħlm, o	ħlm, o
Affigierung:	noħlm	ħlmVt
Silbifizierung:	-	ħl-mVt
Vokaleinfügung:	noħlom	ħol-mVt
Resilbifizierung:	noħ-lom	ħol-mVt
Betonung:	noħ-lom	ħol-mVt
Vokalharmonie:	-	ħol-mot
Output:	noħ-lom	ħol-mot

Ich möchte die Details und die Probleme des soeben skizzierten Systems der Formbildung hier nicht diskutieren, da sie mehr im Bereich der Phonologie liegen und mich vom zentralen Thema wegführen würden.

Wenn keine Präfigierung oder Affigierung der Perfektiv-Affixe stattfindet, enstehen die Imperativformen, und zwar durch eine Silbifizierung, die die Form VCCVC bei den triliteralen Verben und CVCCVC bei den quadriliteralen Verben hat (siehe Abschnitt 4.6). Der Plural-Marker -u kann an die Imperativform suffigiert werden.

Welcher Vokal in der ersten betonte Position von VCCVC auftritt, hängt von der Vokalmelodie des Verbs ab. Ein betontes /e/ wird in bestimmten phonologischen Umgebungen zu /i/ umgewandelt (vgl. Tabelle IV (d)). (Siehe Brame 1972 zu einer alternativen Beschreibung.)

Tabelle IV:

	Zitierform	Wurzel	Vokalmelodie	Imperativ	
(a)	holom	ḥlm	o	o-ḥlom	'träume!'
(b)	ḥadem	ḥdm	ae	a-ḥdem	'arbeite!'
(c)	niżel	nżl	ie	i-nżel	'geh runter!'
(d)	seraq	srq	ea	i-sraq	'stehle!'

Nach der Silbifizierung ergibt sich z.B. *oḥlom* 'träume!' bzw. *oḥolmu* 'träumt!'.

Abschließend findet sich in Tabelle V eine Übersicht über die Sb-Affixe und die Kongruenz-Information, die sie tragen.

Tabelle V: Die Sb-Affixe

Imperfektiv				Perfektiv			
	FEM	PLU	PER		FEM	PLU	PER
n-			1	-t			1
t-			2	-t			2
i-			3	-Vt	+		3
t-	+		3	-na		+	1
-u		+		-tu		+	2
				-u		+	3

Das Fehlen eines Wertes bedeutet, daß der Marker für das relevante Merkmal unspezifert ist. So z.B. ist *n-* für Numerus unspezifiert: In Verbindung mit *-u* ergibt sich [1PER, +PLU], sonst ist *n-* per Default [1PER, -PLU]. Die "fehlenden" Werte sowie Verallgemeinerungen über die Merkmalsdistribution werden durch Merkmalsdistributions- und Defaultregeln (MDR und DFR;

siehe auch Kapitel 1) vermittelt. So drückt z.B. MDR1 in (7a) die Tatsache
aus, daß ein für Genus spezifizierter Ausdruck nur Singular sein kann. Die
Merkmalskombinationen unter (7c) und (7d) sind durch die MDR1 ausgeschlossen.
Das Merkmal [-PLU] wird an einer festgelegten Stelle im Lexikon (siehe
unten) durch die DFR1 in (7b) eingeführt. Solche Regeln und ihr Status im
Lexikon werden später im Abschnitt über die Formalisierung diskutiert.

7. (a)   MDR1: [FEM] —> [-PLU]   (c)   *[+PLU, -FEM]
    (b)   FDR1: [-PLU]   (d)   *[+PLU, +FEM]

4.2. Das Merkmal PER

Bei Betrachtung der Tabelle V zeigt sich ein Problem, das mit der Wahl der
Merkmale zusammenhängt. Die Sb-Marker für die 1sg/Prf und 2sg/Prf für
das perfektive Verb haben dieselbe Form, nämlich -t.

Man sollte davon ausgehen, daß es sich hier um einen einzigen Marker
handelt (d.h. einen Lexikoneintrag), der [-3PER] ist. Das kann jedoch in einem System, in dem das Merkmal PER als Werte Kardinalzahlen von 1 bis 3
hat, nicht erfaßt werden. Stattdessen müssen zwei Merkmale verwendet
werden, die jeweils boole'sche Werte haben: ein Merkmal, mit dessen Hilfe
zwischen 1. und 2. Person einerseits und 3. Person andererseits unterschieden
werden kann, und ein Merkmal, mit dem man die 1. von der 2. Person
unterscheiden kann. Ein solches System scheint für die Beschreibung verschiedener Sprachen Vorteile zu haben, da die 3. Person sich oft anders als
die 1. und 2. Person verhält.

Als relevante Merkmale für ein solches dreigeteiltes Personensystem bieten
sich H(örer) und B(eteiligter) an, die sich wie in Tabelle VI den Personen
zuordnen lassen. 'Beteiligter' soll andeuten, daß es um eine Person geht, die
in die Gesprächssituation einbezogen ist.

Tabelle VI: Das PER-Merkmal

	H	B
1PER	-	+
2PER	+	+
3PER	-	-

Diese Merkmale dürfen nicht mit semantischen Prädikaten wie HÖRER(x) verwechselt werden (siehe Abschnitt 0.7 und Kapitel 10 für die Beschreibung der Zusammenhänge zwischen semantischen Prädikaten und formalen Attributen.) Wie FEM bzw. PLU im Gegensatz zu WEIBLICH(x) bzw. AGGREGAT(x) sind B und H als formale Attribute zu verstehen.

Man könnte statt H und B genausogut Merkmalsnamen wie 2PER und 3PER verwenden, wobei die Zahl als Teil des Merkmalsnamens zu verstehen ist und nicht als sein Wert. Der Name des Attributs ist unwesentlich und hat nur mnemotechnischen Wert. Wichtiger ist, was das Merkmalssystem ausdrücken kann. So z.B. erlaubt es die Anwendung von zwei Attributen mit boole'schen Werten an Stelle von drei Attributen mit Kardinalzahlen als Werte, die 1. und 2. Person (durch das Merkmal [+B]) von der 3. Person ([-B]) abzugrenzen. Ein weiterer Vorteil des Systems ist, daß die 3. Person als die unmarkierte erscheint, da sie [-H, -B, -PLU] ist.

Der Sb-Marker -t kann jetzt als [+B, -PLU] spezifiziert werden, d.h. er ist nicht spezifiziert für 1. bzw. 2. Person. Im folgenden werde ich, trotz der gerade geführten Diskussion, mit den Merkmalen [1PER], [2PER] und [3PER] arbeiten, da es dem Leser die Arbeit erleichtert. Diese Merkmale sind als Etiketten für die komplexen Merkmalsstrukturen in Tabelle VI zu verstehen.

4.3. Die Kongruenzmarker für das direkte Objekt

Die Objekt-Kongruenzmarker (kurz Ob-Marker) - sowohl für das direkte als auch das indirekte Objekt - unterscheiden sich in zwei wesentlichen Punkten von den Sb-Markern: (i) sie sind nicht obligatorisch und (ii) sie sind konstant, d.h. sie alternieren nicht mit der Aspektform des Verbs. Das deutet auf einen Unterschied im grammatischen Status von Sb- und Ob-Markern hin, der später explizit gemacht werden wird (siehe Abschnitt 4.7).

Tabelle VII zeigt die dO-Marker anhand der 3msg-Form des triliteralen Verbs *rabat* 'binden', Tabelle VIII anhand des quadriliteralen Verbs *harbat* 'durcheinanderbringen'.

Tabelle VII: Das Verb *rabat* 'binden'

(a) 3msg/Impf *jorbot*　　　　　　　　(b) 3msg/Prf *rabat*

	SING	PLU		SING	PLU
1.	jorbot-ni	jorbot-na	1.	rabat-ni	rabat-na
2.	jorbt-ok	jorbot-kom	2.	rabt-ek	rabat-kom
3m.	jorbt-u	jorbot-hom	3m.	rabt-u	rabat-hom
3f.	jorbot-ha		3f.	rabat-ha	

Tabelle VIII: Das Verb *harbat* 'durcheinanderbringen'

(a) 3msg/Impf *iharbat*　　　　　　　　(b) 3msg/Prf *harbat*

	SING	PLU		SING	PLU
1.	iharbat-ni	iharbat-na	1.	harbat-ni	harbat-na
2.	iharbt-ek	iharbat-kom	2.	harbt-ek	harbat-kom
3m.	iharbt-u	iharbat-hom	3m.	harbt-u	harbat-hom
3f.	iharbat-ha		3f.	harbat-ha	

Die Phonologie ist für die "Bedeutung" des Markers blind, d.h. phonologische Prozesse sind nicht sensitiv für morphologische Information. So z.B. lösen die homophonen Marker für Sb/pl/Impf (8d), Sb/3pl/Prf (8a) und dO/3msg ((8b) und (8e)) dieselben phonologischen (Silbifizierungs-) Effekte aus, wie der Vergleich zu den Formen ohne diesen Marker (8c) und (8f) und zeigt:

8. (a) serq-u　　　　　　　(b) serq-u　　　　　　　(c) seraq
　　　stehl-3pl　　　　　　　stehl(3msg)-3msg　　　stehl(3msg)
　　　Prf-Sb　　　　　　　　Prf　Sb　　dO　　　　Prf　Sb
　　　sie haben gestohlen　　er hat ihn gestohlen　　er hat gestohlen

　　(d) n-isirq-u　　　　　　(e) n-isirq-u　　　　　　(f) n-israq
　　　1-stehl-pl　　　　　　　1(sg)-stehl-3msg　　　　1(sg)-steh
　　　Sb-Impf-Sb　　　　　　Sb　Impf　dO　　　　　Sb　Impf
　　　wir stehlen　　　　　　ich stehle ihn　　　　　ich stehle

Man kann daher annehmen, daß die Prozesse der Silbifizierung, Epenthese usw. stattfinden, nachdem sowohl die Sb- als auch die dO-Marker angehängt worden sind. Das wird anhand der Ableitung der Verbformen *nisirqu* (vgl. (8d) und (8e)) in Tabelle IX schematisch gezeigt.

Tabelle IX: (a) *nisirq-u* 'wir stehlen'   (b) *nisirq-u* 'ich habe ihn gestohlen'

Basiseintrag:	srq, ea	srq, ea
Sb-Präfigierung:	nsrq	nsrq
Sb-Suffigierung:	nsrqu	—
dO-Affigierung:	—	nisrqu
Silbifizierung:	nsr-qu	nsr-qu
Vokaleinfügung:	nisir-qu	nisir-qu
Resilbifizierung:	ni-sir-qu	ni-sir-qu
Output:	ni-sir-qu	ni-sir-qu

Die Beispiele in (9) scheinen zunächst gegen diese Annahme zu sprechen: Der Sb-Marker für 1pl/Prf (9a) und der homophone dO-Marker für 1pl (9b) ergeben unterschiedliche Formen, so daß der Anschein erweckt wird, daß die Silbifizierung doch für morphologische Information sensitiv ist.

9. (a) sraq-na   (b) seraq-na   (c) seraq
    stehl-1pl   stehl(3msg)-1pl   stehl(3msg)
    Prf Sb   Prf Sb   dO   Prf Sb
    wir haben gestohlen   er hat uns bestohlen   er hat gestohlen

Dieses Problem läßt sich jedoch lösen, wenn man annimmt, daß die Merkmale [-PLU, -FEM, 3PER] für die 3msg/Prf-Sb-Form (vgl. (9b)) nicht durch die Defaultregel zugewiesen werden, sondern durch eine Operation, die keinen expliziten Marker affigiert, jedoch einen phonologischen Effekt hat: Sie bildet die Form *serq*, d.h. sie fügt eine V-Position in das CV-Template ein. Da die Operation, die die dO-Marker anhängt, nach der operiert, die die Sb-Marker hinzufügt (vgl. Tabelle VII), wird der dO-Marker für 1pl *-na* an *serq* angefügt und als *ser-aq-na* silbifiziert (da *qna* keine Silbe bilden kann). Der Sb-Marker *-na* dagegen wird an *srq* affigiert und als *sraq-na* silbifiziert.

Zusammenfassend läßt sich folgendes festhalten:
(i)   Die dO-Marker werden nach den Sb-Markern angefügt.
(ii) Silbifizierung, Epenthese etc. finden erst nach dem Dazukommen der dO-Marker statt.
(iii) Die Merkmale des 3msg/Prf werden durch die Einfügung einer V-Position eingeführt.

4.4. Die Morphophonologie des 3msg-dO -Markers

Für den dO-Marker der 3msg unterscheidet die Rechtschreibung zwischen drei Formen: -u, -h und -hu, so das sich die Frage stellt, ob es drei verschiedene Morpheme gibt, oder ob es sich hierbei um Allomorphie handelt. Die ersten beiden Grapheme spiegeln die Aussprache des Affixes wider: nach einem Konsonanten tritt /u/ (vgl. (10)) und nach einem Vokal /h/ (vgl. (11)) auf. Sie haben komplementäre Distribution und sind deshalb Allomorphe.

10. (a) n-hobb [nhop]   (b) n-hobb-u [nhob:u]   (c) *n-hobb-h
       1sg-lieb   1sg-lieb-3msg   1sg-lieb-3msg
       Sb Impf   Sb Impf-dO   Sb Impf-dO
       ich liebe   ich liebe ihn

11. (a) n-ara [nara]   (b) n-ara-h [narah]   (c) *n-ara-u
       1sg-seh   1sg-seh-3msg   1sg-seh-3msg
       Sb Impf   Sb Impf-dO   Sb Impf-dO
       ich sehe   ich sehe ihn

Das dritte Graphem -hu wird genau wie -u (also /u/) ausgesprochen, aber nur in der Schrift benutzt, wenn ihm ein iO-Marker folgt.

12. (a) n-ahsil-hu-lu   (b) *n-ahsil-u-lu
        1sg-wasch-3msg-3msg   1sg-wasch-3msg-3msg
        Sb Impf   dO   iO   Sb Impf   dO   iO
        ich wasche ihn ihm

(12a) zeigt, daß -hu wie die "konsonantischen" Marker, d.h. solche Marker, die mit einem Konsonant beginnen, i-Epenthese innerhalb des Stammes auslöst (vgl. (13)).

13. (a) n-ahsil-kom   (b) *n-ahsl-kom   (c) *n-ahsl-hu-lu
       1sg-wasch-2pl   1sg-wasch-2pl   1sg-wasch-3msg-3msg
       Sb Impf dO   Sb Impf dO   Sb Impf dO iO
       Ich wasche euch.

Das deutet darauf hin, daß es für den 3msg-dO-Marker -hu einen zugrunde-liegenden, abstrakten Konsonanten /h/ gibt. Ähnliches gilt für den dO-Marker für die 3fsg (vgl. (14)) und die 3pl (vgl. (15)), die auch mit einem stummen h geschrieben werden, und ebenfalls i-Epenthese auslösen:

14. (a) n-ahsil-ha [nah<u>si</u>la]   (b) * n-ahsl-ha
        1sg-wasch-3fsg   1sg-wasch-3fsg
        Sb Impf dO   Sb Impf dO
        Ich wasche sie.

15. (a) n-ahsil-hom [nah<u>si</u>lom]   (b) * n-ahsl-hom
        1sg-wasch-3pl   1sg-wasch-3pl
        Sb Impf dO   Sb Impf dO
        Ich wasche sie.

Der abstrakte Konsonant /h/ bei *-hu* wird nicht ausgesprochen, ist jedoch zugrundeliegend vorhanden und wirkt unter bestimmten Bedingungen auf seine Umgebung. Das /h/ macht sich bemerkbar (d.h. löst i-Epenthese aus), wenn der 3msg dO-Marker vor einem iO-Marker vorkommt (vgl. (12a)). Diese Position ist immer eine betonte Position. (Die Betonung liegt in der Regel auf der vorletzten Silbe.) Bei dem 3fsg-dO-Marker *-ha* gibt es auch eine betonte Variante, die sich, wie in (16) zu sehen ist, durch Vokalveränderung bemerkbar macht.

16. (a) Bghat-t-ha.   (b) Bghat-t-hie-lek.
        schick-1sg-3fsf   schick-1sg-3fsg-2sg
        Ich habe sie geschickt.   Ich habe sie dir geschickt.

Zusammenfassend ergibt sich die folgende Verteilung der Varianten des 3msg-dO-Marker:
1. *hu* kommt nur als betonte Silbe vor,
2. *u* kommt nach einem Konsonanten vor,
3. *h* kommt nach einem Vokal vor.

Offenbar sind die Varianten des dO-Markers Allomorphe, so daß dafür nur ein Lexikoneintrag anzusetzen ist. Innerhalb eines autosegmentalen Modells der Morpho-Phonologie kann man annehmen, daß der dO-Marker für die 3msg die zugrundeliegende Form in (17) hat. Je nach phonologischer Umgebung wird eine der drei Formen gewählt.

17. /hu/

104

4.5. Die Kongruenzmarker für das indirekte Objekt

Die Marker für das indirekte Objekt (iO-Marker) setzen sich zusammen aus
den dO-Markern und einem vorangestellten -l-. Vermutlich aus phonologischen
Gründen wird das -n- des dO-Markers bei der Zusammensetzung mit -l-
getilgt (*kitib-l-i* statt **kitib-l-ni* 'er schrieb mir/für mich'). (Siehe auch
Abschnitt 7.7 wegen eines ähnlichen Phänomens). Wie bei den Sb— und
dO-Markern ändert sich die CV-Struktur des Verbs, je nachdem welcher
iO-Marker hinzukommt. Tabelle X zeigt das Paradigma für den iO-Marker
anhand der 3msg/Impf-Form *jibghat* 'er schickt' und der 3msg/Prf-Form
baghat 'er schickte' des dreistelligen Verbs *baghat* (schicken).

Tabelle X: Der iO—Marker mit dem Verb *baghat* 'schicken'

(a) 3ms/Impf: *jibghat* 'er schickt'   (b) 3msg/Prf: *baghat* 'er schickte'

	SING	PLU			SING	PLU
1.	jibghat-l-i	jibaghti-l-na		1.	baghat-l-i	baghti-l-na
2.	jibghat-l-ek	jibaghti-l-kom		2.	baghat-l-ek	baghti-l-kom
3m.	jibghat-l-u	} jibaghti-l-hom		3m.	baghat-l-u	} baghti-l-hom
3f.	jibaghti-l-ha			3f.	baghti-l-ha	

Ich nehme an, daß die iO-Marker durch Kombination der dO-Marker mit /l/,
das die Information [+o] für Oblique mit sich bringt, erzeugt werden. (Siehe
Abschnitt 5.6. für eine Rechtfertigung dieses Merkmals.) Die dO-Marker
selbst sind per Default [-o]. Ich werde im folgenden der Einfachheit halber
die iO-Marker als Einheit, also z.B. als -*lek* (2sg/iO) notieren.

Wie schon oben erwähnt wurde, können die dO- und die iO-Marker zusammen auftreten (siehe die Beispiele unter (4), Abschnitt 4). Das gemeinsame Auftreten dieser Marker ist jedoch nur möglich, wenn der dO-Marker
3. Person ist. Bei einem dO-Marker der 1. bzw. 2. Person muß ein volles
Pronomen anstelle des iO-Markers vorkommen. (18) zeigt ein Beispiel mit
dem dO-Marker der 1sg und dem iO-Marker der 2sg.

18. (a) *Baghat-ni-lek   (b) Baghat-ni   lil-ek.
        schick(3msg)-1sg-2sg   schick(3msg)-1sg Ks-2sg
        Prf Sb   dO iO   Prf Sb   dO iO
                                  Er hat mich zu dir geschickt.

Hinter dieser Beschränkung vermute ich den folgenden Grund: Da die vor-
letzte Silbe betont ist, befindet sich ein dO-Marker links von einem
iO-Marker in einer betonten Position. Die dO-Marker der 1. und 2. Person
sind aber nicht betonbar, d.h. anders als die dO-Marker der 3sg (die die oben
beschriebenen betonten und unbetonten Varianten aufweisen) verfügen die 1.
und 2. Person dO-Marker nur über eine unbetonte Variante. Zusätzlich muß
man annehmen, daß die 3pl eine betonte Variante hat, die aber homophon mit
der unbetonten ist.

Tabelle XI: Die dO-Marker und ihre betonten Varianten

	unbetont	betont
3fsg	ha	hie
3msg	h/u	hu
3pl	hom	hom
1sg	ni	-
2sg	Vk	-
1pl	na	-
2pl	kom	-

Eine letzte Bemerkung ist hier angebracht: Das Hinzufügen eines iO-Markers
an ein Verb erweitert die Argumentstruktur um eine Position für ein obliques
Argument, wie die Beispiele in (19) zeigen. Die semantische Rolle des zusätzlichen Arguments ist in der Regel entweder Benefaktiv (vgl. (19b)) oder
Malefaktiv (vgl. (19d)).

19. (a) Ḥadem   fi-l-ġnien.
       arbeit(3msg) in-df-Garten
       Prf Sb
       Er hat im Garten gearbeitet.

   (b) Ḥadmi-lha   fi-l-ġnien   lil Ingrid.
       arbeit(3msg)-3fsg in-df-Garten Ks Ingrid
       Prf Sb Obl   Obl
       Er hat für Ingrid im Garten gearbeitet.

(c) Kisser   il-vasun.
    brech(3msg) df-Vase
    Prf   Sb   dO
    Er hat die Vase zerbrochen.

(d) Kissir-li   l-isbaḥ   vasun   lili.
    brech(3msg)-1sg df-schönste Vase   mir
    Prf   Sb   Obl   dO   Obl
    Er hat mir die schönste Vase zerbrochen.

Diese Erweiterung der Argumentstruktur ist sehr produktiv, sie kann mit jedem Verb vorkommen, so z.B. auch mit intransitiven Bewegungsverben wie *kommen* oder Perzeptionsverben wie *sehen*.

20. (a) Ġie-k   ta-t-television?
      Kam-2sg von-df-Fernseher
      Ist der Fernsehreparateur für dich gekommen?

   (b) Ra-li   snieni.
      seh(3msg)-1sg Zähne
      Er hat mir die Zähne nachgesehen.

Ich möchte die Darstellung mit einer Übersicht über die Ob-Marker und ihre Kongruenzinformation abschließen.

Tabelle XII: Die Ob-Marker

	FEM	PLU	PER
-ni/li			1
-Vk/lVk			2
-u/lu			3
-ha/lha	+		3
-na/lna		+	1
-kom/lkom		+	2
-hom/lhom		+	3

4.6. Die Bildung der Verbformen

Die Bildung der Verbformen und die Hinzufügung der verschiedenen Informationen soll durch ein möglichst ökonomisches System erfolgen. Im folgenden möchte ich ein solches System skizzieren. Da sowohl die triliteralen als auch die quadriliteralen Verben durch das System erfaßt werden, werde ich zur Illustration nur das triliterale Verb *seraq* 'stehlen' verwenden.

Bei der verbalen Bildung muß auch die Bildung der verschiedenen Derivationsformen berücksichtigt werden. Für die Flexion werden quadriliterale Derivationsformen wie z.B. *niżżel* 'herunterbringen' aus *niżel* 'herunterkommen' oder *nkiser* 'gebrochen werden' aus *kiser* 'brechen' wie die echt quadriliteralen Verben wie *werżaq* 'scheien' behandelt. (Siehe McCarthy 1981 für eine Analyse der Derivationsformen im Arabischen.) Man könnte deshalb annehmen, daß die Derivationsregeln auf der Basis, d.h. auf der R(oot)-Ebene, operieren und als Output wieder ein R(oot) haben, das als Input für die Flexionsregeln dient.

Wie oben gezeigt wurde, besteht der phonologische Anteil des Basiseintrags eines Verbs aus zwei Teilkomplexen: Ein Komplex enthält die Wurzelkonsonanten, der andere die Vokale, die angefügt werden, um die Silbifizierung zu ermöglichen. Für das Verb *seraq* 'stehlen' z.B. ist als Basiseintrag (21) anzunehmen. Der Basiseintrag enthält noch keinerlei Kongruenzinformation. Die Information über die Konsonanten und die Vokale wird informell wie in (21a) dargestellt. Die kursiv gedruckten Wörter zeigen die Form des Wortes nach der Silbifizierung und anderen phonologischen Prozessen. Die Repräsentation der Affixe selbst und die Verarbeitung der Merkmale wird weiter unten besprochen (siehe Abschnitt 4.7).

21. *seraq* 'stehlen'
    (a) srq, ea   (b)   +V, -N   (c) $\lambda y\ \lambda x$ [STEHL(x, y)]

Bisher habe ich angenommen, daß es zwei homophone Affixe *-u* gibt (siehe Tabelle V, Abschnitt 4.1), eines zur Kodierung der Pluralinformation beim Imperfektiv und eines zu Kodierung der Pluralinformation beim Perfektiv. Es liegt jedoch nahe, hier nur ein Morphem anzusetzen. Das ist auch historisch begründbar: Das *-u* ist auch im klassischen Arabischen ein Suffix, das die Information [+PLU] mit sich bringt, und das zu einer Klasse von Suffixen gehört, die sowohl beim Perfektiv als auch beim Imperfektiv vorkommen (siehe Fabri i.V.). Aus dieser Klasse von Suffixen ist im Maltesischen nur das *-u* erhalten.

Die Subjekt-Kongruenzaffixe können jetzt wie in Tabelle XIII klassifiziert werden:

Tabelle XIII: Die Subjekt-Affixe

	FEM	PLU	B	H	PERF
-tu		+	+	+	+
-na		+	+		+
-t			+		+
-Vt	+				+
-u		+			
n-			+		
t-			+	+	
t-	+				
i-					

Input-Bedingung für die Perfektiv-Affix-Regeln ist das Merkmal [+PERF] für Perfektiv. Dieses Merkmal wird zu den g-Merkmalen hinzugefügt. Die Affigierung der Perfektiv-Affixe führt außerdem die relevanten Kongruenzinformationen ein. Das ist in (22) am Beispiel der Affigierung vom Affix -Vt illustriert.

22. *serq-et* 'sie hat gestohlen'
    (a) srq-Vt, ea   (b) +V, -N, +PERF   (c) $\lambda y \; \lambda \underset{|}{x} \; [\; \text{STEHL}(x, y)]$
    $$+\text{FEM}$$

Bei der 3msg/Prf-Form *seraq* 'er hat gestohlen', die kein explizites Affix bekommt, wird eine V-Position zwischen erstem und zweitem Konsonanten eingefügt (siehe Abschnitt 4.3., wo das Einfügen der V-Position unabhängig motiviert wird) und so das Merkmal [+PERF] eingeführt:

23. *seraq* 'er hat gestohlen'
    (a) srq, ea   (b) +V, -N, +PERF   (c) $\lambda y \; \lambda \underline{x} \; [\; \text{STEHL}(x, y)]$

Bei der Perfektivform mit dem Suffix -*t* muß vermieden werden, daß per Default das Merkmal [-H] zugewiesen wird, da sie unspezifiziert für das Attribut H(örer) bleiben muß. Das wird dadurch erreicht, daß die Zelle für [+B, -PLU] im Perfektiv-Paradigma kein Sub-Paradigma für die Dimension H(örer) hat. (Siehe Wunderlich 1992a für den Aufbau von Paradigmen.)

Ich nehme an, daß die Präfixe des Imperfektivs *n-*, *t-*, *i-* und *t-* als Input die Bedingung [-PERF] tragen. Dadurch wird verhindert, daß sie an die Perfektiv-Formen affigiert werden. Die Affigierungsregeln fügen die Kongruenzmerkmale hinzu. Je nach Marker wird die relevante Kongruenzinformation mit der als externes Argument realisierten Variablen assoziiert; z.B. bringt die Präfigierung von *t-* die Information [+B, +H] mit sich. Ein Beispiele für die so entstandenen Form findet sich unter (24).

24. *t-israq* 'du stehlst'
    (a) t-srq, ea   (b) +V, -N, -PERF   (c) $\lambda y \, \lambda \underset{|}{x} \, [\text{STEHL}(x, y)]$
                                                                                2PER

Die Regel, die *-u* affigiert, hat keine Input-Bedingung und ist deshalb sowohl auf perfektive wie auch auf imperfektive Formen anwendbar. Unter der Annahme, daß spezifischere Regeln unspezifischeren vorgeordnet sind, ergibt sich, daß die in bezug auf Input-Bedingungen völlig unspezifizierte *-u*-Regel nach den anderen Regeln operiert. Aus Gründen, die gleich erläutert werden, erlaubt von den Perfektivformen nur *serq-* die Anwendung dieser Regel. *serq-* ist völlig unspezifiziert für Kongruenzinformation, so daß sich die Form in (25) ergibt:

25. *serq-u* 'sie haben gestohlen'
    (a) srq-u, ea   (b)   +V, -N, +PERF   (c) $\lambda y \, \lambda \underset{|}{x} \, [\text{STEHL}(x, y)]$
                                                                          +PLU

Die Affigierung von *-u* an die restlichen perfektiven Formen ist aus folgenden Gründen ausgeschlossen (siehe Wunderlich 1992b für Details):
(a) Bei *srq-t* ist die relevante Zelle im Paradigma schon von *-tu* besetzt;
(b) die Anwendung auf *srq-na* und *srq-tu* ist wegen des Prinzips der Redundanz blockiert, da sie schon [+PLU] sind; und
(c) *srq-Vt* fällt nicht unter die *-u*-Regel wegen der MDR unter (26).

26. MDR: +PLU —> ~FEM   (vgl. (27); Abschnitt 1.7)

Mit Ausnahme der Form *t-srq*, die [+FEM] ist und deshalb ebenfalls der MDR unter (26) unterliegt, ist die *u*-Regel auf alle Imperfektiv-Formen anwendbar und bildet die entsprechenden Plural-Formen:

27. *n-srq-u* 'wir stehlen'
    (a) n-srq-u, ea   (b) +V, -N, -PERF   (c) $\lambda y \, \lambda \underset{|}{x} \, [\text{STEHL}(x, y)]$
                                                                           1PER
                                                                           +PLU

110

28. *t-srq-u* 'iht stehlt'

    (a) t-V-srq-u, ea   (b) +V, -N   (c) $\lambda y\ \lambda\underset{|}{x}$ [STEHL(x, y)]

                                                                        2PER

                                                                      +PLU

Die negativen Werte für die restlichen Attribute dieser Formen werden per Default hinzugefügt, bevor die Wörter das Lexikon verlassen. So erhält man z.B. (29) aus (25).

29. *serq-u* 'sie haben gestohlen'

    (a) srq-u, ea   (b) +V, -N, +PERF   (c) $\lambda y\ \lambda\underset{|}{x}$ [STEHL(x, y)]

                                                                       +PLU

                                                                      3PER

Zum Schluß bleibt der Imperativ, der aus der Form *srq* bzw. *srq-u* gebildet wird, falls sonst keine andere Affixe hinzugefügt wurden. Für eine Markiertheitstheorie ist die Imperativform insofern ein Problem, als sie von der Form her relativ zu den sonstigen Flexionsformen unmarkiert ist, im Vergleich zum Indikativ jedoch semantisch als markiert zu betrachten ist. Es wäre denkbar, für den Imperativ eine morphologische Operation anzusetzen, durch die ein Merkmal eingeführt wird, über das diese Form als Imperativ interpretiert werden kann. Diese Operation wäre phonologosch leer.

    Tabelle XIV gibt einen schematischen Überblick über den Aufbau der verbalen Flexionsformen im Lexikon. Wie bei der nominalen Formen wird abschließend silbifiziert.

Tabelle XIV: Die Bildung der verbalen Flexionsformen

Defaultregeln: [-PLU], [-FEM], [-B], [-H], [-PERF]

⟨↑↑⟩

Affigiert −u und führt [+PLU] ein

⟨↑↑⟩

Impf/Sb -Affigierung: 1. Input-Bedingung [-PERF] 2. führt verschiedene k-Merkmale ein, je nach Affix
Prf /Sb -Affigierung: 1. führt [+PERF] ein 2. führt verschiedene k-Merkmale ein, je nach Affix

⟨↑↑⟩

Basiseinträge

4.7. Die Marker als Funktoren[1]

Kategorialgrammatisch können die Subjektmarker als Funktoren des Typs < 01/01 > wie in (30) repräsentiert werden.

30. $\lambda V \ \lambda x \ [\ V(x) \ ]$
$\qquad\quad |$
$\qquad +FEM$

---

[1] Für eine Analyse der Flexionsformen des Deutschen in dem hier gewählten theoretischen Rahmen siehe Wunderlich (1992b). Anders als hier sind bei Wunderlich die morphologischen Regeln für Flexionsaffixe nicht als λ-Ausdrücke repräsentiert.

Die Kombination mit dem Verb erfolgt durch funktionale Applikation (bei einstelligen Verben) bzw. funktionale Komposition (bei zwei- und dreistelligen Veben). Die Marker müssen aber auch g-Merkmale hinzufügen. Aus Gründen, die später (siehe Kapitel 5) deutlich werden, kann man nicht annehmen, daß die Sb-Marker Köpfe sind. Deshalb stellt sich die Frage, wie die g-Merkmale wie z.B. [+PERF] vererbt werden. Ich schlage vor, daß das durch den Prozeß der Unifikation erfolgt: Die g-Merkmale, die mit der Θ-Rolle λV des Markers assoziiert sind, müssen mit den g-Merkmalen des Verbs unifizieren. Das Ergebnis der Unifikation erscheint bei den g-Merkmalen des Ausdrucks, der sich aus der Kombination von Verb und Affix ergibt. In (31) ergibt also die Unifikation von [+N, -V] mit [+PERF] die Menge [+N, -V, +PERF].

31. (a) *-Vt:*   +N, -V; λV λx [V(x)]
              | |
           +$\overline{\text{PERF}}$ +FEM

     (b) *srq:*   +V,-N; λy λx [STEHL(x, y)]

     (c) *serq-et:* +V, -N, +PERF; λy $\lambda\underline{x}$ [STEHL(x, y)]
                                              |
                                           +FEM

Man könnte versuchen, die dO-Marker und iO-Marker parallel zu den Sb-Markern als Funktoren darzustellen. Allerdings scheint es sinnvoller zu sein, die Ob-Marker als Individuenausdrücke zu behandeln. Diese semantische Unterscheidung hat einen morphologischen Reflex: Anders als die Sb-Marker, die Affixe sind, sind die Ob-Marker Klitika, d.h. gebundene Pronomen, die eine syntaktische Position einnehmen. Dafür sprechen die folgenden morpho-phonologischen Unterschiede:

1. Die Subjekt-Marker
(a) kommen sowohl links als auch rechts vom Verb vor,
(b) sind für morphologische Information sensitiv, z.B. dafür, ob das Verb perfektiv oder imperfektiv ist,
(c) unterliegen idiosynkratischen phonologischen Prozessen in Abhängigkeit vom Verb, wie z.B. Assimilation (vgl. (32)).

2. Objekt-Marker
(a) kommen immer nur rechts vom Verb vor und entsprechen somit der unmarkierten Wortstellung,
(b) sind nicht von der Morphologie abhängig,
(c) unterliegen keinen Assimilationsprozessen wie in (1c).

Es gibt bei den Sb-Markern mehrere Assimilationsprozesse. Hier nur ein Beispiel: Der 2sg-Sb-Marker des Imperfektivs *t-* wird zu *s-*, wenn der erste Konsonant des Verbs ein /s/ ist.

32. (a) sajjar   (b) *t-sajjar   (c) s-sajjar
         koch   2sg-koch   2sg-koch
                                                       du kochst

Die Annahme, daß Sb-Marker Affixe sind, aber die Ob-Marker Klitika, kann auch einige sehr interessante syntaktische Probleme lösen, die mit Pro-Drop und Kasuszuweisung zusammenhängen. Die entsprechenden Daten und ihre Formalisierung sind Gegenstand des nächsten Kapitels.

5. Kasus, Kongruenz und Pro-Drop

In diesem Kapitel möchte ich zeigen, welche Rolle die Kongruenzmarker für das Pro-Drop-Phänomen spielen. Dabei geht es insbesondere um den syntaktischen Status der Marker und ihre Beziehung zu der vorhandenen bzw. fehlenden Nphrase. Da die Kasusmarkierung und der Begriff der "Pronominalität" dabei eine wesentliche Rolle spielen, möchte ich zunächst kurz das Kasus- und das Pronominalsystem des Maltesischen beschreiben. Es wird sich zeigen, daß die formale Trennung von Kongruenz- und Kasusmerkmalen (als k- und g-Merkmalen) sich sowohl theoretisch als auch empirisch als sehr sinnvoll erweist.

5.1. Die lil-Markierung

Bevor die Distribution des Kasusmarkers *lil* beschrieben wird, ist ein kurzer phonologischer Exkurs nötig, damit keine Verwirrung ensteht. Wenn *lil* vor dem definiten Artikel *l-* steht, findet eine Verschmelzung des Auslaut *-l* von *lil* und dem Artikel statt. Das zeigt sich besonders deutlich, wenn der Artikel selbst wie in (1d) an den folgenden Konsonanten assimiliert ist. (Für das Auftreten des Buchstabens *-l-* in (1c) ist eine Schriftkonvention verantwortlich: damit das Vorhandensein des definiten Artikels explizit markiert ist, wird *lil-l-* nicht zu *lil-* verkürzt. Die Auspache zeigt aber, daß es sich um ein einfaches /l/ handelt, was also parallel zu (1d) als *l-il-* geschrieben werden könnte. In (1c) und (1d) gibt Zeile 4 die Aussprache wieder.)

1. (a) *Ra   lil   il-mara   (b)   *Ra   lil it-tifel.
        seh(3msg) Ks df-Frau   seh(3msg) Ks df-Junge

   (c)   Ra   lil-l-mara   (d)   Ra   l-it-tifel.
        seh(3msg) Ks-df-Frau   seh(3msg) Ks-df-Junge
        Prf Sb   dO   Prf Sb   dO
        [ra: lilmara]   [ra: lit:ifel]
        Ich habe die Frau gesehen.   Ich habe den Jungen gesehen.

Darüberhinaus wird *lil* besonders in der gesprochenen Sprache meistens zu [l] verkürzt. Das wird in der Schrift durch ein Apostroph angedeutet:

2. (a) Ra   lil Lino l-universita.
       seh(3msg) Ks Lino df-Universität
       Prf Sb   dO
       Er hat Lino in der Universität gesehen.

(b) Ra   'l Lino l-Belt.
    seh(3msg) Ks Lino df-Stadt
    Prf Sb   dO
    Er hat Lino in der Stadt gesehen.

Die Konsequenz ist eine völlige "Verschmelzung" der beiden Elemente, wenn *lil* vor dem definiten Artikel steht.

3. (a) Ra   'l-mara   (d) Ra   'r-raġel.
      seh(3msg) Ks+df-Frau   seh(3msg) Ks+df-Mann
      Prf Sb   dO   Prf Sb   dO
      Ich habe die Frau gesehen.   Ich habe den Mann gesehen.

Borg (1981) geht davon aus, daß die *lil*-Markierung in diesem Fall wegfällt, was bedeuten würde, daß die Kasusmarkierung optional ist. Ich möchte jedoch dafür argumentieren, daß die Kasusmarkierung obligatorisch ist und daß die Verschmelzung mit dem definiten Artikel aus phonologischen Gründen (vermutlich durch post-lexikalische Prozesse) geschieht. Diese Annahme läßt sich durch das Verhalten der Eigennamen (s.u.) und der inalienablen Nomina (siehe Kapitel 2 und 6) belegen.

Wie das Vorkommen von Eigennamen in der Subjektposition zeigt, dürfen sie nie den definiten Artikel tragen (vgl. 4).

4. (a) Albert   ġie.   (b) *L-Albert   ġie.
      Albert(msg) komm(3msg)   df-Albert(msg) komm(3msg)
      Sb   Prf Sb
      Albert ist gekommen.

In dO-Position dagegen treten sie obligatorisch mit *lil* oder *'l* auf (vgl. 5). Da ihr Verhalten in der Subjektposition ausschließt, daß es sich bei *'l* um den definiten Artikel handelt, kann diese Markierung nur die Kasusmarkierung sein.

5. (a) Ra   lil Pawlu   (b) Ra   'l Pawlu
       seh(3msg) Ks Paul   seh(3msg) Ks Paul
       Prf Sb   dO   Prf Sb   dO
       Er hat Paul gesehen.   Er hat Paul gesehen.

   (c) *Ra   Pawlu
       seh(3msg) Paul

Daß es sich bei diesem 'l nicht um den definiten Artikel handeln kann, wird weiterhin dadurch deutlich, daß die phonologische Assimilation, die beim definiten Artikel obligatorisch ist, in diesem Fall nicht stattfindet (vgl. (6b)). Eine weitere Bestätigung bietet die Schrift, da in diesen Fällen ein Apostroph vor dem 'l gesetzt wird (vgl. (6a)).

6. (a) Ra   'l Ċetta.   (b) *Ra   'ċ-Ċetta.
       seh(3msg) Ks Ċetta   seh(3msg) df-Ċetta
       Prf Sb   dO
       Er hat C etta gesehen.

Da es wohl sinnvoll ist, davon auszugehen, daß Eigennamen in bezug auf Kasusmarkierung keine eigene Klasse bilden, spricht ihr Verhalten dafür, daß die Kasusmarkierung syntaktisch immer vorhanden ist, auch wenn sie aufgrund der Verschmelzung mit dem definiten Artikel an der Oberfläche nicht zu erkennen ist. Die Kasusmarkierung ist daher nicht optional, sondern unter den Bedingungen, die im folgenden beschrieben werden, obligatorisch.

5.2. Kasusmarkierung

Die *lil*-Markierung kann als Test verwendet werden, um zwischen den verschiedenen Komplementen eines Verbs in einem Satz zu unterscheiden (siehe Borg & Comrie 1984). Eine Nphrase, die nicht mit *lil* markiert werden kann, weist typische Subjekteigenschaften auf, z.B. ist sie bei der Passivierung eines Verbs diejenige Nphrase, die getilgt wird und als freies Adjunkt mit der Präposition *minn* auftreten kann. Dagegen verliert eine dO-Nphrase, die im Aktiv-Satz mit *lil* markiert ist, diese Markierung. (In den Beispielen steht Pas für Passiv, Part für Partizip.)

7. (a) Il-pulizija   arresta-w   lil-l-ministr-u.
        df-Polizei(pl) festnehm-3pl Ks-df-Minister-msg
        Sb   Prf   Sb   dO
        Die Polizei hat den Minister festgenommen.

   (b) *Lil-l-pulizija   arresta-w   lil-l-ministr-u.
        Ks-df-Polizei(pl) festnehm-3pl Ks-df-Minister-msg

   (c) Il-ministr-u   ġie   arrestat   mil-l-pulizija.
        df-Minister-msg kam(3msg) festnehm(3msg) von-df-Polizei(pl)
        Sb   Pas Sb   Part   Sb
        Der Minister ist von der Polizei festgenommen worden.

   (d) *Lil-l-ministr-u   ġie   arrestat   mil-l-pulizija.
        Ks-df-Minister-msg kam(3msg) festnehm(3msg) von-df-Polizei

Die primäre Funktion von *lil* ist es, die internen Argumente (das direkte und das indirekte bzw. oblique Objekt) vom Subjekt zu unterscheiden. Die Beispiele unter (8) zeigen, daß Subjekte nie *lil*-markiert sind.

8. (a) Pawlu ġie.   (b) *Lil Pawlu ġie.
        Paul   komm(3msg)   Ks   Paul   komm(3msg)
        Sb   Prf Sb
        Paul ist gekommen.

   (c) Is-sajf   wasal.   (d) *Li-s-sajf   wasal.
        df-Sommer ankomm(3msg)   Ks-df-Sommer ankomm(3msg)
        Sb   Prf Sb
        Der Sommer ist gekommen.

Das direkte Objekt wird kasusmarkiert, wenn es auf ein "menschliches" Objekt referiert.

9. (a) Raj-t   lil Pawlu.   (b) *Raj-t   Pawlu.
        seh-1sg Ks Paul   seh-1sg Paul
        Prf Sb   dO
        Ich habe Paul gesehen.

(f) Xtraj-t   il-ktieb
    kauf-1sg df-Buch
    Prf Sb   dO
    Ich habe das Buch gekauft.

(g) *Xtraj-t   lil-1-ktieb
    kauf-1sg Ks-df-Buch

Das Wort "menschlich" steht in Anführungszeichen, weil auch ein Haustier (vgl. (10)) oder z.B. ein Fahrrad, das einen "menschlichen" Namen trägt, als "menschlich" gilt. Ich werde im folgenden jedoch auf die Anführungszeichen verzichten.

10. (a) Raj-t   lil qattusa.
     seh-1sg Ks Katze
     Prf Sb   dO
     Ich habe die Katze gesehen.

    (b) ?? Raj-t   lil-1-iljun
        seh-1sg Ks-df-Löwe

   (b) Soq-t   lil Betty.
     fahr-1sg Ks Betty
     Prf Sb   dO
     Ich habe Betty gefahren.

In der Literatur wird häufig angenommen, daß nur definite direkte Objekte *lil*-markiert werden (siehe Diskussion darüber, besonders Bonello (1968), Borg (1981), Cauchi (1972) und Sutcliffe (1936)). Die Sätze unter (11) zeigen aber, daß es generell möglich, manchmal sogar notwendig ist (vgl. (11b)), ein indefinites direktes Objekt zu markieren. Das Beispiel (11a) ist aus Sutcliffe (1936, 169) die Beispiele (11d) - (11h) sind aus Borg (1981, 56-57) entnommen.

11.

(a) Raj-t   lil xi hadd?
    seh-2sg Ks jemand
    Prf Sb   dO
    Hast du jemanden gesehen?

(b) *Raj-t   xi hadd?
    seh-2sg jemand

(c) Ġanni ra   tifel.
    Hans   seh(3msg) Junge
    Sb   Prf Sb   dO
    Hans hat einen Jungen gesehen.

(d) ?? Ġanni ra   lil tifel.
      Hans   seh(3msg) Ks Junge

(e) Ġanni ra   xi   tifel.
    Hans seh(3msg) irgendein Jungen
    Sb   Prf Sb   dO
    Hans hat irgendeinen Jungen gesehen.

(f) ? Ġanni ra   lil xi   tifel.
    Hans   seh(3msg) Ks irgendein Junge

(g) Ġanni ra   lil wiehed   tifel.
    Hans seh(3msg) Ks ein   Junge
    Sb   Prf Sb   dO
    Hans hat einen Jungen gesehen.

(h) ? Ġanni ra   wiehed tifel.
    Hans   seh(3msg) ein   Junge

Ich gehe davon aus, daß es syntaktisch möglich ist, daß *lil* bei indefiniten
direkten Objekten auftritt, seine Anwendung jedoch durch etwas unklare, vermutlich semantische Bedingungen beschränkt ist.

Schließlich markiert *lil* noch das indirekte bzw. oblique Objekt, und zwar
unabhängig davon, ob es auf menschliche Wesen referiert oder nicht.

12.
(a) Baghat   il-ktieb lil Ġanni.
    schick(3msg) df-Buch Ks Hans
    Prf   Sb   dO   iO
    Er hat das Buch dem Hans geschickt.

(b) *Baghat   il-ktieb Ġanni.
    schick(3msg) df-Buch Hans

(c) Baghat   il-ktieb lil wiehed ragel.
    schick(3msg) df-Buch Ks ein   Mann
    Prf   Sb   dO   iO
    Er hat das Buch einem Mann geschickt.

(d) *Baghat   il-ktieb wiehed ragel.
    schick(3msg) df-Buch ein   Mann

13. (a) Hasil-lha   r-rota   lil   Miriam.
         wasch(3msg)-3fsg df-Rad   Ks Miriam
         Prf   Sb   Obl   dO   Obl
         Er hat der Miriam das Rad gewaschen.

    (b) * Hasil-lha   r-rota   Miriam.
         wasch(3msg)-3fsg df-Rad   Miriam

    (c) Ta   daqqa   ta' sieq lil-l-hajt.
         geb(3msg) schlag von Fuß Ks-df-Wand.
         Prf Sb   dO   iO
         Er hat der Wand einen Tritt gegeben.
         (Er hat gegen die Wand getreten.)

    (d) Bghat-t   l-ittra   lil xi   universita-jiet´ il-Ġermanja
         schick-1sg df-Brief Ks irgendeine Universität-pl   df-Deutschland.
         Prf   Sb   dO   iO
         Ich habe den Brief zu irgendwelchen Universitäten in Deutschland
         geschickt.

    (e) Jien ħsil-t-ilha   l-katina   li-r-rota.
         ich wasch-1sg-3fsg df-Kette Ks-df-Rad
         Sb   Prf   Sb   Obl   dO   Obl
         Ich habe dem Rad die Kette gewaschen.

Zusammenfassend läßt sich also folgendes sagen: *lil* markiert syntaktisch dO-Nphrasen, die auf menschliche Wesen referieren, sowie alle iO-Phrasen.

5.3. Der grammatische Status von *lil*

Anders als Borg (1981), der *lil* als eine direktionale Präposition behandelt, möchte ich *lil* als eine Kasuspartikel behandeln, da sie keine der für die Präpositionen im Maltesischen typischen Eigenschaften aufweist.

Erstens ist *lil* im Gegensatz zu den direktionalen Präpositionen semantisch leer und hat synchronisch nichts mit Direktionalität zu tun. Z.B. kann *lil* mit typischen direktionalen Verben wie *gehen* oder *kommen* nicht verwendet werden:

14. (a) *Mor-t   lil Brian.   (b) *Mort   lil-Ruma.
     geh-1sg Ks Brian   geh-1sg Ks-Rom.

   (c) Mor-t   ghand Brian.   (d) Mort   Ruma.
       geh-1sg bei   Brian   geh-1sg Rom
       Prf Sb   Prf Sb
       Ich ging zu Brian.   Ich ging nach Rom.

Zweitens ist die semantische Rolle der Nphrase, die mit *lil* markiert wird, semantisch nicht auf eine thematische Rolle (wie z.B. Ziel) beschränkt, wie von einer direktionalen Präposition zu erwarten wäre, sondern es kann sich, wie die Beispiele gezeigt haben, um Thema, Ziel, Benefaktiv oder Malefaktiv handeln.

Drittens verhält sich *lil* hinsichtlich der Topik-Konstruktion anders als die Präpositionen. Wenn eine Präposition im Maltesischen einen Kongruenzmarker trägt, kann typischerweise eine Topik-Nphrase auftreten, die mit diesem Marker kongruiert (siehe Kapitel 7). (15) ist ein Beispiel mit der Präposition *taht* (unter): die Topik-Nphrase *jien* kongruiert mit dem Marker -*i* an der Präposition. *lil* in (16) erlaubt keine solche Topik-Nphrase. In den Beispielen steht Tp für Topik und pO für das Objekt einer Präposition: *qieghed* ist die "lokative" Kopula (siehe Kapitel 9).

15.   Jien il-ballun   qieghed   taht-i.
      ich   df-Ball(msg) Lok (msg)   unter-1sg
      Tp   Sb   Part   pO
      "Ich, der Ball ist unter mir."

16. *Brian iz-zija   ra-t   lil-u.
      Brian df-Tante   seh-3fsg Ks-3msg
      Tp   Sb   Prf Sb   dO

lil ist daher nicht als Präposition, sondern als eine Kasuspartikel zu behandeln, deren Funktion es ist, eine Nphrase explizit für Kasus zu markieren.

5.4. Das Pronominalsystem

Auch bei der Bildung von Pronominalformen spielt *lil* eine Rolle: Das Maltesische verfügt über zwei Sorten von Personalpronomina (vgl. Tabelle I): die [-Ks] und die [+Ks]-Pronomina. *lil* bildet in Kombination mit den dO-Markern die [+Ks]-Pronomina. Die Pronomina werden häufig verkürzt verwendet, in Tabelle I geben die eingeklammerten Buchstaben die vollständigen Formen an.

Tabelle I

(a) [-Ks]-Pronomen   (b) [+Ks]-Pronomen

	SING	PLU			SING	PLU
1.	jien(a)	aḫna		1.	lil-i	lil-na
2.	int(i)	int(k)om		2.	lil-ek	lil-kom
3m.	hu(wa)	} huma		3m.	lil-u	} lil-hom
3f.	hi(ja)			3f.	lil-ha	

Die [+Ks]-Pronomina kommen nur in den Fällen vor, in denen eine mit *lil* markierte Nphrase auftreten kann, also als direkte Objekte und als indirekte, bzw. oblique Objekte, sind aber noch beschränkter, da sie auch als indirekte (bzw. oblique) Objekte nur auf menschliche Wesen referieren können.

17. (a) Jien raj-t   lil-u.
    ich seh-1sg Ks-3msg
    Sb   Prf Sb   dO
    Ich habe ihn (eine Person) gesehen.

    (b) Jien taj-t   il-ktieb   lil-u.
    ich geb-1sg df-Buch   Ks-3msg
    Sb   Prf Sb   dO   iO
    Ich habe ihm (einer Person) das Buch gegeben.

    (c) Jien ḥsil-t-lu   l-art   lil-u.
    ich wasch-1sg-3msg df-Boden Ks-3msg
    Sb   Prf Sb Obl   dO   Obl
    Ich habe ihm (einer Person) den Boden geputzt.

Die Kombination von *lil* mit den dO-Markern ist idiosynkratisch insofern, als sich die ausschließliche Referenz auf menschliche Objekte nicht aus den Einzelteilen ableiten läßt: *lil* kann auch mit indirekten Objekten vorkommen, die nicht auf menschliche Wesen referieren, und dO-Marker allein können sowohl auf menschliche als auch auf nicht-menschliche Wesen referieren. Weder *lil* noch die dO-Marker enthalten also Information über "Menschlichkeit". Ich nehme deshalb an, daß die [+Ks]-Pronomen im Basiseintrag schon als ganzes vorhanden sind und nicht immer wieder neu gebildet werden.

Die [-Ks]-Pronomen können betont oder unbetont sein, und sie kongruieren meistens mit den Sb-Markern des Verbs (vgl. (18a), siehe aber Abschnitt 5.12). Die [+Ks]- Pronomen kommen nur betont vor und können sowohl mit dem dO- als auch mit dem iO-Marker kongruieren (vgl. (18b) und (18c)).

18. (a) Jien n-iġi.　　　　　　　　　(b) Ra-ni　　　　　lili.
　　　ich 1sg-komm　　　　　　　　　　 seh(3msg)-1sg　mich
　　　Sb Sb Impf　　　　　　　　　　　 Prf Sb　　dO
　　　Ich komme.　　　　　　　　　　　 Er hat mich gesehen.

　　(c) Baghat-li　　　　l-ktieb　　lili.
　　　 schick(3msg)-1sg　df-Buch　mir
　　　 Prf　Sb　　iO　 · dO　　iO
　　　 Er hat mir das Buch geschickt.

5.5. Formalisierung

Da *lil* semantisch leer ist, werde ich es hier nicht als λ-Ausdruck repräsentieren. Der Lexikoneintrag von *lil* sieht wie in (19) aus. Das Merkmal [+N] zeichnet *lil* als nominales Element aus, d.h. ein Element, das innerhalb der Nphrase vorkommt.

19. *lil*: +N, +Ks;　[__ [+N, -V, -Ks]]

Nomina kommen per Default als [-Ks] aus dem Lexikon, *lil*-Pronomina sind [+Ks], die anderen [-Ks]. Pronomina können wie in (20b) und (20c) repräsentiert werden. C(x) heißt "x ist kontextuell einschlägig".

20. (a) *il-mara:*   +N, -V, +D, -Ks;   Dx FRAU(x)
       df-Frau |
                                             -PLU
                                             +FEM
                                             3PER

   (b) hija   +N, -V, +D, -Ks;   Dx (C(x))
       sie |
                                             -PLU
                                             +FEM
                                             3PER

   (c) *lilha*   +N, -V, +D, +Ks;   Dx (C(x) & MENSCHLICH(x) ...)
       sie/ihr |
                                             -PLU
                                             +FEM
                                             3PER

(21) zeigt eine Konstituente mit *lil*. Um das einstufige Modell der Nphrase beizubehalten, das in den Kapiteln 2 und 3 vorgeschlagen wurde, nehme ich an, daß *lil* in der Syntax eine Kopfposition einnimmt und auf eine Maximale [+Ks, +MAX] projiziert, die man als Kasusphrase (KsP) bezeichnen kann. *lil* führt das Merkmal [+Ks] ein und ist für [+N, -V, -Ks]-Kategorien subkategorisiert. Das Merkmal [-V] wird wegen der MVP (siehe Abschnitt 1.5.) weitergereicht. Das Beispiel in (21) zeigt, daß auch das Attribut D von der MVP angesprochen werden muß, da es ja auch vererbt wird.

21.   [+N, -V, +Ks, -D, +MAX] = KsP

      [+N, +Ks, -MAX]=Ks   [+N, -V, -Ks, -D, +MAX] = NP
              | |
            lil   *l-mara*
             Ks   df-Frau

5.6. Kasus und die Repräsentation der Verben

Ich werde im folgenden das g-Merkmal Hm für "Human" annehmen, das kodiert, ob ein Ausdruck für die Zwecke der Kasusrektion als "menschlich" gilt oder nicht. Wie das g-Merkmal CNT (countable) in Kapitel 3 kodiert das Merkmal Hm im Grunde semantische Information, die aber grammatisch relevant, d.h. grammatikalisiert ist. In (22) findet sich eine Liste von nominalen Ausdrücken mit den relevanten g-Merkmalen.

22.	(a)	Pawlu	(Paul)	: +N, -V, +D, -Ks, +Hm
	(c)	raġel	(Mann)	: +N, -V, -D, -Ks, +Hm
	(d)	ir-raġel	(der Mann)	: +N, -V, +D, -Ks, +Hm
	(e)	ktieb	(ein Buch)	: +N, -V, -D, -Ks, -Hm
	(f)	il-ktieb	(das Buch)	: +N, -V, +D, -Ks, -Hm
	(g)	hu	(er)	: +N, -V, +D, -Ks,
	(h)	lilu	(ihn/ihm)	: +N, -V, +D, +Ks
	(i)	jien	(ich)	: +N, -V, +D, -Ks

Bei den Verben wird die Information über den Kasus mit den Θ-Rollen assoziiert. Der Eintrag für ein dreistelliges Verb wie *baghat* 'schicken' könnte wie in (23) aussehen. Das Symbol α soll hier ausdrücken, daß die Unifikation nur mit einer Merkmalsmenge möglich ist, in der, falls die Merkmale Hm und Ks vorhanden sind, beide denselben Wert haben.

23. (a) *baghat*:
schicken

$$\lambda y \quad \lambda z \quad \lambda \underline{x} \quad [\ \text{SCHICK}(x, y, z)\ ]$$
$$\underset{\alpha Hm}{\underset{\alpha Ks}{|}} \quad \underset{+Ks}{|} \quad \underset{-Ks}{|}$$

Diese Repräsentation führt jedoch zu Problemen, wenn man versucht, die Kongruenzmarker in das System einzubeziehen. Die Sb- und iO-Marker sind zunächst unproblematisch, sie können die g-Merkmale in (24) tragen.

24.	(a)	*j-* :	(3ms/Sb):	+N, -V, +D, -Ks
	(b)	*n-* :	(1sg/Sb):	+N, -V, +D, -Ks
	(c)	*-lu* :	(3msg/iO):	+N, -V, +D, +Ks
	(d)	*li-* :	(1sg/iO):	+N, -V, +D, +Ks

Die dO-Marker jedoch lassen sich mit diesem System nicht sinnvoll klassifizieren. Prinzipiell gibt es drei Möglichkeiten der Klassifikation: [+Ks], [-Ks] oder unspezifiziert für Ks. In jedem Fall ergibt sich jedoch das falsche Ergebnis. Wenn zum Beispiel der dO-Marker *-u* für 3msg als [+Ks] klassifiziert wäre, dürfte er auch an der Stelle des indirekten Objektmarkers vorkommen, wenn er [-Ks] wäre, dagegen an der des Subjektmarkers. Dasselbe Problem ergibt sich, wenn man annimmt, daß *-u* für Ks nicht spezifiziert ist.

Ich möchte als Alternative folgendes System vorschlagen: Wie in Bierwisch (1988) für das Deutsche vorgeschlagen, sind die Θ-Rollen der maltesischen Verben mit den Merkmalen g (für governed, also regiert) und o (für oblique) assoziiert (vgl. (25)). Die MDRn in (26) regeln die Kasusmarkierung. Sie gelten in der syntaktischen Komponente, nicht im Lexikon. Die Marker, die Pronomina und die Nomina werden wie in (27) kategorisiert. Für die Nomina gilt weiterhin die Darstellung in (22) (vgl. auch (27f) und (27g)).

25. baghat: λy λz $\lambda \underline{x}$ [SCHICK(x, y, z)]
    schicken
     +g   +g   -g
     -o   +o   -o

26. MDR1: $[\alpha g,\ \alpha o] \longrightarrow [\alpha Ks]$
    MDR2: $[+g,\ -o] \longrightarrow [\alpha Hm,\ \alpha Ks]$

27. (a) *j-*   (3msg.Prf/Sb) : +N, -V, +D,   -g, -o
    (b) *-u*   (3msg/dO)   : +N, -V, +D,   +g, -o
    (c) *-lu*   (3msg/iO)   : +N, -V, +D,   +g, +o
    (d) *hu*   (er)   : +N, -V, +D, -K,   -g, -o
    (e) *lilu*   (ihn/ihm)   : +N, -V, +D, +Ks,   +g
    (f) *ragel* (Mann)   : +N, -V, -D, -Ks, +Hm
    (g) *ktieb* (Buch)   : +N, -V, -D, -Ks, -Hm

Die Kongruenzmarker werden durch das g/o-System den richtigen Positionen zugeordnet, da die dO-Marker von den restlichen Markern unterschieden werden können.

Die g/o-Merkmale geben den abstrakten (strukturellen) Kasus wieder, das Merkmal Ks dagegen bezieht sich auf die explizite Kasusmarkierung. Die MDRn in (26) regeln die Interaktion von abstraktem und explizitem Kasus, d.h. obwohl Maltesisch im Vergleich zum Deutschen ein sehr armes Kasus-markierungssystem hat, unterscheiden sich die beiden Sprachen auf der "tieferen" Ebene des abstrakten Kasus nicht.

Ein letztes Problem besteht darin, die ungrammatische Nphrase *lil hu* in (28a) zu vermeiden: da *lil* eine [-Ks]-Nphrase regiert, könnte es auch ein [-Ks]-Pronomen wie *hu* regieren.

28. (a) *Bies-et   lil hu.   (b)   Bies-et lilu.
        küß-3fsg Ks ihn   küß-3fs ihn
                                          Prf Sb dO
                                          Sie hat ihn geküßt.

Um das zu vermeiden, kann man von dem Merkmal PRO Gebrauch machen, das volle Pronomina ([+PRO]) von Nomina ([-PRO]) unterscheidet. *lil* regiert ein [-PRO]-Element und kann daher nie in Verbindung mit vollen Pronomina auftreten.

In diesem Zusammenhang stellt sich die Frage, wie und an welcher Stelle im Lexikon die Kasusmerkmale mit den Θ-Rollen assoziiert werden. Da diese Information in den meisten Fällen vorhersagbar ist, vermute ich, daß die Assoziierung durch ein Default-Template geschieht. Dieses Template ist nach den Derivationsprozessen, die häufig das Θ-Raster verändern, anzusiedeln. Danach finden die Flexionsprozesse, wie die Affigierung der Kongruenzmarker, statt.

Zum Schluß zwei Beispiele: (30) zeigt, daß der Satz (29a) grammatisch ist, weil die Rektionsmerkmale, die mit λy assoziiert sind, und die g-Merkmale vom Komplement *lil Pawlu* unifizierbar sind (vgl. (i) und (iii)). Die Unifikation ergibt die Menge [+g, -o, +N, -V, +D, +Ks, +Hm, +MAX], die die MDR2 erfüllt. (30b) zeigt den entsprechenden syntaktischen Baum. Die Merkmale D und Hm müssen wie N und V als "Fußmerkmale" weiter gegeben werden. Das geschieht durch die Aufnahme der Merkmale in das Vererbungsprinzip in Kapitel 1 (siehe Abschnitt 1.5.).

Der Satz (29b) ist ungrammatisch, weil die Unifikation der Merkmale die Menge [+g, -o, +N, -V, +D, -Ks, +Hm, +MAX] ergibt, die der MDR2 widerspricht.

29. (a) Raj-t   lil Pawlu.   (b) *Raj-t   Pawlu
      seh-1sg Ks Paul   seh-1sg Paul
      Prf Sb   dO
      Ich habe Paul gesehen.

30. (a)
(i)   *raj-t:* +V, -N, -IMPF, -MAX; λy $\lambda \underline{x}$ [SEH (x, y)]
                                           $\underline{+g}$ 3PER
                                           -o $\underline{-PLU}$
                                                   $\underline{-g}$
                                                   -o

(ii)   *Pawlu:* +N, -V, -Ks, +D, +Hm, -PRO, +MAX; Dz (NAME(z, Paul))
                                                          -PLU
                                                          -FEM
                                                          3PER

(iii) *lil:* +N, +Ks;   [__ [+N, -V, -Ks, -PRO, +MAX]]

(iv) *lil Pawlu:* +N, -V, +D, +Ks, +Hm, +MAX; Dz (NAME (z, Paul))
| -PLU
         -FEM
         3PER

(v) *raj-t lil Pawlu:* +V, -N, -IMPF, +MAX:

$$\lambda \underline{x} \; [SEH \; (x, D\underline{z} \; (NAME(z, Paul)))]$$

1PER   -PLU
-PLU   -FEM
-g   3 PER
-o

(b)

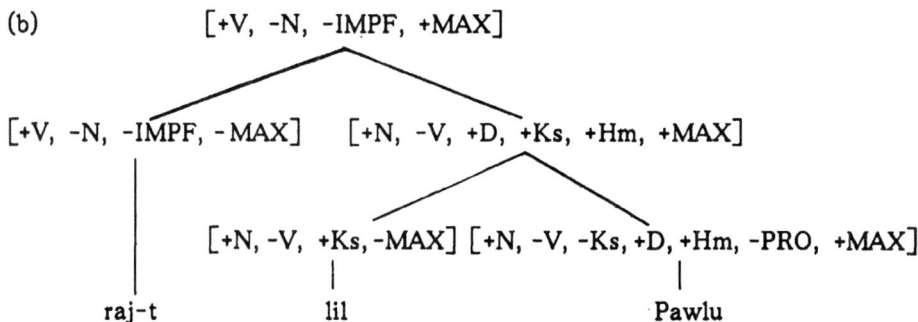

[+V, -N, -IMPF, +MAX]

[+V, -N, -IMPF, - MAX]   [+N, -V, +D, +Ks, +Hm, +MAX]

[+N, -V, +Ks, -MAX] [+N, -V, -Ks, +D, +Hm, -PRO, +MAX]

raj-t   lil   Pawlu

Im folgenden wird die Kasusbeziehung zwischen den Markern und den Nphrasen, mit denen sie kongruieren, untersucht.

5.7. Das Pro-Drop-Phänomen

Wie die Beispiele unter (31) zeigen, hat das Maltesische die für Pro-Drop-Sprachen charakteristische Eigenschaft, daß ein pronominales Subjekt fehlen kann.

31. (a) X' ghamil-tu?   (b) Xtraj-na ktieb.
       was mach-2pl   kauf-1pl Buch
       Sb Prf Sb   Prf Sb dO
       Was habt ihr gemacht?   Wir haben ein Buch gekauft.

Theoretiker, die im Rahmen der *Government and Binding-* bzw. *Principles and Parameters-*Theorie arbeiten, haben die Hypothese aufgestellt, daß Pro-Drop-Sprachen neben dem Wegfallen des Subjekts eine Reihe von weiteren

Eigenschaften aufweisen, die als direkte Konsequenzen eines Pro-Drop-Parameters erklärt werden können (siehe u.a. Chomsky 1981 & 1982, Rizzi 1982, Bouchard 1984, Picallo 1982). Beispiele für diese Eigenschaften sind unter (32) für das Maltesische aufgelistet:

32.

(a) *freie Inversion des Subjekts*
Ċempel   iz-ziju.
klingel(3sg)   df-Onkel
Der Onkel hat angerufen.

(b) *fehlende Expletiva*

J-idhir-li   li   ħdim-t   biżżejjed   illum.
3msg-schein-1sg daß arbeit-1sg   genug   heute
Mir scheint, daß ich heute genug gearbeitet habe.

(c) *scheinbare Verletzung des "that-t" Filters*

Min_i t-ahseb   [li [e_i]   sa   j-irbah   l-elezzjoni] ?
Wer   2fsg-denk [daß   fut 3msg-gewinn df-Wahl   ]
Wer denkst du, daß die Wahl gewinnen wird?

(d) *lange WH-Bewegung*

Il-$ministru_i$ [li jien ir-rid   n-af   [lil min_j [e_i]   ra t_j]]
df-Minister   daß ich   1sg-woll 1sg-wiss Ks   wer   seh(3msg)
Der Minister, von dem ich wissen will, wen [er] gesehen hat...

(e) *leeres resumptives Pronomen im eingebetteten Satz*

Il-$ministru_i$ [li jien ma n-af-x
df-Minister   daß ich   ng 1sg-wiss-ng
Der Minister, von dem ich nicht weiß,

[min seta'   j-ahseb [li [e_i] qal ...]...]]
wer könn(3msg) 1sg-denk daß   sag(3msg)
wer denken könnte, daß [er] sagte, ...

Da das Maltesische, wie in Kapitel 4 ausgeführt, nicht nur über Sb-, sondern auch über Ob-Marker verfügt, erlaubt es auch das Fehlen sowohl von direkten als auch indirekten Objekten, also Ob-Pro-Drop. Hier einige Beispiele:

33. (a) L-iskrivan   kiteb   l-ittr-a.
      df-Angestellter(3msg) schreib(3msg) df-Brief-fsg
       Sb   Prf   Sb   dO
      Der Angestellte schrieb den Brief.

    (b) L-iskrivan   kitib-ha.
      df-Angestellter(3msg) schreib(3msg)-3fsg
       Sb   Prf   Sb   dO
      Der Angestellter hat ihn geschrieben (den Brief).

34. (a) Il-komunist   xejjer   lil-l-papa.
      df-Kommunist(msg)   wink(3msg)   Ks-df-Papst(msg)
       Sb   Prf   Sb   iO
      Der Kommunist hat dem Papst zugewunken.

    (b) Il-komunist   xejjir-lu.
      df-Kommunist(3msg)   wink(3msg)-3msg
       Sb   Prf   Sb   iO
      Der Kommunist hat ihm zugewunken.

35. (a) It-terrorist   baghat   l-ittr-a   lil-l-president.
      df-Terrorist(3msg   schick(3msg) df-Brief-3fsg Ks-df-Präsident(3msg)
       Sb   Prf   Sb   dO   iO
      Der Terrorist hat dem Präsidenten den Brief geschickt.

    (b) It-terrorist   baghat-hie-lu.
      df-Terrorist(3msg)   schick(3msg)-3fsg-3msg
       Sb   Prf   Sb   dO   iO
      Der Terrorist hat ihn ihm geschickt.

5.8. Subjekt-Pro-Drop

Die Eigenschaft, ein pronominales Subjekt wegzulassen, wird in der Literatur oft auf ein "reiches" System von Kongruenzaffixen zurückgeführt (siehe Borer 1986, Chomsky 1982, Holmberg & Platzack 1989, Roberts 1985, Taraldson 1980). Die Lage ist jedoch nicht so eindeutig, wie es zunächst scheint. Erstens ist es schwierig, genau zu definieren, wann ein Affixsystem "reich" genug ist. Es reicht nicht aus, das Affix-Paradigma anzusehen, um daraufhin zu entscheiden, ob eine Sprache eine Pro-Drop-Sprache ist oder nicht. Obwohl es Sprachen gibt, die in einem intuitiven Sinn ein "reiches" Affixsystem haben, haben sie trotzdem nicht die Pro-Drop-Eigenschaft. So ist z.B. nicht klar, warum Deutsch keine echte Pro-Drop-Sprache ist, sondern eher eine "semi-Pro-Drop"-Sprache (siehe Haider 1985), die den Satz (36a), in dem das Expletive *es* fehlen darf, erlaubt, aber nicht (36b) und (36c).

36. (a)   Sie sagte, daß wahrscheinlich sei, daß ...
    (b) * Er sagte, daß nett wäre, ...
    (c) * Regnet viel heute.

Das Fehlen eines reichen Affixsystems ist jedoch auch keine Garantie dafür, daß eine Sprache keine leeren Subjekte erlaubt, wie Sprachen wie Chinesisch zeigen (siehe Huang 1984). Manchmal ist es noch nicht einmal deutlich, ob eine Sprache tatsächlich eine Pro-Drop-Sprache ist oder nicht, wie das Beispiel des Französischen zeigt: Ob Französisch als Pro-Drop-Sprache zu betrachten ist oder nicht, hängt davon ab, ob die Subjekt-Pronomina *je, tu* usw. als Affixe bzw. Klitika oder als volle Pronomen analysiert werden (siehe Lapointe 1979).

Auf jeden Fall scheint es für Pro-Drop wichtig zu sein, daß das Sb-Kongruenzaffix mindestens für Person explizit kodiert ist (siehe Holmberg & Platzack 1989). Da Pronomina typischerweise für Person explizite Formen aufweisen, liegt es nahe, zwischen der Fähigkeit einer Sprache, ein pronominales Subjekt wegzulassen, und dem pronominalen Charakter der Kongruenzaffixe einen Zusammenhang zu vermuten. Für viele Sprachen ist es sogar plausibel anzunehmen, daß die Kongruenzaffixe sich historisch aus vollen Pronomina entwickelt haben (siehe Givon 1976, Russell 1985). Im folgenden geht es darum, den Begriff "Pronominalität" formal zu präzisieren und zu prüfen, ob damit Pro-Drop und einige damit zusammenhängende Eigenschaften, wie z.B. die relativ freie Wortstellung im Maltesischen, erklärt werden können. In diesem Kapitel werden nur [+T]-Sätze (d.h. Sätze mit "finitem" Verb) untersucht, da die Verhältnisse in abhängigen Sätzen, wie z.B. in Kontrollkonstruktionen (siehe Kapitel 8), anders sind.

5.9. Pronominalität

Die Idee, daß Kongruenzaffixe gebundene Pronomina sind, ist in der Literatur nicht neu (siehe Fassi Fehri 1988, Doron 1988, Lapointe 1979). Die aus Fassi Fehri übernommenen Beispiele unter (37) zeigen, daß in intransitiven Sätzen im Arabischen das Sb-Affix am Verb mit der Nphrase in bezug auf Numerus, Genus und Person kongruiert, wenn die Nphrase links vom Verb steht. Steht die Nphrase aber rechts, findet Kongruenz nur in bezug auf Genus statt.

37. (a) ja:?-a   1-?awla:du
         kam-msg df-Junge(pl)
         Die Jungen kamen.

    (b) ja:?-ati 1-bana:tu
         kam-fsg df-Mädchen(pl)
         Die Mädchen kamen.

    (c) *ja:?-u   1-?awla:du
         kam-mpl df-Junge(pl)

    (d) *ji?-na   1-bana:tu
         kam-fpl df-Mädchen(pl)

    (d) al-bana:tu ji?-na
         df-Mädchen(pl) kam-fpl
         Was die Mädchen betrifft, sie kamen.

    (e) *al-bana:tu ja?-at

(Fassi Fehri 1988, S.117/118, (20a) - (20d) und (21))

Um dieses Phänomen zu erklären, nimmt Fassi Fehri an, daß es im Arabischen zwei Lexikoneinträge für Kongruenzmarker wie *-at* gibt: in dem einen Fall ist der Marker ein Affix, enthält nur Genus-Merkmale und kongruiert mit dem Subjekt rechts vom Verb. Im anderen Fall ist der Marker ein gebundenes Pronomen, ist für Numerus, Genus und Person markiert und kongruiert mit einer optionalen Topikphrase links vom Verb.

Anders als im Arabischen gibt es im Maltesischen keinen Unterschied in der Kongruenz bei unterschiedlicher Position der kongruierenden Nphrase: Das Verb und die Nphrase kongruieren immer in bezug auf Person, Numerus und Genus:

38.(a) Ir-raġel   ġie.
       df-Mann(msg) komm(3msg)
       Sb   Prf Sb
       Der Mann ist gekommen.

    (b) Ġie   r-raġel.
        komm(3msg) df-Mann(msg)
        Prf Sb   Sb
        Der Mann ist gekommen.

(c) Il-mara   ġie-t.
    df-Frau(fsg)   komm-3fsg
    Sb   Prf   Sb
    Die Frau ist gekommen.

(d) Ġie-t   il-mara.
    komm-3fsg   df-Frau(fsg)
    Prf   Sb   Sb
    Die Frau ist gekommen.

(e) In-nisa   ġe-w.
    df-Frau(pl)   komm-3pl
    Sb   Prf   Sb
    Die Frauen sind gekommen.

(f) Ġe-w   in-nisa.
    Komm-3pl   df-Frau(pl)
    Prf   Sb   Sb
    Die Frauen sind gekommen.

Ich möchte im folgenden zeigen, daß die verbalen Kongruenzmarker im Maltesischen "pronominalen" Charakter haben. Der erste positive Effekt daraus ist, daß das Fehlen des Subjekts, also die prototypische Eigenschaft von Pro-Drop-Sprachen, dadurch erklärt werden kann.

Eine Möglichkeit, die Pronominalität der Sb-Affixe zu erfassen, wäre anzunehmen, daß die externe Θ-Rolle des Verbs bereits bei ihrer Affigierung im Lexikon gesättigt wird (siehe aber dazu auch Abschnitt 8.7.). Damit die Sb-Affixe die externe Θ-Rolle sättigen können, muß die Repräsentation der Sb-Affixe, wie sie in Kapitel 4 dargestellt wurde, etwas verändert werden. Das wird in (39) am Beispiel von $n-$ (1sg/Impf) gezeigt. Die Sb-Affixe sind Funktoren des Typs <0/01>: Durch funktionale Applikation bzw. Komposition nehmen sie ein Verb, dessen externe Θ-Rolle sie gleichzeitig sättigen. (39c) zeigt das Ergebnis der Affigierung von $n-$ an das Verb *hadem* 'arbeiten'. Die Variable u in (39) ist eine Individuenvariable, die entweder durch kontextuelle Information oder durch die von der Sb-Nphrase gelieferten Information weiter spezifiziert wird. Die genaue Natur dieser Informationsquellen ist Inhalt des folgenden Abschnitts.

39. (a) *n-:*
       1sg

$$\lambda V \ [\ V\ (Dz\ SPRECHER(z))\,]$$
$$\underset{\substack{+IND \\ -IMPF}}{|} \quad \underset{\substack{1PER \\ -PLU}}{|}$$

(b) *h-d-m:*   +V, -N;
    arbeiten

$$\lambda x \ [\,ARBEIT\,(x)\,]$$
$$\underset{\substack{-g \\ -o}}{|}$$

(c) *n-ahdem:*   +V, -N, +IND, -PERF; $[\,ARBEIT\,(Dz\ SPRECHER(z))\,]$
    1sg-arbeit
$$\underset{\substack{1PER \\ -PLU}}{|}$$

5.10. Subjekt und Zusatzinformation

Bei dieser Behandlung der Sb-Affixe stellt sich die Frage, in welcher Beziehung die Sb-Nphrase zu dem Rest des Satzes und insbesondere zu dem Kongruenzaffix steht. In (40) finden sich einige Beispielsätze mit dem Verb *mar* 'gehen' und Sb-Nphrasen.

40. (a) Jien mor-t.
    ich geh-1sg
    Sb Prf Sb
    Ich bin gegangen.

(b) It-tifla   marr-et.
    df-Mädchen(fsg) geh-3fsg
        Sb   Prf Sb
    Das Mädchen ist gegangen.

(c) Waḥd-a mara marr-et.
    ein-fsg Frau geh-3fsg
             Sb   Prf Sb
    Eine Frau ging.

In (40a) bringt das Pronomen *jien* keine neue semantische Information ein, da die Information, daß es sich um einen Sprecher handelt, schon durch das Affix beigetragen wurde. Da aber Sb-Affixe nicht betont werden können, ist die Nphrase nötig, damit über die Betonung die Festlegung auf alte, bekannte oder auf neue, unbekannte Information stattfinden kann. Ihre Funktion ist daher pragmatischer Natur. Sie kennzeichnet das Subjekt als Topik oder Fokus. Die Sb-Nphrase in (40b) und (40c) ist nicht nur Träger möglicher pragmatischer Information, sondern sie ergänzt auch die "karge" semantische Information des Sb-Affixes. Der definite Artikel in (40b) zeigt, daß es sich hier um ein bestimmtes, im Kontext schon bekanntes Mädchen handelt; in (40c) handelt es sich dagegen um eine im Kontext noch nicht identifizierte Person. Die Information, die eine Sb-Nphrase enthält, kann daher sowohl neue Information (Fokus) als auch alte bzw. gegebene (Topik) oder auch hervorgehobene (emphatischer Fokus bzw. Topik) sein. Das wird besonders deutlich in (41): in (41a) wird nach einer unbekannten Person (dem Fokus) gefragt; in (41b) dagegen nach einer schon bekannten (dem Topik).

41. (a) Min ġie?
    wer komm(3msg)
    Sb Prf
    Wer ist gekommen?

L-artist-i   ġe-w.
df-Künstler-pl komm-3pl
   Sb   Prf Sb
Die Künstler sind gekommen.

(b) U   Marija?   Marija   ġie-t   ukoll.
    und Maria   Maria   komm-3fsg   auch
                      Sb   Prf   Sb
    Und Maria?   Maria ist auch gekommen.

Die obligatorischen Sb-Affixe sättigen also die Θ-Rolle des Verbs, reichen
jedoch allein oft nicht aus, um die semantischen bzw. pragmatischen Informationen, die für eine effiziente Kommunikation nötig sind, beizutragen.
Daher ist es oft notwendig, die sehr arme Information, die die Affixe tragen,
mit einer vollen Sb-Nphrase zu ergänzen. Die Beziehung zwischen der Sb-
Nphrase und dem Affix ist eine Antezedens-Pronomen-Beziehung, die von
einer Bindungstheorie erfaßt werden muß. Da die Sb-Nphrase sowohl definit
als auch indefinit sein kann, das Affix aber immer definit ist, ergibt sich
darüberhinaus eine Parallele zu den Verhältnissen zwischen Kopfnomen und
modifizierendem Adjektiv, die in Kapitel 3 erwähnt wurden. Die weitere Prä-
zisierung von diesem Verhältnis ist jedoch nicht Gegenstand dieser Arbeit.

Wenn über das Objekt, auf das sich das Affix bezieht, schon genug Information im Kontext vorhanden ist, braucht das Sb—Affix nicht noch durch
eine Sb-Nphrase ergänzt zu werden, und man erhält einen Pro-Drop-Satz,
der ein kontextuell definites Subjekt hat.

Syntaktisch wird die Sb—Nphrase an den Satz, d.h. an die TP (Tempusphrase) frei (links oder rechts) adjungiert. Für einen Satz mit einem
intransitiven Verb gibt es somit die beiden Wortstellungsmöglichkeiten in
(42a) und (42b). (42c) ergibt sich, wenn nichts adjungiert wird. (Der Ur-
sprung des Merkmals T für Tempus wird in Kapitel 8 ausführlich diskutiert.)
In (42) steht TP/VP für eine [+V, -N, +T, +MAX]-Kategorie.

42. (a)

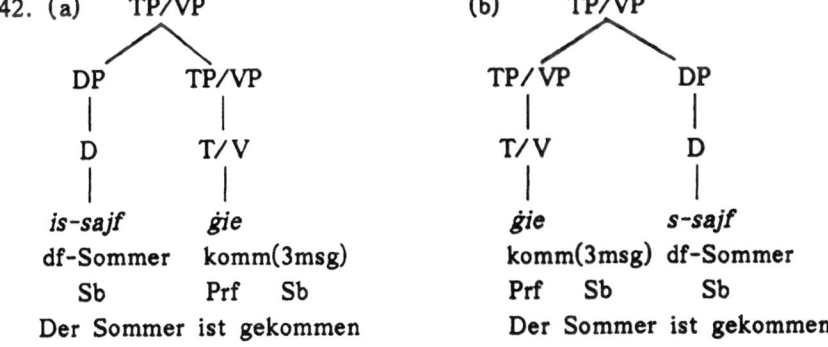

(c) TP/VP

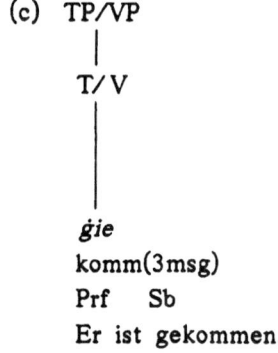

̇gie
komm(3msg)
Prf   Sb
Er ist gekommen.

Im folgenden werde ich weiter von der Sb-Nphrase reden, obwohl das eigentliche Subjekt das Sb-Affix ist, da es die Θ-Rolle sättigt. Die Sb-Nphrase ist Subjekt "per Vererbung", weil sie mit einem Subjekt koindiziert ist.

Die Frage ist, warum die Sb-Nphrase nicht kasusmarkiert ist, d.h. warum sie mit dem Merkmal [-Ks] spezifiziert ist. Unter Berücksichtigung des Prinzips in (43) folgt das aus der Annahme, daß die Sb-Marker Affixe sind, die bereits im Lexikon die externe Θ-Rolle sättigen. Die unter (45) aufge-führte syntaktische Struktur des Satzes (44) zeigt, daß die adjungierte Sb-Nphrase *il-mara* keinen Zugang zu syntaktischen Informationen über das Sb-Affix hat.

43. Prinzip des Defaultkasus (PDK):
    Eine an TP adjungierte Nphrase, die syntaktisch keinen Zugang zu Kasusinformation hat, ist per Default [-Ks].

44.   Il-mara ̇gie-t.
       df-Frau   komm-3fsg
            Sb   Prf   Sb
    Die Frau ist gekommen.

45.   [+V, -N, +T, +PERF, +MAX]

    [+N, -V, +D, -Ks, +MAX]   [+V, -N, +T, +PERF, +MAX]
              | |
    [+N, -V, +D, -Ks, -MAX]   [+V, -N, +T, +PERF, -MAX]
              | |
           il-mara   *̇gie-t*

Wegen (43) können die MDRn für die Regelung des Merkmals Ks wie in (46b) vereinfacht werden, da [-Ks] bei [-g]-Elementen als Nichtvorhandensein von Kasusmarkierung vorhersagbar ist. In (46a) steht zum Vergleich die alte Version der MDR.

46. (a) 1. $[\alpha g, \alpha o] \longrightarrow [\alpha Ks]$ (b) 1. $[+o] \longrightarrow [+Ks]$

        2. $[+g, -o] \longrightarrow [\alpha Hm, \alpha Ks]$ 2. $[-o] \longrightarrow [\alpha Hm, \alpha Ks]$

In diesem Zusammenhang erweist sich die formale Trennung zwischen den Kasusmerkmalen (als g-Merkmalen) und den Kongruenzmerkmalen als sinnvoll, da die beiden Phänomene verschiedenen "Gesetzen" unterworfen sind: die Werte der k-Attribute der Topikphrase müssen sich nach denen des Markers richten, der negative Wert des Kasus-Merkmals Ks jedoch ergibt sich daraus, daß er sich nicht nach dem des Markers richten kann.

5.11. Subjekt-Nphrase und Wortstellung

Daß die Sb-Affixe in der Tat pronominal sind und daß es sich dabei nicht um eine *ad hoc*-Annahme handelt, kann aus unabhängigen Gründen, die die Wortstellungsmöglichkeiten betreffen, bestätigt werden.

Wenn die Sb-Nphrase Topik eines Satzes mit intransitivem Verb ist, ist die Wortstellung völlig frei. Das zeigen die Beispiele in (47b) und (47c) bzw. (48b) und (48c), die Antworten auf die Fragen unter (47a) bzw. (48a) sind. Aus den Fragen geht hervor, daß die Sb-Nphrase in der Antwort Topik ist. Der Hauptakzent des Satzes (in den Beispielen durch Unterstreichung dargestellt) fällt auf das Verb.

47. (a) U   Brian?   (b) Brian   <u>ġie</u>.   (c) <u>Ġie</u>   Brian.

         und Brian   Brian   komm(3msg)   komm(3msg) Brian

         Und Brian   Sb   Prf   Sb   Prf   Sb   Sb

                       Brian ist gekommen.   Brian ist gekommen.

48. (a) U   t-tifel?   (b) It-tifel   <u>wa</u>qa.

         und df-Junge   df-Junge(msg)   fall(3msg)

         Und der Junge?   Sb   Prf Sb

                       Der Junge ist gefallen.

138

(c) W̲aqa   t-tifel.
    fall(3msg) df-Junge(msg)
    Prf Sb   Sb
    Der Junge ist gefallen.

Die Wortstellungsfreiheit der Sb-Nphrase wird noch deutlicher, wenn ein
Satzadverb wie z.B. *illum* im Satz vorkommt. Die Stellung des Adverbs und
der Sb-Nphrase ist völlig frei: das Adverb kann links oder rechts von der
Sb-Nphrase vorkommen, und zwar auch zwischen der Sb-Nphrase und dem
Verb (vgl. 49). Das ergibt sich daraus, daß sowohl die Sb-Nphrase als auch
die Adverbialphrase als Zusatzinformation frei an die TP adjungiert werden
können.

49.(a) Illum ġie   Brian.   Adv V   S
       heute komm(3msg) Brian
              Prf Sb   Sb
       Heute ist Brian gekommen.

   (b) Illum Brian ġie   Adv S   V
   (c) Brian ġie   'llum   S   V   Adv
   (d) Brian illum ġie   S   Adv V
   (e) Ġie   'llum Brian   V   Adv S
   (f) Ġie   Brian illum   V   S   Adv

Bei fokussierten Sb-Nphrasen in Sätzen mit intransitiven Verben gibt es
einige Stellungsbeschränkungen: in manchen Fällen ist der Satz akzeptabler,
wenn die Sb- Nphrase links vom Verb steht, in anderen, wenn sie sich
rechts befindet. Die Prinzipien, die die Akzeptabilität eines Satzes hinsichtlich der Wortstellung bestimmen, sind ziemlich komplex. Dabei spielen
semantische Faktoren wie Definitheit und Menschlichkeit, möglicherweise
auch Ergativität eine Rolle. So ist z.B. die Wortstellung bei dem Verb *ġie*
'kommen' in (50) frei, wenn das Subjekt definit ist, die Stellung SV ist
jedoch weniger akzeptabel bei indefinitem Subjekt (vgl. (50c) und (50d)). In
(51), mit dem Verb *ghajjat* 'schreien', ist die Stellung SV weniger akzeptabel,
unabhängig davon, ob die Sb-Nphrase definit ist oder nicht. (Die Hauptbeto-
nung fällt auf die fokussierte, in den Beispielen unterstrichene Sb-Nphrase.)

50.   Min   ġie?
          wer(msg)   komm(3msg)
          Sb   Prf   Sb
          Wer ist gekommen?

(a) Ġie   l-kappi<u>llan</u>.   (b) Il-kappi<u>llan</u>   ġie.
     komm(3msg) df-Pastor(msg)   df-Pastor(msg)   komm(3msg)
     Prf   Sb   Sb   Sb   Prf   Sb
     Der Pastor ist gekommen.   Der Pastor ist gekommen.

(c) Ġie   <u>raġ</u>el.   (d) ? <u>Raġ</u>el   ġie.
     komm(3msg) Mann(msg)   Mann(msg) komm(3msg)
     Prf   Sb   Sb
     Ein Mann ist gekommen.

51.   Min   għajjat?
          wer(msg) schrei(3msg)
          Sb   Prf   Sb
          Wer hat geschrien?

(a) ?? Għajjat   il-kappi<u>llan</u>.   (b) Il-kappi<u>llan</u>   għajjat.
     schrei(3msg) df-Pastor(msg)   df-Pastor(msg)   schrei(3msg)
     Prf   Sb   Sb   Sb   Prf   Sb
                                      Der Pastor hat geschrien.

(c) ?? Għajjat   <u>raġ</u>el.   (d) <u>Raġ</u>el   għajjat.
     schrei(3msg) Mann(msg)   Mann(msg)   schrei(3msg)
     Prf   Sb   Sb   Sb   Prf   Sb
                                   Ein Mann hat geschrien.

Die Urteile sind offenbar nicht willkürlich, aber eine genauere Analyse sprengt den Rahmen dieser Arbeit. Aus den Daten ist der Schluß zu ziehen, daß die Stellung des Subjekts im Maltesischen syntaktisch frei ist; sie unterliegt aber Beschränkungen pragmatischer und semantischer Natur. Nicht jede beliebige Stellung ist akzeptabel, wenn das Subjekt Fokus ist.

Bei transitiven Sätzen ist die Stellung des Subjekts relativ frei, wenn das Subjekt ein Topik ist. Ohne Ob-Marker am Verb gibt es für den Satz in (52a) mit der Nphrase *Ingrid* als Topik die Wortstellungsmöglichkeiten in (52b) - (52e).

52.   U   Ingrid?
        und Ingrid

(a) Ingrid   kiel-et   il-mazzit-a.   SVO : VO
     Ingrid   eß-3fsg   df-Blutwurst-fsg
     Sb   Prf-Sb   dO
     Ingrid aß die Blutwurst.

(b) Kielet   il-mazzita   Ingrid.   VOS : VO
(c) *Kielet   Ingrid   il-mazzita.   VSO : VO
(d) Ingrid   il-mazzita   kielet.   SOV : OV
(e) Il-mazzita   Ingrid   kielet.   OSV : OV
(f) Il-mazzita   kielet   Ingrid.   OVS : OV

Die Wortstellung in (52c) ist die einzige, die nicht erlaubt ist. Die Sätze in
(52a) und (52b), in denen V vor O steht, sind unmarkiert. Damit (52a) und
(52b) kontrastiv verstanden werden, muß das kontrastive Element zusätzlich
betont werden. Dagegen bekommen die Sätze in (52d) bis (52f), in denen O
vor V steht, zwingend eine kontrastive Lesart, mit Akzent auf der Ob-Phrase
(*il-mazzita*). (53) zeigt ein Beispiel, in dem der Kontrast explizit ausgedrückt ist.

53. (a) Ingrid   il-mazzit-a   kiel-et, mhux il-ġbejn-a.
        Ingrid(fsg) df-Blutwurst-fsg   eß-3fsg, nicht df-Käse-fsg
        Sb   dO   Sb
        "Ingrid, sie hat die Blutwurst nicht den Käse gegessen."

Die Beispiele (52a), (52b) und (52c) zeigen, daß die Sb-Phrase im unmarkierten Fall nicht zwischen dem Verb und seinem internen Argument vorkommen darf. Das deutet darauf hin, daß Maltesisch trotz seiner relativ
freien Wortstellung doch eine konfigurationale Sprache ist, in dem Sinne, daß
es eine strukturelle VP besitzt und keine flache Struktur hat. Im unmarkierten Fall bilden das Verb und sein Komplement eine Konstituente, in der das
direkte Objekt adjazent zum verbalen Kopf sein muß. Schließlich ergibt sich
der kontrastive Effekt bei den Sätzen (52d) bis (52f) durch die Links-Extraktion des direkten Objekts aus seiner unmarkierten Stellung rechts vom
verbalen Kopf innerhalb der VP.
    Bei transitiven Verben ist die Stellung einer fokussierten Sb-Nphrase
beschränkt: sie darf immer nur links von der VP vorkommen.

54.   Min   fetaḥ   l-bieb?
       wer(msg)   öffne(3msg) df-Tür(msg)
       Sb   Prf   Sb   dO
       Wer hat die Tür geöffnet?

   (a) Norma   feth-et   il-bieb   SVO
       Norma   öffne-3fsg df-Tür(msg)
       Sb   Prf   Sb   dO
       Norma hat die Tür geöffnet.

   (b) *Fethet   Norma   l-bieb   VSO
   (c) *Norma   il-bieb   fethet   SOV
   (d) *Il-bieb   fethet   Norma   OVS
   (e) *Il-bieb   Norma   fethet   OSV
   (f) *Fethet   il-bieb   Norma   VOS

Diese Daten allein könnten für eine feste Sb-Position links von der VP
sprechen. In Zusammenhang mit den Wortstellungsmöglichkeiten des intransitiven Satzes jedoch scheint eine solche Folgerung nicht haltbar, da eine
strikte syntaktische Beschränkung sonst offenbar nicht gilt. Darüber hinaus
darf eine fokussierte Sb-Nphrase doch rechts von der VP stehen, wenn das
Verb einen dO-Marker hat, wie (55c) zeigt. Die einzige Stellung, die ausgeschlossen ist, ist die in (55f). Die Wortstellungsvariation, die sich ergibt,
wenn ein Ob-Marker am Verb vorkommt, wird im nächsten Abschnitt genauer
erläutert.

55.   Min   feth-u   l-bieb?
       wer(msg)   öffne(3msg)-3msg   df-Tür(msg)
       Sb   Prf   Sb   dO   dO
       Wer hat die Tür geöffnet?

   (a) Norma   feth-it-u   l-bieb   SVO
       Norma   öffne-3fsg-3msg df-Tür(msg)
       Sb   Prf   Sb   dO   dO
       Norma hat die Tür geöffnet.

   (b) Feth-it-u Norma   l-bieb   VSO
   (c) Norma   l-bieb   feth-it-u   SOV
   (d) Il-bieb   feth-it-u Norma   OVS
   (e) Il-bieb   Norma   feth-it-u   OSV
   (f) *Feth-it-u l-bieb   Norma   VOS

142

Die Wortstellungsbeschränkungen beim fokussierten Subjekt in einem transitiven Satz lassen sich nicht daraus erklären, daß es eine feste syntaktische Subjekt-Position links von der VP gibt.

Zusammenfassend ergibt sich das Folgende: Es gibt im Maltesischen keine feste syntaktische Subjekt-Position. Die obligatorischen pronominalen Sb-Affixe lizensieren die freie Adjunktion einer Sb-Nphrase, deren Stellung pragmatischen bzw. semantischen Beschränkungen unterliegt.

5.12. Objekt-Nphrase, Pro-Drop und Wortstellung

Objekt-Pro-Drop ist nur möglich, wenn die Ob-Marker am Verb vorkommen[1].

56. (a) Jien raj-t   lil Brian.   (b) *Jien raj-t.
    ich seh-1sg Ks Brian   ich seh-1sg
    Sb   Prf Sb   dO
    Ich sah Brian.

(c) Jien raj-t-u   lil Brian.   (d) Jien raj-t-u.
    ich seh-1sg-3msg Ks Brian   ich seh-1sg-3msg
    Sb   Prf Sb dO   dO   Sb   Prf Sb dO
    Ich sah Brian.   Ich sah ihn.

Da direkte und indirekte Objekte sich in bezug auf Pro-Drop im Grunde gleich verhalten, werde ich mich im folgenden auf das direkte Objekt beschränken und die indirekten Objekte nur in Betracht ziehen, wenn es irgendwelche wichtigen Unterschiede gibt.

Unter der Annahme, daß die Ob-Marker wie die Sb-Affixe pronominal sind, ergibt sich als Konsequenz die Möglichkeit des Objekt-Pro-Drops, da der Ob-Marker die Θ-Rolle sättigt. In Kapitel 4 wurde angenommen, daß die

---

[1] Es gibt im Maltesischen wie in den meisten Sprachen die Möglichkeit der existentiellen Bindung eines internen Arguments bei Verben wie z.B. *kiel* 'essen'.

Jien kil-t.

ich eß-1sg

Sb Prf Sb

Ich habe gegessen.

Das hat jedoch mit Objekt-Pro-Drop nichts zu tun.

Ob-Marker anders als die Sb-Marker Klitika und nicht Affixe sind. Syntaktisch drückt sich der Unterschied zu den Affixen dadurch aus, daß die Klitika als Verbkomplemente eine Argument-Position in der Syntax annehmen. So ergeben sich für einen transitiven Satz wie (57a) die beiden Strukturen in (57b) und (57c).

57. (a) Jien qraj-t-u.
      ich les-1sg-3msg
      Sb Prf Sb dO
      Ich habe es gelesen.

(b)   (c)

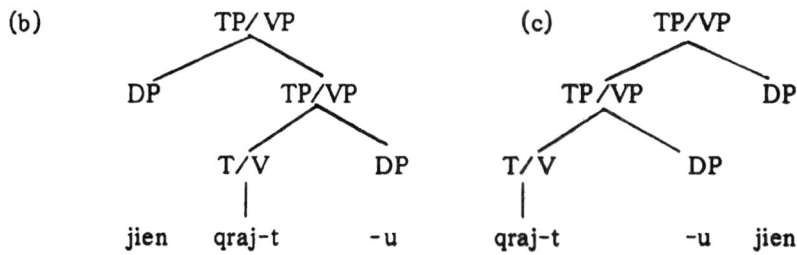

Diese Annahmen über die Pronominalität des Ob-Markers und seinen Status als Klitikum (im Gegensatz zu einem Affix) werden bestätigt, wenn man die Fakten über die Wortstellung, Ob-Topikphrasen und Kasuszuweisung in Betracht zieht. Durch die Annahme, daß die Ob-Marker Klitika sind, die Sb-Marker jedoch nicht, ergeben sich einige interessante Asymmetrien zwischen Subjekt und Objekt. Diese Asymmetrien sollen im folgenden diskutiert werden.

Wie unter (52) gezeigt wurde, ist die Stellung VSO (hier als (58b) wiederholt) ausgeschlossen, wenn ein Satz ein transitives Verb ohne Ob-Klitikum und eine Topik-Sb-Nphrase beinhaltet.

58. U Ingrid?   (a) Ingrid kiel-et il-mazzit-a.   SVO
    und Ingrid   Ingrid eß-3fsg df-Blutwurst-fsg
                     Sb   Prf-Sb   dO
                     Ingrid aß die Blutwurst.

                 (b) *Kielet Ingrid il-mazzita.   VSO

Eine andere Situation ergibt sich, wenn das Verb einen dO-Marker trägt. In diesem Fall gibt es keine Beschränkungen für die Wortstellung mehr:

59. U Ingrid?

und Ingrid

(a) Ingrid   kil-it-ha   l-mazzit-a.   SVO
     Ingrid   eß-3fsg-3fsg   df-Blutwurst-fsg
     Sb   Prf-Sb   dO   dO
     "Die Blutwurst, Ingrid hat sie gegessen."

(b) Kilitha   l-mazzita   Ingrid   VOS
(c) Kilitha   Ingrid   il-mazzita   VSO
(d) Ingrid   il-mazzita   kilitha   SOV
(e) Il-mazzita   Ingrid   kilitha   OSV
(f) Il-mazzita   kilitha   Ingrid   OVS

Die Wortstellung ist völlig frei und es gibt keine kontrastive Lesart. Besonders wichtig ist die Tatsache, daß jetzt auch (59c) einwandfrei ist, obwohl sich die Sb-Phrase zwischen dem Verb und der dO-Nphrase befindet. Das läßt sich dadurch erklären, daß das "direkte Objekt" in diesen Sätzen nicht das Komplement des Verbs ist, sondern eine Topikphrase. Das Komplement ist der Ob-Marker, der die Θ-Rolle des Verbs sättigt. Wie beim Sb-Affix darf eine mit dem Klitikum assoziierte Nphrase frei an TP adjungiert werden. Bei den Sätzen in (59) kann eine Adverbialphrase wie *illum* 'heute' wie zu erwarten überall stehen. In (60) sind einige Stellungsvarianten für den Satz (59a) angeführt.

60. (a) Illum   Ingrid   kil-it-ha   l-mazzit-a   Adv S   V   O
    (b) Ingrid illum   kil-it-ha   l-mazzit-a   S   Adv V   O
    (c) Ingrid kil-it-ha 'llum   il-mazzit-a   S   V   Adv O
    (d) Ingrid kil-it-ha l-mazzit-a   'llum   S   V   O   Adv

Die Wortstellungsmöglichkeiten bestätigen die Annahme, daß es sich bei den Ob-Marker um gebundene Pronomina handelt, die die Θ-Rolle sättigen. Wie bei dem Sb-Affix stellt sich jetzt die Frage nach dem Status der Nphrase, die mit dem Marker assoziiert ist, also der Ob-Nphrase.

Das Schema in (61) zeigt die Wortstellungsvarianten, die bisher diskutiert worden sind.

61.

Wortstellungsvarianten						
Fokus-Subjekt			Topik-Subjekt			
intransitives Verb	transitives Verb		intransitives Verb	transitives Verb		
semantisch/ pragmatisch Beschränkt	ohne dO-Klitikum	mit dO-Klitikum			ohne dO-Klitikum	mit dO-Klitikum
	nur SVO	*VOS	völlig frei		*VSO	völlig frei

5.13. Objekt, Topik und Kasus

Anders als bei der Sb-Nphrase, die sowohl Topik als auch Fokus sein kann, korreliert der pragmatische Status (Topik oder Fokus) der Ob-Phrase mit der Anwesenheit bzw. Abwesenheit des Ob-Markers am Verb. Ohne Ob-Marker ist die Ob-Phrase Fokus des Satzes (vgl. (62)), mit Ob-Marker ist sie Topik des Satzes (vgl. (63)). Das Doppelkreuz # in den Beispielen unten steht nicht für grammatische, sondern für pragmatische Inakzeptabilität. In (62) handelt es sich bei der Ob-Phrase um eine Fokus-Phrase und in (63) um eine To-pikphrase.

62. (a) Lil   min   raj-t?
         Ks wer(msg) seh-2sg
         dO   Prf Sb
         Wen hast du gesehen?

(b) Raj-t   lil   Helgard.
    seh-1sg Ks   Helgard
    Prf Sb   dO
    Ich habe Helgard gesehen.

     (c) #Raj-t-ha   lil   Helgard.
          seh-1sg-3fsg Ks Helgard

63. (a) U   'l   Doris?
         und Ks Doris
                   dO
         Und Doris?

(b) Raj-t-ha   'l   Doris.
    seh-1sg-3fsg Ks Doris
    Prf Sb   dO   dO
    Ich habe Doris gesehen.

(c) * Raj-t   'l Doris.

    seh-1sg Ks Doris

Das Ob-Klitikum sättigt bereits das Argument und lizensiert eine mit ihm kongruierende Topik-Nphrase. Es erlaubt außerdem Objekt-Pro-Drop, was auch als eine Topik-Konstruktion betrachtet werden kann, bei der die im Kontext und im Klitik vorhandene Information ausreicht und deshalb keine adjungierte Topikphrase im Satz nötig ist.

Die Frage ist jetzt, welche Rolle Kasus in Konstruktionen mit einem O-bjekt-Topik spielt. Die Beispiele in (64) zeigen, daß die Topikphrase Zugang zu Information über Kasus haben muß. Eine Topikphrase, die mit einem dO-Klitik assoziiert ist, muß mit *lil* markiert sein, falls sie "menschlich" ist; eine Topikphrase, die mit einem iO-Topik assoziiert ist, muß generell mit *lil* markiert sein (zu Ausnahmen s.u.).

64. (a) Jien xtraj-t-u   1-ktieb.

       ich kauf-1sg-3msg df-Buch

       Sb   Prf Sb dO   dO

       Ich habe das Buch gekauft.

    (b) *Jien xtraj-t-u   lil-1-ktieb.

       ich kauf-1sg-3msg Ks-df-Buch

    (c) Jien raj-t-ha   lil Ċetta.

       ich seh-1sg-3fsg Ks Cetta

       Sb   Prf Sb dO   dO

       Ich habe Cetta gesehen.

    (d) * Jien raj-t-ha   Ċetta.

       ich seh-1sg-3fsg Cetta

    (e) Jien bghat-t-lu   ktieb lil Brian.

       ich schick-1sg-3msg Buch Ks Brian

       Sb   Prf Sb   iO   dO   iO

       Ich habe Brian das Buch geschickt.

    (f) * Jien bghat-t-lu   ktieb Brian.

       ich schick-1sg-3msg Buch Brian

Dieses Phänomen erklärt sich dadurch, daß die Ob-Klitika anders als die Sb-Affixe in der Syntax vorhanden sind, da sie ja, wie in Abschnitt 4.7 gezeigt wurde, eine syntaktische Position (die Komplement-Position des Verbs) einnehmen. Die Kasusinformation, die sie tragen, ist deshalb noch "sichtbar" und wird an die Topikphrase vererbt.

Es gilt das folgende Kasusvererbungsprinzip (KVP):

KVP (1. Version):

Wenn C_1 eine an TP adjungierte Nphrase ist, C_2 ein Kongruenzmarker, der eine syntaktische Position einnimmt, und C_1 mit C_2 assoziiert ist, dann gilt: die Kasus-Merkmale g, o und Ks von C_1 müssen mit denen von C_2 unifizieren.

Das KVP fordert Konkordanz in bezug auf die Kasusmerkmale zwischen den Topikphrasen und den Ob-Markern. Es betrifft nur die Ob-Marker, da es in der syntaktischen Komponente gilt; die g-Information der Sb-Affixe ist aber in der Syntax nicht "sichtbar", da sie keine syntaktische Position einnehmen.

Für ein dO-Klitik wie -u (3msg) mit den g-Merkmalen [+N, -V, +D, -o, +g] verlangt KVP, daß die Topikphrase, die damit assoziiert ist, auch die Merkmale [-o, +g] tragen muß. Wegen der MDR in (46) (hier in (65) wiederholt) muß die Topikphrase [-Ks] sein, falls sie [-Hm] ist und [+Ks], falls sie [+Hm] ist, was die richtigen Ergebnisse für die Sätze (64) liefert.

65. MDR: $[\,-o\,] \longrightarrow [\,\alpha Hm, \alpha Ks\,]$

Die bisherigen Annahmen und Prinzipien ergeben korrekte Strukturen. Die Beispiele in (66) zeigen jedoch, daß das KVP zu streng formuliert ist, da es die grammatischen Sätze in (66) ausschließen würde. Offensichtlich sind auch [-Ks]-Ob-Topiks möglich.

66. (a) Jien il-mam-a   ra-t-ni.
        ich df-Mutti-fsg seh-3fsg-1sg
             Sb   Prf Sb dO
        "Ich, meine Mutter hat mich gesehen."

    (b) Int xtra-h-lek   disk-a   l-papá
        du kauf-3msg-2sg Platte-fsg df-Vater(msg)
            Prf Sb Obl dO   Sb
        "Du, dein Vater hat dir eine Platte gekauft."

Die Wortstellungsmöglichkeiten in Sätzen mit einem [-Ks]-Ob-Topik verhalten sich genau wie die mit einem [+Ks]-Ob-Topik, d.h. die Stellung ist völlig frei.

Der Unterschied zwischen einem [+Ks-]- (z.B. *lili* 'mir/mich') und einem [-Ks]-Ob- Topik (z.B. *jien* 'ich') hat mit Kontrastivität zu tun. Als kontrastives Topik ist eher *lili* akzeptabel. Man stelle sich z.B. eine Situation vor, in der es zwei Brüder gibt, deren Vater jedem ein anderes Geschenk gekauft hat. Zuhause angekommen, äußert der eine zuerst den Satz in (67a), der andere danach den in (67b). In der umgekehrten Reihenfolge wären beide Sätze unpassend.

67. (a) Ma,   jien xtra-li   ktieb sabih il-papá.
       Mutti, ich   kauf(3msg)-1sg Buch   schön df-Vater
            Obl Prf Sb   Obl   dO   Sb
       Mutti, mir hat Vater ein schönes Buch gekauft.

    (b) u   lili xtra-li   karozza.
        und mir   kauf(3msg)-1sg Auto
             Obl Prf Sb   Obl   dO
        und mir ein Auto.

jien ist eine nicht-kontrastive bzw. nicht-emphatische Form des Ob-Topiks, und deshalb die weniger markierte (Default-) Form; *lili* dagegen ist die kontrastive bzw. emphatische Form. Unter der Annahme, daß ein kontrastives, bzw. emphatisches Topik das Merkmal [+CONTR] trägt, kann das KVP aufgrund dieser Tatsachen wie folgt reformuliert werden:

KVP (2.Version):
    Wenn C_1 eine an TP adjungierte [+CONTR]-Nphrase ist, C_2 ein Kongruenzmarker, der eine syntaktische Position einnimmt, und C_1 mit C_2 assoziiert ist, dann gilt: die Kasus-Merkmale g, o und Ks von C_1 müssen mit denen von C_2 unifizieren.

Die [+Ks]-Pronomen sind immer kontrastiv bzw. emphatisch und erhalten deshalb das Merkmal [+CONTR]. Wenn das richtig ist, muß man annehmen, daß Topikphrasen, die volle Nphrasen oder Pronomen der 3.Person sind, überwiegend kontrastiv oder emphatisch vorkommen, da die Sätze in (68) etwas merkwürdig klingen, die in (69) aber akzeptabel sind.

68. (a) ??Hija   ra-ha   Brian.
        sie(fsg) seh(msg)-fsg Brian
        Top(-Ks) Prf Sb   dO   Sb

(b) ?? Valentino bis-it-hu   Monika.
    Valentino kuß-3fsg-3msg Monika
    Top(-Ks) Prf Sb dO   Sb

69. (a) Lilha   ra-ha   Brian.
        Sie(+Ks) seh(3msg)-3fsg Brian
        Top   Prf Sb   dO   Sb
        "Sie, Brian hat sie gesehen."

    (b) Lil Valentino bis-it-hu   Monika.
        Ks Valentino küß-3fsg-3msg Monika
        Top   Prf Sb dO   Sb
        "Den Valentino, Monika hat ihn geküßt."

Abschließend möchte ich die bisher diskutierten Bedingungen, die für die Assoziation von an TP adjungierten Nphrasen mit Kongruenzmarkern gelten, kurz zusammenfassen (vgl (71)) und die Bedingung 3 hinzufügen, die mehrfache Assoziation wie in (70) ausschließt.

70. (a) *Brian hu ġie.   (b) *Raj-t-u   lil Brian lilu.
        Brian er komm(3msg)   Seh-1sg-3msg Ks Brian ihn

71. Bedingungen für Adjunktion an TP:
    (i) Kongruenz: Das externe Argument der an TP adjungierten Nphrase muß
                   mit der Variablen eines Kongruenzmarkers (einem gebundenen
                   Pronomen) am Verb koindiziert sein. Dadurch ergibt sich die
                   Kongruenz ohne Ausnahmen.
    (ii) Kasus: (a) Kasusvererbung:
                    die Merkmale g, o, Ks müssen bei [+CONTR]-Nphrasen
                    unifizieren.
                (b) Default-Kasus:
                    der Defaultwert für Ks ist [-Ks].
    (iii) Einzigkeit: Mit einem Marker darf nur eine Nphrase assoziiert sein.

Ich nehme an, daß die "Optionalität" der Kasusmarkierung bei Ob-Topiks damit zusammenhängt, daß die Topikphrase sich nicht in der unmittelbaren Rektionsdomäne des Verbs befindet. Sie bekommt den Kasus indirekt durch das Klitikum. Die Kasusmarkierung ist aus Effizienzgründen nötig, damit die verschiedenen Topikphrasen, die mit den Verbmarkern assoziiert sind, auseinander gehalten werden können.

150

Es ist denkbar, auch Konkordanz in bezug auf das Merkmal D für Definitheit zu fordern. Für die Topikphrasen, die mit dem Ob-Markern assoziiert
sind, heißt das, daß sie immer definit sein müssen, da diese Marker als
Pronomina [+D]-Elemente sind. Das ist in der Tat auch immer der Fall:

72. (a) Jien qraj-t-u   1-ktieb.   (b) *Jien qraj-t-u   ktieb.
       ich les-1sg-3msg df-Buch(msg)   ich les-1sg-3msg Buch(msg)
       Das Buch habe ich gelesen.

Darüber hinaus erfaßt eine solche Bedingung auch die Topik-Konstruktionen
bei Numerusphrasen, d.h. [+NMB]-Kategorien (siehe die Beispiele in (32) in
Kapitel 3): mit einem definiten K2 (NMBP-Proform) kann nur eine definite
Nphrase assoziiert werden und mit einem indefiniten K2 nur eine indefinite
Nphrase.
   Die bisherigen Annahmen erklären, warum im Maltesischen Pro-Drop mög-
lich ist, und wie die Wortstellungsvariation und die Kasuszuweisung damit
zusammenhängen. Ich möchte im folgenden das Phänomen der fehlenden
Expletiva, das typisch für Pro-Drop-Sprachen ist, für das Maltesische unter-
suchen.

5.14. Fehlende Expletiva

Unter 'Expletiva' verstehe ich die ungebundenen, nicht-referierenden Pronomen wie z.B. das *es* im Deutschen in Sätzen wie in (73)[2].

73. (a) Es scheint, daß Beate sich auf den Urlaub in Malta freut.

    (c) Es regnet nicht im September.

Daß es im Maltesischen solche Elemente nicht gibt, ist eine empirische Tatsache, die deutlich wird bei den "Raising"- und "Expletiv"-Verben. (Mit "Expletiv"-Verben sind Verben gemeint, deren externes Argument nie referentiell ist.) In (74) und (75) sind Beispiele für ein "Raising-"Verb (*deher*[3] 'scheinen') und ein "Expletiv"-Verb (*qabel* 'besser-/günstig-sein') angegeben. Das Sb-Affix bei der nicht "geraisten" Version von *deher* und bei *qabel* ist immer 3msg und es gibt keine Nphrase, mit der es kongruiert (vgl. (74b) und (75b)). (75d) zeigt, daß *qabel* kein "Raising"-Verb ist.

74.

(a) J-idher   li   Uschi   sab-et   job   tajjeb   f-l-ahhar.

    3msg-schein daß Uschi   find-3fsg   Beruf(msg) gut   in-df-Ende

    Sb_i Impf Sb_j $Prf-\dot{S}b_j dO$

    Es scheint, daß Uschi endlich einen guten Beruf gefunden hat.

(b) *Hu j-idher   li   Uschi   sab-et   job   tajjeb   f-l-ahhar.

    er   3msg-schein daß Uschi   find-3fsg   Beruf(msg) gut   in-df-Ende

    Sb_i Sb_i Impf Sb_j $Prf-Sb_j$ dO

    Es scheint, daß Uschi endlich einen guten Beruf gefunden hat.

---

[2] Im Maltesischen gibt es keine Witterungsverben. Die Nphrase, die auf das Wetter referiert, ist eine Sb-Nphrase und muß wie andere Sb-Nphrasen mit dem Sb-Affix an Verben wie *ghamel* 'machen', *nizel* 'herunter kommen' oder *nefah* 'blasen' kongruieren.

    Il-Germanja   t-aghmel   hafna xit-a.

    df-Deutschland   3fsg-mach   viel   Regen-fsg

              Sb_i Impf Sb_i

    In Deutschland regnet es viel.

[4] Siehe auch Kapitel 8, wo einige Probleme, die dieses Verb aufwirft, angesprochen werden.

(c) *T-idher   li   Uschi   sab-et   job   tajjeb.
3fsg-schein   daß   Uschi   find-3fsg   Beruf(msg)   gut

(d) Il-professur-a   t-idher   sodisfatt-a.
df-Professor-fsg   3fsg-schein   zufrieden-fsg
Sb$_i$ Sb$_i$ Impf
Die Professorin scheint zufrieden zu sein.

75. (a) J-aqbel   li   Miriam   t-fittex   job   ġdid.
3msg-besser+sein   daß   Miriam   3fsg-suche   Beruf   neu
Sb$_i$ Impf   Sb$_j$ Sb$_j$ Impf   dO
Es wäre besser, wenn Miriam einen neuen Beruf suchen wurde.

(b) *Hu j-aqbel   li   Miriam   t-fittex   job   ġdid.
Er 3msg-besser+sein   daß   Miriam   3fsg-suche   Beruf   neu

(c) *T-aqbel   li   Miriam   t-fittex   job   ġdid.
3fsg-besser+sein   daß   Miriam   3fsg-suche   Beruf   neu

(d) *Miriam   t-aqbel   t-fittex   job   ġdid.
Miriam   3fsg-besser+sein   3fsg-suche   Beruf   neu

Das Fehlen der Expletiva im Maltesischen läßt sich durch die zuvor diskutierten Annahmen über die Morphologie und Syntax der maltesischen Verben
in Kombination mit einigen allgemeinen Annahmen über die Lexikoneinträge
von Verben mit nicht referentiellem externen Argument erklären.

Die "nicht-geraiste" Version von *deher* ist wie in (76a) zu repräsentieren.
Wie entsprechende Verben des Deutschen hat es eine externe "dummy"-Θ-
Rolle. Da es innerhalb des Ausdrucks keine Variable gibt, über die diese
Θ-Rolle abstrahiert, findet bei der Affigierung des Sb-Markers leere Lambda-
Konversion statt (siehe Bierwisch 1988). Man erhält den Ausdruck in (76b)
als Output. In solchen Fällen erscheint es sinnvoll anzunehmen, daß das
einzige Affix, das als Subjekt in Frage kommt, das unmarkierte Affix ist,
also 3msg.

76. (a) $\lambda p \; \lambda \underline{x} \; [\text{SCHEIN(p)}]$ (b) $\lambda p \; [\text{SCHEIN(p)}]$
          |
       3PER
      -PLU
      -FEM

In (76b) hat *deher* kein externes Argument, mit dem ein anderer Ausdruck (eine Topikphrase) koindiziert werden könnte. Aus diesem Grund kann es im Maltesischen keine Expletiva wie das deutsche *es* geben. Das eigentliche expletive Element ist das 3msg-Affix.

"Expletiv"-Verben wie *qabel* können wie *deher* behandelt werden, mit dem Unterschied, daß sie keine "Raising"-Version besitzen, also nur einen Lexikoneintrag haben.

Es hat sich gezeigt, daß mit einigen Annahmen über die Natur der Kongruenzmarker drei der Eigenschaften (fehlende Subjekte bzw. Objekte, freie Inversion des Subjekts, fehlende Expletiva) von Pro-Drop-Sprachen erfaßt werden können. Die Erklärung der restlichen Eigenschaften (Verletzung des *that-t*-Filters, lange Wh-Beweung, leere resumptive Pronomen) benötigt zusätzliche Annahmen über die Struktur von Frage- und Relativsätzen, die zu weit vom Thema dieser Arbeit abführen würden, und deshalb hier nicht weiter verfolgt werden sollen.

6. Kongruenz in der Possessivkonstruktion

Kongruenz, aber oft auch Kasusmarkierung, spielt in verschiedenen Sprachen eine wichtige Rolle bei der Kennzeichnung der Beziehung zwischen einem Possessum- (kurz Posm-N) und einem Possessor-Nomen (kurz Posr-N). So z.B. kongruiert das Posr-N im Abkhaz mit dem Posm-N in bezug auf Person, Genus/Klasse und Numerus.

1. à-c̆'ko'ən yə-y⁰nə'
   df-Junge   sein-Haus
   das Haus des Jungen   (Nichols 1986, S. 60, Bsp. (8))

Im Deutschen dagegen wird nur die Kasusmarkierung verwendet: das Posr-N erhält den Genitiv.

2. der Kopf der Quadriga
   NOM   GEN

Manchmal kommt sowohl Kasusmarkierung als auch Kongruenz vor, wie z.B. im Türkischen, wo dem Posr-N Genitiv zugewiesen wird und das Posm-N mit dem Posr-N in bezug auf Person und Numerus kongruiert.

3. (a) ben-im   ev-im   (b) Ahmed-in   ev-i
       ich-GEN Haus-mein   Ahmen-GEN Haus-sein
       mein Haus   Ahmeds Haus
       (Lehmann, 1982, S. 211, Bsp. (17))

In Dyirbal gibt es Konkordanz in bezug auf Kasus zwischen Posr-N und Posm-N.

4. bagul   waŋal-gu   baŋul djin-gu   yaṛa-ŋu-njdjin-gu
   DET:DAT Boomerang-DAT DET:GEN-Φ-DAT Mann-GEN-Φ-DAT
   dem Bumerang des Mannes (Lehmann 1982, S. 210, Bsp (15))

Im Maltesischen spielt die Kongruenz bei der Beziehung zwischen Posr-N und Posm-N eine Rolle. Man muß zunächst zwei Possessiv-Konstruktionen unterscheiden: (i) den Status Constructus (kurz SC, vgl. (5a)) und (ii) die Präpositionalkonstruktion (kurz PK) mit *ta'* 'von'.

5. (a) omm   Pawlu   (b) il-ktieb ta′ Pawlu
       Mutter Paul   df-Buch von Paul
       Posm Posr   Posm   Posr
       Pauls Mutter   das Buch von Paul

Beim SC darf unter bestimmten Bedingungen ein Kongruenzmarker am Kopfnomen erscheinen; in der PK kann ein Kongruenzmarker an der Präposition
ta′ vorkommen. (Die Form *tiegh-* bei *tiegh-u* unter (6b) ist eine phonologische Variante von *ta′*, wobei das Apostroph für das stumme *gh* steht.)

6. (a) omm-u   Pawlu   (b) il-ktieb tiegh-u   Pawlu
       Mutter-3msg Paul   df-Buch von-3msg Paul
       Posm Posr Posr   Posm   Posr Posr
       "Paul seine Mutter"   "Paul sein Buch"

Ich möchte zunächst die morphologischen, syntaktischen und semantischen
Eigenschaften von SC und PK beschreiben und versuchen, sie voneinander
abzugrenzen. Zunächst sollen Konstruktionen ohne Kongruenzmarker beschrieben
und im Anschluß die Kongruenzbeziehungen im SC im Detail behandelt werden. Wie die Kongruenz bei der PK zu behandeln ist, wird in Kapitel 7, in
dem es um Kongruenz bei den Präpositionen geht, deutlich werden.

6.1. SC vs. PK

Wenn beim SC kein Kongruenzmarker am Kopfnomen erscheint (vgl. (7a)
und (7b)), wird die Possessivbeziehung an keinem der beiden an der Konstruktion beteiligten Elemente, also weder an Posr-N noch an Posm-N,
morphologisch explizit markiert (z.B. mit Genitiv o.ä.). Posr-N und Posm-N
können jedoch durch ihre Stellung identifiziert werden, da das Posr-N immer
rechts und das Posm-N immer links steht (vgl. (7c) und (7d)).

7. (a) xaghar   Ingrid   (b) oht   Albert
       Haar(msg) Ingrid   Schwester(fsg) Albert
       Posm   Posr   Posm   Posr
       Ingrids Haare   die Schwester von Albert

(c) *Ingrid xaghar
    Ingrid Haar(msg)

(d) *Albert oht
    Albert Schwester(fsg)

Bei der PK dagegen wird die Possessivbeziehung durch die Präposition *ta´* 'von' explizit gekennzeichnet. Die Stellung der beiden beteiligten Elemente ist auch in diesem Fall fest. (In der Schrift fällt das Apostroph bei *ta´* weg, wenn das auf den definiten Artikel folgende Nomen mit einem Konsonant beginnt.)

8. (a) il-ktieb   ta-1-professur
    df-Buch   von-df-Professor
      Posm   Posr
    das Buch des Professors

(b) il-kompjuter ta´ 1-istudent
    df-Computer von df-Student
      Posm   Posr
    der Computer des Studenten

(c) *ta-1-professur   il-ktieb
    von-df-Professor df-Buch

(d) *ta´ 1-istudent il-kompjuter
    von df-Student df-Computer

Ein zweiter Unterschied betrifft die Adjazenz. Beim SC darf kein anderes Element zwischen dem Kopf und seinem Komplement vorkommen, bei der PK ist das aber möglich. In der PK in (10) z.B. darf die AP zwischen Kopf und PP stehen; im SC in (9) jedoch nicht:

9. (a) sieq   Willi 1-leminij-a
    Fuß(fsg) Willi df-rechts-fsg
    Posm   Posr
    der rechte Fuß von Willi

(b) *sieq   il-leminij-a Willi
    Fuß(fsg) df-rechts-fsg Willi
    Posm   Posr

10. (a) ir-rot-a   ta´ Yoshi 1-ġdid-a
    df-Rad-fsg von Yoshi df-neu-fsg
      Posm   Posr
    das neue Rad von Yoshi

(b) ir-rot-a   1-ġdid-a   ta´ Yoshi
    df-Rad-fsg df-neu-fsg von Yoshi
      Posm   Posr
    das neue Rad von Yoshi

Die strikte Adjazenz des Posr-N zu dem Posm-N im SC ist ein Hinweis darauf, daß das Posr-N syntaktisch den Status eines Komplements hat. Dagegen ist die PP in der PK ein freies Adjunkt. Die Strukturen in (11) geben das wieder. (Die Indizes in (11a) sollen nur dazu dienen, die beiden DPs voneinander zu unterscheiden; sie haben keinen formalen Status.)

11. (a) (b)

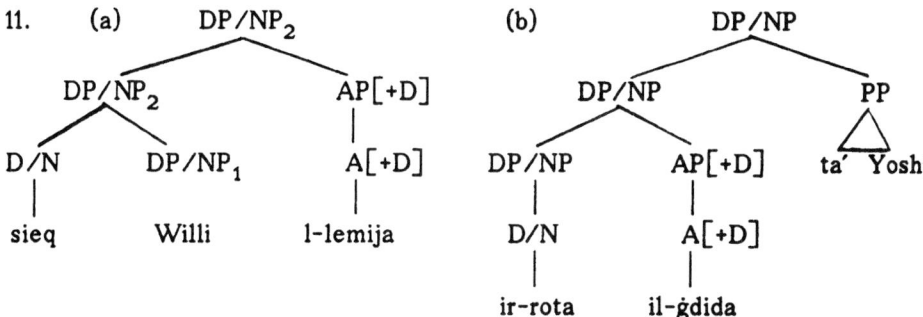

(c)

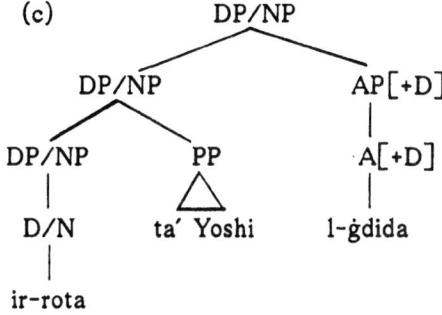

Ein weiterer Unterschied zwischen PK und SC betrifft die Definitheit des Posm-Ns (vgl. (12)). Im SC dürfen nur Kopfnomina vorkommen, die semantisch inhärent definit sind; ein Posm-N tritt im SC nie mit definitem Artikel auf. In der PK kann das Posm-N entweder definit oder indefinit sein (vgl. (13)).

12. (a) oht   Ċensa   (b) sieq   il-mara
       Schwester Ċensa   Fuß   df-Frau
       Posm   Posr   Posm   Posr
       die Schwester von Ċensa   der Fuß der Frau

    (c) *l-oht   Ċensa   (d) *is-sieq   il-mara
        df-Schwester Ċensa   df-Fuß   df-Frau
        Posm   Posr   Posm   Posr

13. (a)   il-ktieb ta′   Peppa   (b)   id-deheb ta-l-kappillan

         df-Buch von Peppa   df-Gold   von-df-Kapillan

           Posm   Posr   Posm   Posr

         das Buch von Peppa   das Gold vom Kaplan

  (c) il-vilel   ta′   politikant magħruf

       df-Villen von Politiker bekannt

        Posm   Posr

      die Villen eines bekannten Politikers

Daß der Kopf eines SC semantisch bereits inhärent definit ist, zeigt sich insbesondere dadurch, daß der indefinite Artikel *w-ħ-d* ′ein′ in solchen Konstruktionen nicht vorkommen darf. Stattdessen muß, wenn das Kopfnomen indefinit sein soll, eine partitive Konstruktion anstelle des SC verwendet werden:

14. (a) wieħed minn ħut   Pawlu   (b) waħd-a minn għajn-ejn Ġanni

        ein(msg) von Geschwister Paul   ein-fsg von Auge-pl   Hans

                       Posm   Posr   Posm   Posr

        eins von Pauls Geschwistern   eins von Hans′ Augen

  (c) *waħd-a oħt   Pawlu   (d) *waħd-a għajn Ġanni

      ein-fsg Schwester Paul   ein-fsg Auge Hans

      Posm   Posr   Posm Posr

Aus demselben Grund darf der SC nie in Verbindung mit Zahlwörtern vorkommen, da Zahlwörter ein indefinites Nomen regieren (siehe Kapitel 3). Statt dessen muß auf die PK zurückgegriffen werden.

15. (a) dufr-ejn Pawlu   (b) *iż-żewġ dufr-ejn Pawlu

        Nagel-pl Paul   df-zwei Nagel-pl Paul

        Posm   Posr   Posm   Posr

        Pauls Nägel

  (c) iż-żewġ dufr-ejn ta′   Pawlu

       df-zwei Nagel-pl von Paul

             Posm   Posr

      die zwei Nägel von Paul

6.2. Die Semantik des SC

Die inhärente Definitheit des Kopfnomens eines SC ist eine Besonderheit dieser Konstruktion. Es stellt sich die Frage, welche Nomina inhärent definit vorkommen und welchen Status inhärente Definitheit hat. Nomina wie z.B. *omm* 'Mutter', die typischerweise den SC bilden, können sonst auch indefinit verwendet werden (16a) oder mit dem definiten Artikel *l-* kombiniert werden (16b). In Verwendungen wie unter (17) jedoch darf *Mutter* nie mit dem definiten Artikel vorkommen (vgl. (12c)).

16. (a) Kulhadd   ghandu   omm   wahd-a biss.
         jeder(msg) hat   Mutter(fsg) ein-fsg nur
         Sb   Impf   dO
         Jeder hat nur eine Mutter.

     (b) L-omm   hi-ja   aktar importanti mil-l-missier.
         df-Mutter(fsg) sein-fsg   mehr wichtig   als-df-Vater(msg)
         Sb   Impf-Sb
         Die Mutter ist wichtiger als der Vater.

17. (a) Omm   Pawlu raqd-et.
         Mutter(fsg) Paul   schlaf-fsg
         Sb   Prf-Sb
         Pauls Mutter hat geschlafen.

     (b) *L-omm   Pawlu raqd-et.
         df-Mutter(fsg) Paul   schlaf-fsg
          Sb   Prf-Sb

Nicht alle Nomina, die einen Funktional- bzw. Relationalbegriff kodieren, sind inhärent definit und können im SC vorkommen. Wie in Kapitel 2 schon erwähnt wurde, kodiert z.B. *xemx* 'Sonne' einen Funktionalbegriff, kommt jedoch nie im SC vor (vgl. (18)). Andererseits tritt das Wort *xatt* 'Strand' wie in (17) *omm* 'Mutter' auch ohne Artikel und mit einem Komplement auf (vgl. (19)). Welche Nomina im SC vorkommen (und deshalb einen Kongruenzmarker tragen können), soll zunächst geklärt werden.

18. (a) Ix-xemx t-isreġ.   (b) *xemx id-dinja
        df-Sonne 3fsg-brennt   Sonne df-Erde
        Die Sonne brennt.   die Sonne der Erde

19. (a) Ix-xatt maħmuġ.   (b) xatt il-baħar
        df-Strand schmutzig   Strand df-Meer
        Der Strand ist schmutzig.   Meeresstrand

Semantisch wird durch den SC eine enge Beziehung zwischen dem Referenten
des Kopfes und dem des Komplements ausgedrückt, derart, daß der Referent
des Kopfes den Referenten des Komplements in einer noch genauer zu
klärenden Weise besitzt oder ihm nahe steht, oder daß der Referent des
Komplements ein "enger" Bestandteil des Referenten des Kopfes ist. Diese
Relation bezeichnet man gewöhnlich in der englischsprachigen Literatur als
"inalienability". Ich werde diesen Begriff übernehmen. Im folgenden gehe ich
genauer darauf ein, was im Maltesischen als inalienabel gilt und wie dieser
Begriff semantisch zu interpretieren ist.
      In der Regel denotieren inalienable Nomina entweder Körperteile oder
Verwandschaften:

20.(a) oht   il-ġuvni   (b) xaghar dak il-ġuvni
       Schwester df-junger-Mann   Haare jene df-junger-Mann
       Posm   Posr   Posm   Posr
       die Schwester des jungen Mannes   die Haare jenes jungen Mannes

Alle Nomina, die Körperteile bezeichnen, werden im Normalfall als inalienable
Nomina behandelt, d.h. sie bilden den SC. Ausnahmen scheinen eher phonologisch bedingt zu sein. Es gibt zwei Fälle, in denen bei Körperteilen kein
SC gebildet werden darf: (i) bei Wörtern, die auf -u oder -i auslauten (vgl.
(21)), und (ii) bei Wörtern, die mit der Struktur -CCa enden (vgl. (22))[1]. In
solchen Fällen wird die Bildung eines SC blockiert: es muß die PK verwendet werden, und das Posm-N muß den definiten Artikel bekommen, da es
nicht als inhärent definit gilt. Die Wörter, die keinen SC bilden können,
dürfen nie mit einem Kongruenzmarker vorkommen (vgl. (21b), (21f), (22b)
und (22f)).

---

[1] Das t in (22b), (22c), (22f) und (22g) käme vor, wenn diese Nomina den SC bilden
   dürften, da ein Auslaut -a bei Nomina, die den SC bilden, immer zu t wird. Dieses
   Phänomen wird später genauer behandelt (siehe Abschnitt 6.3).

21. (a) stonku   (b) *stonku-k
     Magen   Magen-2sg

    (c) *stonku Martina   (d) l-istonku ta′ Martina
     Magen Martina   df-Magen von Martina
                            Martinas Magen

    (e) kliewi   (f) * kliewi-k
     Nieren   Nieren-2sg

    (g) *kliewi Chomsky   (h) il-kliewi Chomsky
     Nieren Chomsky   df-Nieren Chomsky
                            die Nieren von Chomsky

22. (a) leḥja   (b) *leḥjt-ek
     Bart   Bart-2sg

    (c) *leḥjt Dieter   (d) il-leḥja ta′ Dieter
     Bart Dieter   df-Barṭ von Dieter
                            der Bart von Dieter

    (e) ġilda   (f) * ġildt-u
     Haut   Haut-3msg

    (g) *ġildt Ingrid   (h) il-ġilda ta′ Ingrid
     Haut Ingrid   df-Haut von Ingrid
                            die Haut von Ingrid

Wenn man Körperteilbezeichnungen in einer PK benutzt (was sehr merkwürdig klingt, wenn das Posr-N auf ein Lebewesen referiert), bekommt man den Effekt, daß der Körperteil, den sie denotieren, als abtrennbar oder unabhängig vom Körper (eben als alienabel) empfunden wird. (23a) hätte nur Sinn, wenn der Kopf von Basilju als unabhängig von seinem Körper betrachtet wird, z.B. wenn er geköpft wurde. Da aber der Satz (23b) mit dem SC sowohl bedeuten kann, daß der Kopf noch am Körper hängt, als auch, daß er abgetrennt ist, wird diese Konstruktion auch für einen abgetrennten Kopf bevorzugt. D.h., der SC selbst sagt nichts darüber aus, ob ein Körperteil noch am Körper befestigt ist oder nicht, sondern drückt nur aus, daß er auf irgendeine Art dazugehört. Wenn die Rede von einem nicht-menschlichen Kopf ist, wie z.B. dem einer Statue, ist die PK besser geeignet als der SC.

23. (a) ir-ras   ta´ Basilju   (b) Ras Basilju qieghda fi-l-vażun.
     df-Kopf von Basil   Kopf Basil   LOK   in-df-Vase
       Posm   Posr   Posm Posr   Impf
     Der Kopf von Basil   Der Kopf von Basil ist in der Vase.

  (c) ir-ras   ta´ l-istatwa   waqa-t.
     df-Kopf von df-Statue fall-3fsg
       Posr   Posm   Sb
     Der Kopf der Statue ist runtergefallen.

Bei den Wörtern unter (21) und (22), die nur in der PK vorkommen, ist die "abgetrennte" Lesart nicht zwingend. Ob der jeweilige Körperteil vom Körper getrennt ist oder nicht, ergibt sich erst aus zusätzlicher kontextueller Information. Man geht allerdings normalerweise davon aus, daß z.B. Chomskys Nieren sich noch in seinem Körper befinden.

Bei Verwandtschaftsbegriffen ist die Situation etwas komplizierter. Sie können in drei Gruppen unterteilt werden: (i) solche, die nur im SC vorkommen (vgl. (24a) und (24b)), (ii) solche, die nur in der PK vorkommen (vgl. (24c) und (24d)) und (iii) solche, die in beiden Konstruktionen vorkommen können (vgl. (24e) und (24f)).

24. (a) oht   it-tifla   (b) *l-oht   ta-t-tifla
      Schwester df-Mädchen   df-Schwester von-df-Mädchen
      Posm   Posr   Posr   Posm
      die Schwester des Mädchens   die Schwester des Mädchens

  (c) in-neputija ta´ Ġanni   (d) *neputij-t   Ġanni
      df-Nichte von Hans   Nichte   Hans
        Posm   Posr
      die Nichte von Hans

  (e) nannt   Ġanni   (f) in-nanna ta´ Ġanni
      Oma   Hans   df-Oma von Hans
      Posm   Posr   Posm   Posr
      die Oma von Hans   die Oma von Hans

Das Wort *neputija* 'Nichte', kommt nie im SC oder mit einem Kongruenz-marker vor. Das könnte damit zusammenhängen, daß die Verwandtschaft mit einer Nichte nicht so eng ist wie mit einem Bruder oder einer Tante. Andere Wörter, die sich wie *neputija* verhalten, sind *kunjat* 'Schwiegervater' und *kunjata* 'Schwiegermutter', die auch als entferntere Verwandte betrachtet werden können. Interessant ist in diesem Zusammenhang aber, daß *neputi* 'Neffe', das auf einen Verwandten desselben Grades wie *neputija* 'Nichte' referiert, zwar ebenfalls nicht im SC vorkommen, aber im Unterschied zu *neputija* mit Kongruenzmarkern auftreten kann:

25. (a) neputi-k
         Neffe-2sg
         Posm Posr
         dein Neffe

     (b) *neputi Ingrid
         Neffe Ingrid
         Posm Posr
         der Neffe von Ingrid

Der Verdacht liegt nahe, daß auch hier, wie bei den Fällen unter (21) und (22), eher phonologische Gründe bei der Blockierung des SC eine Rolle spielen. Dieser Verdacht wird durch die Beispiele unter (26) bestärkt, die zeigen, daß sich die auf *-u* endenden Wörter *ziju* 'Onkel' und *nannu* 'Großvater' wie *neputi* verhalten.

26. (a) *nann-u   Simon
         Großvater-msg Simon
         Posm   Posr
         Simons Großvater

     (b) nann-u-h
         Großvater-msg-3msg
         Posm   Posr
         sein Großvater

     (c) *zij-u   l-mar-a
         Onkel-msg df-Frau-fsg
         Posm   Posr
         der Onkel der Frau

     (d) zij-u-ha
         Onkel-msg-3fsg
         Posm   Posr
         ihr Onkel

Wenn man annimmt, daß bei *neputi, ziju* und *nannu* die Blockierung des SC als ein phonologischer Nebeneffekt betrachtet werden kann, könnte man diese Wörter auch der Gruppe (iii) zuordnen.

Die Verwandschaftsbegriffe der 3. Gruppe können entweder im SC oder in einer PK verwendet werden und kommen mit Kongruenzmarker vor. Die verschiedenen Konstruktionen können beliebig, ohne irgendwelche Bedeutungs-unterschiede, verwendet werden. Unter (27) ist ein Beispiel mit *zija* 'Tante' aufgeführt.

27. (a) zijt   Pawlu   (b) zijt-ek   (c) iz-zij-a   ta´ Pawlu
        Tante   Paul   Tante-2sg   df-Tante von Paul
        Posm   Posr   Posm   Posr   Posm   Posr
        Pauls   Tante   deine Tante   Pauls Tante

Generell kann man sagen, daß bei Ausdrücken für Körperteile und Verwandtschaftsbeziehungen folgendes gilt: wenn sie im SC vorkommen, dann können
sie auch mit Kongruenzmarker vorkommen. Umgekehrt gilt das jedoch nicht
immer. Was jedoch die bisherigen Beispiele zeigen ist, daß zwischen den
Posm-N und Posr-N im SC immer eine syntaktisch und semantisch enge
Beziehung besteht, so daß man annehmen kann, daß das Posm-N Komplement des Posr-N ist. Dadurch ist die Funktion des Kongruenzmarkers vergleichbar mit der des Kongruenzmarkers am Verb, indem er eine Relation
zwischen dem Kopfnomen und seinem Komplement ausdrückt. Daraus ergeben
sich Fragen über die Pronominalität des Kongruenzmarkers, über die Möglichkeit des Possessor-Pro-Drops, und über Wortstellung und Kasuszuweisung.

Bevor ich auf diese Fragen eingehe, möchte ich zuerst die Funktion des
sogenannten *t-marbuta* ('gebundenes t'), das immer wieder im SC auftritt,
diskutieren und auf Verwendungen des SC eingehen, bei denen der Kopf
nicht auf Körperteile oder Verwandtschaftsbezeichnungen referiert. Im folgenden verwende ich den Ausdruck 'Poss-Nomen', für das Kopfnomen
(Posm-N) in einem SC, um es von dem Posm-N in einer PK abzugrenzen.

6.3. Das "gebundene t" und die Operation DIN

Das -a bei inalienablen Feminina wird durch ein -t ersetzt.

28. (a) zij-a   zij-t   Willi   zij-t-u
        Tante-fsg   Tante   Willi   Tante-3msg
        Tante   Willis Tante   seine Tante

    (b) irkobb-a   irkobb-t it-tifel   irkobb-t-ok
        Knie-fsg   Knie   df-Junge   Knie-2sg
        Knie   das Knie des Jungen   dein Knie

Zarb (1968) nimmt an, daß dieses -t dasselbe ist, das bei den Zahlwörtern
(siehe Kapitel 3) wie in (29) vorkommt. Dagegen spricht aber, daß das -t

bei den Poss-Nomina im Femininum anderen Bedingungen als das -*t* bei den Zahlwörtern unterliegt: Das *t-marbuta* ersetzt das -*a* im SC, egal mit welchem Laut das nachstehende Wort anfängt; bei den Zahlwörtern kommt das -*t* nur dann vor, wenn das nachfolgende Wort einsilbig ist und mit einem epenthetischen *i*- anfängt (vgl. (29c)).

29. (a) hams-a   (b) hames-t itfal   (c) *hames-t punt-i

        fünf(K2)-fsg   fünf-K1 Kind(pl)   fünf-K1 Punkt-pl

        fünf   fünf Kinder   fünf Punkte

Das heißt, daß die *t*-Affigierung bei femininen Poss-Nomina nicht von der phonologischen Umgebung abhängt und es sich entsprechend nicht um dasselbe -*t* handelt. In Kapitel 3 habe ich angenommen, daß das -*t* bei Zahlwörtern der morphologische Reflex einer semantischen Operation ist. Ich werde im folgenden annehmen, daß es sich bei dem *t-marbuta* ebenfalls um die overte Markierung einer semantischen Operation handelt. Diese Operation (DIN: *D*efinitheitsoperation für *i*nalienable *N*omina) operiert auf einer Klasse von relationalen Nomina (eben den inalienablen) und verwandelt ein indefinites Nomen in ein definites. Man muß daher davon ausgehen, daß der Basiseintrag für Wörter wie *habib* 'Freund' und *habiba* 'Freundin', die zu der Gruppe (iii) gehören (also sowohl alienabel als auch inalienabel vorkommen) aussieht wie in (30a). Die Formen mit Kongruenzinformation in (30b) und (30c) werden, wie in Kapitel 1 beschrieben, durch Affigierung von -*a* bzw. per Default abgeleitet. Beide sind indefinite Nomina. (30d) ergibt sich durch Affigierung von -*t* an den Stamm: durch diese Affigierung wird ein definites relationales Nomen im Femininum gebildet, das semantisch vom Typ < 1/1 > ist.

30. (a) *habib:* $\lambda y\, \lambda \underline{x}\, [\text{FREUND}\,(x,\,y)]$

   (b) *habib-a:* $\lambda y\, \lambda \underline{x}\, [\text{FREUND}\,(x,\,y)]$
                            +FEM

   (c) *habib:* $\lambda y\, \lambda \underline{x}\, [\text{FREUND}\,(x,\,y)]$
                            −FEM

   (d) *habib-t:* $\lambda y\, [\text{D}\underline{x}\,(\text{FREUND}\,(x,\,y))]$
                          +FEM

Es ist sinnvoll anzunehmen, daß das Auftreten des *ts* ein Nebenprodukt von DIN ist, das sich bei den Elementen, die im Lexikon [+min, -max] sind (wie z.B. *irkobb* 'Knie') und bei [-min, -max]-Elementen (wie z.B. *habib* 'Freund' oder *kuġin* 'Cousine'), bemerkbar macht. (Zur Erklärung des Merkmals min siehe Kapitel 1.) Bei relationalen [-min, -max]-Elementen wie z.B. *missier* 'Vater' und *omm* 'Mutter', hat DIN keinen morphologischen Effekt (vgl. die Ableitung in (31a) und (31b)).

31. (a) *missier:* $\lambda y \, \lambda \underline{x} \, [\text{VATER} \, (x, y)]$
        Vater (alienable) $-\text{FEM}$ (per Default)

    (b) *missier:* $\lambda y \, [Dx \, \text{VATER} \, (x, y)]$
         Vater (inalienable) $-\text{FEM}$ (per Default)

DIN kann auf derselben Ebene wie die Operationen für Plural- und Femininumbildung angesiedelt werden (siehe Kapitel 1). Ihr morphologischer Effekt ist die Umwandlung von [+min, -max]- bzw. [-max]- zu [-min, -max]-Elementen und die gleichzeitige Hinzufügung des Merkmals [+FEM]. (32) zeigt schematisch die Repräsentation des inalienablen Nomens *zij-t* 'Tante-von', diesmal unter Berücksichtigung der g-Merkmale.

32. (a) *zij-:*   +N, -V, +min, -max; $\lambda y \, \lambda \underline{x} \, [\text{ELTERNS-GESCHWIST} \, (x, y)]$
        Tante

    (b) *zij-t:*   +N, -V, -min, -max; $\lambda y \, [Dx \, (\text{TANTE} \, (x, y))]$
         Tante-von $+\text{FEM}$ (durch t-marbuta)
                                           $-\text{PLU}$ (per Default)

Mit dieser Analyse ergibt sich jedoch ein Problem. Die Annahme, daß alle relationalen Nomina im Basiseintrag zwei Θ-Rollen haben, kann nicht erklären, warum eine Phrase wie in (33a) nicht möglich ist, sondern wie unter (33b) ausgedrückt werden muß. Mit den bisherigen Annahmen über den definiten Artikel kann man durch funktionale Komposition eine semantische Repräsentation von *iz-zija* mit einem Argument wie unter (34) ableiten. Bei einer solchen Repräsentation müßte die Konstruktion unter (33a) aber möglich sein, da *Pawlu* die Argumentposition des internen Arguments besetzen könnte.

33. (a) *iz-zija   Pawlu   (b) iz-zija   ta' Pawlu
       df-Tante Paul   df-Tante von Paul
       Pauls Tante   Pauls Tante

34. (a) *l-:* $\lambda N\ [\ Dx\ N(x)]$ < 1/01 >
         df

    (b) *zija:* $\lambda y\ \lambda \underline{z}\ [TANTE(z,y)]$ < 0/1/1

    (c) *iz-zija:* $*\lambda y\ [Dx\ (TANTE(x,y))]$ < 1/1 >
         df-Tante

Man kann das Problem mittels folgender Annahmen lösen: Alle Nomina im
Maltesischen haben in der Basis nur eine Θ-Rolle. Die DIN-Operation macht
nicht nur ein definites Relationalnomen aus einem indefiniten, sondern fügt
außerdem dem Θ-Raster eine neue Θ-Rolle hinzu. Diesen Teil der Operation
hat sie mit der K-Operation gemeinsam. DIN operiert nicht auf alienablen
relationalen Nomina wie *xemx* 'Sonne' oder *skoperta* 'Entdeckung'. Ob das
durch die Anwendung eines g-Merkmals wie z.B. [-ALIEN] oder semantisch
bewerkstelligt werden soll, will ich hier offen lassen. Poss-Nomina der
Gruppe (i) wie *ħu* 'Bruder' und *oħt* 'Schwester', die nur im SC vorkommen
können, sind schon im Basiseintrag definit und haben bereits eine interne
Θ-Rolle. Sie sind daher von DIN nicht betroffen. Unter (35) ist die Repräsentation von DIN aufgeführt. POSS ist als eine einschlägige Relation
zwischen x und y zu verstehen, wobei die Besitzrelation nur ein Unterfall
ist, da unter anderem auch die Teil-von-Relation (siehe Abschnitt 6.4) von
DIN erfaßt werden soll.

35. DIN: $\lambda N\ \lambda y\ [DxN(x)\ \&\ POSS(y,x)]$

Die Annahme, daß alle Nomina im Maltesischen in der Basis nur eine Θ-
Rolle im Θ-Raster haben, wird durch das Verhalten von deverbalen Nomina
wie *skoperta* 'Entdeckung' bestätigt. Die Beispiele in (36) zeigen, daß ein
deverbales Nomen wie z.B. *skoperta* nur in der PK vorkommen kann. Das
interne Argument des Verbs *skopra* 'entdecken' verliert seinen Argumentstatus
und muß frei adjungiert werden. Daß es sich um ein freies Adjunkt und kein
Argument handelt, zeigt sich dadurch, daß ein attributives Adjektiv links
zwischen dem Kopf und der PP vorkommt (vgl. (36b) und (36c)).

36. (a)　l-iskoperta　　　ta′　l-Amerika
　　　　df-Entdeckung von df-Amerika
　　　　die Entdeckung Amerikas

　　(b)　l-iskoperta　　importanti ta′ l-Amerika
　　　　df-Entdeckung wichtig　　von df-Amerika
　　　　die wichtige Entdeckung Amerikas

　　(c) *l-iskoperta　　　ta′　l-Amerika importanti
　　　　df-Entdeckung von df-Amerika wichtig

(37) zeigt schematisch die Bildung des inalienablen Nomens *irkobb-t* 'Knie-von'. Die g-Kategorien N und V lasse ich in (37) aus Platzgründen weg.

37. *irkobb-*: +min, -max;　　—>　　*irkobbt*: -min, -max;

　　$\lambda x\,[\text{KNIE}\,(x)]$　　　　　—>　　$\lambda y\,[\text{D}x\,(\text{KNIE}\,(x)\,\&\,\text{POSS}(y,x))]$

　　　　　　　　　　　　　　　　　　　　　　　　+FEM
　　　　　　　　　　　　　　　　　　　　　　　　-PLU (per Default)

Poss-Nomina sind also Prädikate des Typs < 1/1 >, die eine referentiell gebundene externe Θ-Rolle und eine offene interne Θ-Rolle haben. Der Kongruenzmarker kommt bei solchen Prädikaten vor. Die Eigenschaften dieses Markers, insbesondere im Vergleich zum dO-Marker beim Verb, werden als nächstes erläutert. Zunächst muß aber gezeigt werden, wie, unter anderem durch das Vorkommen des Kongruenzmarkers, echte von scheinbaren SCs unterschieden werden können.

6.4. Nomina, die nicht auf Verwandtschaftsbeziehungen bzw. Körperteile referieren

Außer den Nomina, die Verwandtschaften und Körperteile bezeichnen, gibt es im Maltesischen noch eine begrenzte Anzahl von Nomina, die sich auf den ersten Blick wie Poss-Nomina verhalten. In (38) ist eine Liste solcher Nomina aufgeführt.

38. (a)   xatt   il-bahar   der Strand des Meeres

xatt	il-bahar	der Strand des Meeres
ħasret	il-qalb	die Trauer des Herzens
jum	il-Milied	der Tag der Weihnacht
sigħet	il-mewt	die Stunde des Todes
xirket	il-qaddisin	die Gemeinschaft der Heiligen
art	twelid-ek	die Erde deiner Geburt
bejjiegħ	il-laħam	der Verkäufer des Fleisches

(b)

ħajjet	il-fqar	das Leben der Armen
ħeġġet	it-tijm	der Elan der Mannschaft
mewt	il-mara ta' Ġlormu	der Tod der Frau von Hieronymus
kelmet	is-sultan	die Worte des Königs
xewqet	it-tfal	der Wunsch der Kinder
xogħol	il-bidwi	die Arbeit des Bauers
dar	il-kappillan	das Haus des Kaplans
żmien	it-tadam	die Zeit der Tomaten
lejlet	il-festa	der Vorabend der Fete

Eine genauere Betrachtung der Beispiele in (38) zeigt jedoch, daß nicht alle Konstruktionen tatsächlich als SC zu betrachten sind, da sie sich hinsichtlich der Modifikation, des Kongruenzmarkers, der Topikalisierung und der Selektionsrestriktionen anders verhalten.

Typisch für den SC ist, daß sowohl das Posr-N als auch das Posm-N modifiziert werden können.

39. (a)   sieq   ir-raġel   it-twil
       Fuß(fsg) df-Mann(msg) df-groß(msg)
       der Fuß des großen Mannes

(b)   sieq   ir-raġel   il-kbir-a
       Fuß(fsg) df-Mann(msg) df-groß-fsg
       der große Fuß des Mannes

(c)   ħu   l-mar-a   s-sabiħ-a
       Bruder(msg) df-Frau-fsg df-schön-fsg
       der Bruder der schönen Frau

(d)   ħu   l-mar-a   l-kbir
       Bruder(msg) df-Frau-fsg df-groß
       der große Bruder der Frau

170

In den Konstruktionen unter (38b) können ebenfalls beide Elemente modifiziert werden, wie das Beispiel in (40) anhand von *xewq-* 'Wunsch' zeigt.

40. (a) xewqe-t   it-tfal   iż-żghar
    Wunsch-fsg   df-Kinder(pl)   df-klein(pl)
    der Wunsch der kleinen Kinder

    (b) xewqe-t   it-tfal   iż-żghir-a
    Wunsch-fsg   df-Kinder(pl)   df-klein-fsg
    der kleine Wunsch der Kinder

Bei den Konstruktionen in (38a) kann das rechte Element jedoch nicht modifiziert werden. Die Phrase in (41a) kann nicht im Sinne von (41b), sondern nur wie (41c) interpretiert werden und ist deshalb sinnlos, da "aufgewühlt" nicht auf "Strand" anwendbar ist.

41. (a)?? xatt   il-bahar   imqalleb
    Strand(msg)   df-Meer(msg)   aufgewühlt(msg)
    (b)   der Strand des aufgewühlten Meeres
    (c)   der aufgewühlte Meeresstrand

xatt il-bahar verhält sich genau wie das Nominalkompositum *Meeresstrand* im Deutschen. Ein modifizierendes Adjektiv, wie z.B. in *unruhiger Meeresstrand*, kann sich nur auf den Kopf (Strand) des Kompositums beziehen. Das heißt, daß solche Konstruktionen sich syntaktisch wie Inseln verhalten und den Zugriff auf das Komplement blockieren.

Ein weiterer Unterschied ergibt sich in bezug auf den Poss-Marker. Während die Nomina in (38a) nicht mit dem Poss-Marker auftreten können (vgl. (42a)), ist das bei denen in (38b) möglich (vgl. (42b)).

42. (a) *xatt-u   sein (des Meeres) Strand
    *hasrit-ha   ihre (des Herzens) Trauer
    *sighet-u   seine (des Todes) Stunde
    *xirkit-hom   ihre (der Heiligen) Gemeinschaft

    (b) hajjit-hom   ihr (der Armen) Leben
    mewt-ha   ihr (der Frau) Tod
    xoghol-ha   ihre (der Frau) Arbeit
    dar-u   sein (des Kaplans) Haus
    żmien-u   ihre (der Tomaten) Zeit

Da das Kopfnomen in den Strukturen in (39a) keinen Poss-Marker tragen darf, kann bei einer solchen Konstruktion auch keine Topikphrase assoziiert werden.

43. (a) *il-bahar,   xatt-u   (b) *il-qalb,   hasret-ha
       df-Meer(msg) Strand(msg)-3msg   df-Herz(fsg) Trauer(fsg)-3fsg
       Posr/Top   Posm   Posr   Posr/Top   Posm   Posr

Bei den Konstruktionen in (38b) ist das Vorkommen einer Topikphrase wie bei den "echten" inalienablen Nomina einwandfrei (vgl. (44) und (45); Top steht für Topik).

44. (a) it-tfal,   xewqit-hom
        df-Kinder(pl) Wunsch(fsg)-3pl
        Posr/Top   Posm   Posr
        die Kinder, ihr Wunsch

    (b) xewqit-hom,   it-tfal
        Wunsch(fsg)-3pl df-Kinder(pl)
        Posm   Posr Posr/Top
        ihr Wunsch, die Kinder

45. (a) it-tifel,   xaghr-u
        df-Junge(msg) Haar(msg)-3msg
        Posr/Top   Posm   Posr
        der Junge, sein Haare

    (b) xaghr-u,   t-tifel
        Haar(msg)-3msg df-Junge(msg)
        Posm   Posr Posr/Top
        sein Haar, der Junge

Schließlich gibt es noch Unterschiede, die die Selektionsrestriktionen des linken Elements betreffen. Die Nomina unter (38a) dürfen nur mit einem festgelegten Nomen vorkommen.

46. (a) sieghe-t il-mewt   (b) *sieghe-t il-lezzjoni/ il-mara/it-twelid
        Stunde   df-Todes   Stunde   df-Unterricht/df-Frau/df-Geburt
        die Stunde des Todes

172

Dagegen können die Nomina in (38b) mit verschiedenen, meist "menschlichen"
Argumenten vorkommen.

47. (a) xoghol il-bidwi   (b) mewt l-isqof
        Arbeit df-Bauer   Tod   df-Bischof
        die Arbeit des Bauern   der Tod des Bischofs

    (c) żmien il-bajtar   (d) kelm-et sultan
        Zeit   df-Kaktusfeigen   Wort   König
        die Zeit der Kaktusfeigen   das Wort eines Königs

All das deutet darauf hin, daß die Konstruktionen in (38a) Komposita sind[2].
Dieser Eindruck verstärkt sich, wenn man sie mit denen unter (48) vergleicht
(siehe auch Kapitel 2). In (48) handelt es sich um die lexikalische Bildung
von Eigennamen[3]. In bezug auf Modifikation, Kongruenzmarker usw. verhalten sich diese Bildungen genau wie die Phrasen in (38a). Der einzige Unterschied ist, daß die Eigennamen produktiv gebildet werden können, während
die Konstruktionen in (38a) idiomatisierte Bildungen sind.

48. (a) Dar   il-Paċi   (b) Wied il-Għajn   (c) Triq   l-Indipendenza
        Haus df-Friede   Tal df-Quelle   Straße df-Unabhängigkeit
        Friedenshaus   "Quellental"   Unabhängigkeitsstraße

Abschließend läßt sich also sagen, daß es sich bei den Konstruktionen in
(38a) nicht um den SC handelt, während die Konstruktionen in (38b) dagegen
als SC betrachtet werden müssen. Das bedeutet also, daß Poss—Nomina nicht
nur auf Körperteile und Verwandtschaftsbeziehungen beschränkt sind.

In Anbetracht der gerade geführten Diskussion ist es schwierig, alle
Nomina, die den SC bilden können, unter einen gemeinsamen Begriff von
Inalienability zu fassen. Das ist insofern wichtig, als die Operation DIN nur
auf dieser Klasse von Nomina operiert, nicht aber auf Nomina wie *xemx*
'Sonne'. In den meisten Fällen handelt es sich bei dem Kopfnomen des SC
um ein Prädikat, das in einer Teil-von-Beziehung steht: ein Körperteil ist
Teil des Körpers und ein Verwandter bzw. ein Freund Teil der Verwandt-

---

[2] Zu einer Analyse des Status Constructus im Hebräischen siehe Borer (1988).

[3] Alexander Borg (1989) behandelt synchrone Aspekte solcher Bildungen.

schaft dings bzw. des Freundeskreises. Für die Beispiele in (38b) trifft eine solchen Definition allernicht zu; sie müssen explizit als Kanditaten für DIN ausgezeichnet werden.

6.5. Der grammatische Status der Poss-Marker

Das Paradigma der Kongruenzmarker am Poss-Nomen (kurz: Poss-Marker) wird in Tabelle II am Beispiel von *ras* 'Kopf' und *irkobba* 'Knie' illustriert.

Tabelle II: die Poss-Marker

	SING	PLU		SING	PLU
1.	ras-i	ras-na	1.	rkobb-t-i	rkobb-it-na
2.	ras-ek	ras-kom	2.	rkobb-t-ok	rkobb-it-kom
3f.	ras-ha	ras-hom	3f.	rkobb-it-ha	rkobb-it-hom
3m.	ras-u		3m.	rkobb-it-u	

Abgesehen von dem Marker für 1sg, der *-i* und nicht wie beim Verb *-ni* ist, unterscheiden sich die Poss-Marker nicht von den dO-Markern des Verbs. Bei diesem 1sg Marker *-i* handelt es sich aber nicht um eine phonologische Variante des Verbmarkers, sondern um einen anderen Typ von Marker. Evidenz dafür gibt das unterschiedliche phonologische Verhalten der beiden Elemente. Der dO-Marker *-ni* tritt bei Verben immer in derselben Form auf, unabhängig davon, ob das Verb auf Vokal oder Konsonant endet (vgl. (49)), während die Realisierung des 1sg Poss-Markers je nach phonologischem Kontext zwischen *-i* und *-ja* variiert (vgl. (50)). ((49b) entspricht im Deutschen etwa "Er ist gekommen, um etwas für mich zu tun.)

49.	(a)	ra-ni	(b)	ġie-ni	(c)	qabad-ni	(d)	rajt-u-ni
		sah-1sg		kam-1sg		fang-1sg		sah-3pl-1sg
		er hat mich gesehen		"er ist mir gekommen"		er hat mich gefangen		sie haben mich gesehen

50.	(a)	żaqq-i	(b)	neputi-ja	(c)	ħi-ja	(d)	difrej-ja
		Bauch-1sg		Neffe-1sg		Bruder-1sg		Nägel-1sg
		mein Bauch		mein Neffe		mein Bruder		meine Nägel

Die Variante -*ja* tritt auf, wenn das Kopfnomen auf einen Vokal auslautet, wie in *neputi* 'Neffe' und *hu* 'Bruder'. Sie kommt auch bei Wörtern vor, die auf -*ejn* bzw. -*ajn* enden, wie *dufrejn* 'Nagel' oder *saqajn* 'Füße', da das -*n* bei solchen Wörtern getilgt wird, so daß das Wort auf den Halbvokal -*j* endet (vgl. (50d)).

Daß es sich beim Poss-Marker -*i* um ein phonologisch anderes Element als den dO- Marker -*ni* handelt, deutet daraufhin, daß der 1sg-Poss-Marker in ein anderes Markersystem als das der dO-Marker gehört. Es stellt sich die Frage, ob für die Poss-Marker als ganzes ein eigenes Markersystem angesetzt werden kann, obwohl die übrigen phonologisch mit den dO-Markern identisch sind. Tatsächlich kann man aufgrund des pragmatischen Verhaltens zeigen, daß die Poss-Marker synchronisch zu einem eigenen Markersystem gehören, und daß der phonologische Unterschied bei den 1sg-Markern kein Zufall ist, sondern einen echten Unterschied im grammatischen Status widerspiegelt.

Ein solcher Unterschied zwischen den beiden Markersystemen ist, daß die Poss-Marker, anders als die dO-Marker, als Fokus fungieren dürfen (vgl. (51)). In solchen Fällen müßte beim Verb ein volles Pronomen wie z.B. *lili* 'mich' auftreten (vgl. (52)).

51. (a) Ħu   min ġie?   (b) Ġie ħi-ja.
       Bruder wer kam   Kam Bruder-1sg
       Wessen Bruder kam?   Mein Bruder kam.

52. (a) Lil min ra-t?   (b) Ra-t   lili.   (c) *Ra-t-ni.
       Ks   wer sah-3fsg   sah-3fsg mich   sah-3fsg-1sg
       Wen hat sie gesehen?   Sie sah mich.

Als Komplement des Poss-Nomens kommt nie ein volles (d.h. nicht klitisches) Pronomen vor (vgl. (53c)). Ein [+Ks]-Pronomen ist ausgeschlossen, weil das Poss-Nomen ein [-Ks]-Komplement regiert (vgl. (53a) und (53b)). Die [-Ks]-Pronomina wie *jiena* 'ich' z.B. dürfen ebenfalls nicht vorkommen (vgl. (53d)). Man kann davon ausgehen, daß die Komplement-Position eines Poss-Nomens eine regierte Position ist, d.h. eine Position, die von einem lexikalischen Kopf m-kommandiert wird. Daher ist sie wie die Positionen, die die interne Komplemente des Verbs einnehmen, eine [+g]-Position. Die [-Ks]-Pronomen sind jedoch [-g]-Elemente (siehe Kapitel 5) und dürfen daher nicht an dieser Stelle vorkommen.

53. (a) *ras   lil   Ġanni   (b)   ras   Ġanni
        Kopf Ks   Hans   Kopf Hans
        der Kopf von Hans

    (c) *ras   lili   (d) *ras   jiena
        Kopf mich   Kopf ich

Es stellt sich die Frage, mit welchen Werten für die Rektionsmerkmale g
und o die interne Θ-Rolle von Poss-Nomina versehen sein muß, damit die
richtigen Formen regiert werden. Das Merkmal g muß den Wert + haben, da
es sich um eine regierte Position handelt: Es gibt die Möglichkeiten der
Klassifizierung in (54a) und (54b). In (54c) sind die MDRn für Kasusmerkmale aus Kapitel 5 aufgeführt.

54. (a) $[+g, -o]$ (c) MDR 1: $[+o]$ $\rightarrow [+Ks]$
    (b) $[+g, +o]$ MDR 2: $[-o, \alpha Hm] \rightarrow [\alpha Ks]$

(54a) ist problematisch, da die MDRn in (54c) hier falsche Ergebnisse liefern
würden. Die Alternation für Ks in Abhängigkeit von Hm gilt für die Komplemente von Poss-Nomina nicht. (54b) kann auch nicht korrekt sein, da in
diesem Fall MDR 2 gelten müßte und erneut die falschen Ergebnisse geliefert
würden. Das g/o-System reicht offensichtlich nicht aus, um die richtigen
Ergebnisse zu garantieren. Welche Änderungen notwendig sind, wird im
Abschnitt über die Formalisierung genauer erläutert. Für den Moment ist es
wichtig, folgendes festzuhalten: Die interne Θ-Rolle der Poss-Nomina muß in
bezug auf g/o anders charakterisiert werden als die des Verbs. Daher müssen
auch die Poss- Marker, die an dieser Stelle auftreten, in bezug auf die Kasusmerkmale anders als die dO-Marker gekennzeichnet werden.

Zusammenfassend ergibt sich folgendes Bild: Die Daten über die Phonologie, den pragmatischen Status und die Kasusmerkmale der Poss-Marker einerseits und der dO-Marker andererseits zeigen, daß sie zwei unterschiedlichen
Markersystemen angehören. Es gibt jedoch eine Gemeinsamkeit dieser beiden
Sorten von Markern: die Poss-Marker sind wie die Ob-Marker pronominal.
Die Beispiele in (53) zeigen, daß die einzigen Pronomina, die als Komplement eines Poss-Nomens vorkommen dürfen, die Poss-Marker selbst sind,
was eine starke Evidenz dafür ist, daß Poss-Marker pronominal sind.

Das bestätigt sich weiter dadurch, daß die Poss-Marker wie die Sb- und
Ob-Marker das Weglassen des Komplements (Poss-Pro-Drop; vgl. (55a)) und
auch das Vorkommen einer Topikphrase (vgl. (55b)) erlauben. In bezug auf
die Kasusmarkierung darf eine mit dem Poss-Marker assoziierte Topikphrase
nur [-Ks] sein (vgl. (55c)).

55. (a) Xagħar-hom   isfar.
        Haar(3msg)-3pl gelb(msg)
        Posm   Posr
        Ihre Haare sind blond.

     (b) Il-Ġermaniż-i   xagħar-hom   isfar.
        df-Deutsch-pl   Haar(msg)-3pl   gelb(msg)
         Posr/Top   Posm   Posr
        Die Deutschen, ihre Haare sind blond.

     (c) *Lil-l-Ġermaniż-i   xagħar-hom   isfar.
        Ks-df-Deutsch-pl   Haar(msg)-3pl   gelb(msg)
          Posr   Posm

Daß es sich bei der Posr-Nphrase nicht um ein Komplement des Poss-Nomens, sondern um ein Topik handelt, zeigt die Wortstellung. Ohne den
Poss-Marker am Kopfnomen hat man zunächst nur die beiden Wortstellungsmöglichkeiten in (56a) und (56b), wobei die in (56b) markierter ist, da sie
kontrastiv bzw. emphatisch anwendbar ist. (Ich nehme an, daß es sich hier
um eine Links-Extraktion des prädikativen Adjektivs handelt.) Wie (56c) und
(56d) zeigen, darf in diesem Fall nichts zwischen Kopf und seinem Komplement vorkommen, wie (56e) und (56f) zeigen, muß das Posr-N rechts-
adjazent zum Posm-N sein.

56.
(a) Xagħar Ġanni abjad.   (b) Abjad, xagħar Ġanni (mhux iswed).
    Haar   Hans   weiß   weiß   Haar   Hans   (nicht schwarz)
    Posm   Posr   Posm   Posr
    Die Haare von Hans sind weiß.   Weiß sind die Haare von Hans
                                       (nicht schwarz).

(c) *Xagħar abjad Ġanni.   (d) *Ġanni abjad xagħar.
    Posm   Posr   Posr   Posm

(e) *Abjad Ġanni xaghar. (f) *Ġanni xaghar abjad.
　　　Posr　Posm 　　　　　　Posr　Posm

Wie aber zu erwarten ist, ist die Wortstellung, wenn ein Poss-Marker vorhanden ist, (ähnlich wie bei dem Vorkommen des dO-Markers beim Verb)
völlig frei. (A steht für das prädikative Adjektiv.)

57. (a) Ġanni xaghr-u abjad.　　　　　Posr Posm A
　　　　Hans Haar-3msg weiß(3msg)
　　　　"Hans, seine Haare sind weiß."
　　(b) Ġanni abjad xaghru.　　　　Posr A Posm
　　(c) Xaghru Ġanni abjad.　　　　Posm Posr A
　　(d) Xaghru abjad Ġanni.　　　　Posm A Posr
　　(e) Abjad Ġanni xaghru.　　　　A Posr Posm
　　(f) Abjad xaghru Ġanni.　　　　A Posm Posr

Obwohl oberflächlich gesehen die Wortstellung in Satz (56a) der in (57c) -
unten als (58a) und (58b) wiederholt - entspricht, so daß man annehmen
könnte, daß das Posm-N syntaktisch adjazent zum Kopf (Posr-N) ist, zeigt
das Betonungsmuster, daß das nicht der Fall sein kann. Wenn das Posm-N
sich innerhalb der DP in der Argumentposition des Kopfes befindet, wird das
Posm-N stärker betont als der Kopf (vgl. (58a)). In (58b) aber sind sowohl
der Kopf als auch das Posr-N stark betont: Das ist ein Hinweis darauf, daß
es sich hier um eine andere Konstellation handelt. Dies wird deutlich, wenn
man (58b) mit der für (58a) korrekten Betonung ausspricht: (58b) wird mit
dieser Betonung ungrammatisch (vgl. (58c)). Man kann daraus schließen, daß
das Posm-N und das Posr-N in (58b) nicht adjazent sind.

58. (a) Xaghar Ġanni abjad.　　(b) Xaghr-u Ġanni abjad.
　　　Haar Hans weiß　　　　　　Haare-3msg Hans weiß
　　　Posm Posr　　　　　　　　Posm/Sb Posr
　　　Die Haare von Hans sind weiß.　　Seine Haare, Hans, sind weiß."

　　(c) *Xaghr-u Ġanni abjad.
　　　Haare-3msg Hans weiß
　　　Posm/Sb Posr

178

Schließlich zeigt die Stellung des modifizierenden Adjektivs, daß das Posr-N in Konstruktionen mit einem Kongruenzmarker nicht in der Argumentposition steht (vgl. (59)). Die AP tritt zwischen Posr-N und Posm-N, was ein deutlicher Hinweis darauf ist, daß der Poss-Marker wie der dO-Marker beim Verb die Argumentposition bereits sättigt.

59. (a)   sieq-u   l-leminij-a   Pawlu
       Fuß(fsg)-3msg   df-rechts-fsg   Paul
       Pauls rechter Fuß

    (b)   *sieq-u   Pawlu l-leminij-a
       Fuß(fsg)-3msg   Pawlu df-rechts-fsg

Es handelt sich also beim Poss-Marker um ein gebundenes Pronomen, das das interne Argument des Poss-Nomens sättigt und dadurch Pro-Drop erlaubt und eine Topikphrase lizensiert. Ich nehme an, daß es sich wie bei den dO-Markern um ein Klitikum handelt, das eine syntaktische Position einnimmt.

Die Frage ist nun, ob die Topikphrase an DP, also an die Nphrase selbst, adjungiert wird, oder außerhalb der Nphrase an TP, wie die Topikphrase, die mit Kongruenzmarker am Verb assoziiert ist. Für (60) z.B. könnte man entweder die Struktur in (61a) oder die in (61b) annehmen. (Die Indizes in (61) haben keinen formalen Status, sondern sollen nur dazu dienen, die beiden DPn auseinander zu halten.)

60.   Xaghar-ha   Marija   nixef.   Posm Posr V
       Haar(msg)-3fsg   Maria   trocknen(3msg)
       Posm   Posr   Posr/Top   Prf   Sb
       Marias Haar ist trocken geworden.

61. (a)

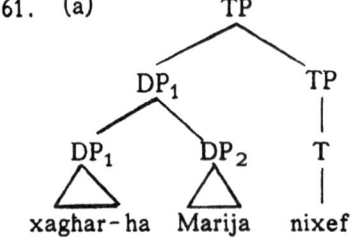

    (b)

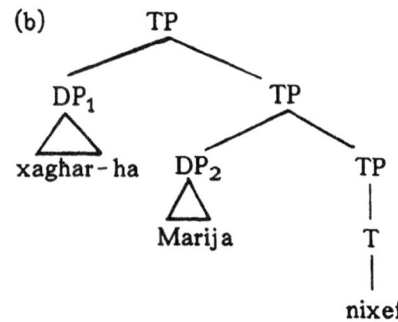

Die Wortstellungsmöglichkeiten unter (62a) und (62b) für den Satz in (60) zeigen, daß die Topikphrase tatsächlich an TP und nicht an DP adjungiert wird.

62. (a) Xagharha nixef Marija.   Posm V Posr
    (b) Marija   nixef xagharha.   Posr V Posm

Wenn nämlich die Topikphrase *Marija* an DP adjungiert würde, könnten die Sätze unter (62) nicht korrekt sein, da das Verb sich dann zwischen der Topikphrase und dem Kopfnomen innerhalb der DP befinden müßte. Ich nehme daher an, daß die Topikphrase wie in (61b) an TP adjungiert wird. In einem Ansatz, der Transformationen beinhaltet, könnte man vielleicht annehmen, daß *Marija* durch Bewegung zweimal topikalisiert wurde: zunächst an DP und dann an TP. Es spricht jedoch nichts dafür, diese Lösung vorzuziehen. An dieser Stelle möchte ich nicht die Problematik der Bindung in solchen Konstruktionen vertiefen. Falls man aber wie in der Literatur üblich annehmen möchte, daß der Antezedens vom Pronomen c-kommandiert werden muß, braucht man eine Definition von c-Kommando, die in Strukturen wie (61b) erlaubt, daß DP_2 DP_1 c-kommandiert. Eine solche Definition befindet sich bei Reinhart (1984).

Wenn es richtig ist, daß die Topikphrase an TP und nicht an DP adjungiert wird, dann erklärt sich, warum es die Asymmetrie bei den Stellungseigenschaften in (63) gibt, wo der SC einmal als dO vorkommt (vgl. (63a)) und einmal als Subjekt (vgl. (63b)). Obwohl die relative Stellung von Posr-N und Posm-N sowohl zum Verb als auch zueinander in beiden Sätzen dieselbe ist, ist (63a) ungrammatisch, (63b) aber grammatisch.

63. (a) *Simon hasel   Miriam   xaghar-ha.   S V Posr Posm
    Simon wasch(3msg) Miriam   Haar(msg)-3fg
    Sb   Prf   Sb   Posr/Top Posm/dO Posr

    (b) Nixef   Miriam   xaghar-ha.   V Posr Posm
    trockn (3msg) Miriam   Haar(msg)-3fsg
    Prf   Sb   Posr/Top Posm/Sb Posr
    Miriams Haar ist trocken geworden.

Wenn die Topikphrase *Miriam* an DP adjungiert werden könnte (vgl. (64a)), müßte (63a) grammatisch sein. Unter der Annahme, daß an TP und nicht an DP adjungiert wird, ergibt sich automatisch, daß (63a) ausgeschlossen ist. Die Struktur von (63b) ist in (64b) angegeben:

64. (a)

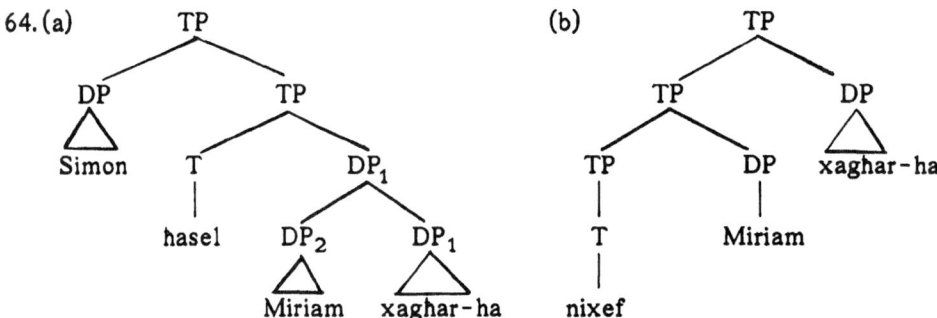

Die einzige Möglichkeit (63a) auszudrücken, besteht in der Realisierung eines iO-Klitikums am Verb, das mit *Miriam* kongruiert. Dadurch wird die Wortstellung relativ frei, wie in (65) zu sehen ist, wobei *Miriam* jedoch nicht zwischen dem Verb *hasillha* und seinem direkten Objekt *xagharha* vorkommen darf.

65. (a) Simon hasil-lha   xaghar-ha   lil Miriam.
        Simon wasch-3fsg Haar(msg)-3fsg Ks Miriam
        Sb   Prf   iO   Posm/dO   Posr Posr/Top
        Simon hat Miriam die Haare gewaschen.

    (b) Simon lil Miriam hasillha xagharha
    (c) Lil Miriam hasillha xagharha Simon
    (d) Lil Miriam Simon hasillha xagharha
    (e) *Simon hasillha lil Miriam xagharha

Die komplexen strukturellen Verhältnisse bei mehreren Adjunkten, wie z.B. in (66), möchte ich späteren Untersuchungen überlassen.

66. Lil Simon Miriam   uri-t-hom-lu   snien-ha.
     Ks Simon Miriam   zeig-3fsg-3pl-3msg   Zahn(pl)-3fsg
     iO_k $Posr/Sb_i$ Prf Sb_i dO_j iO_k $Posm/dO_j$-$Posr_i$
     Dem Simon hat Miriam ihre Zähne gezeigt.

6.6. Die Formalisierung

Es hat sich gezeigt, daß zwischen den dO-Markern und den Poss-Markern unterschieden werden muß. Mit dem g/o-System, wie es bis jetzt verwendet wurde, ist diese Unterscheidung nicht möglich. Es benötigt eine kleine Ergänzung. Neben g und o verwendet Bierwisch (1987) auch das Merkmal gen, um mit der Merkmalskombination [+g, +o, +gen] genitivischen Kasus zu erfassen. Man könnte ein ähnliches Merkmal für das interne Argument eines Poss-Nomens im Maltesischen wie in (67) ansetzen. (Ich verwende hier den Merkmalsnamen gn statt gen.)

67. λy [Dx KNIE(x) & POSS(y, x)]
     |
    +g
    +o
    +gn

Der abstrakte Kasus Genitiv hat im Maltesischen keine eigene overte Form, macht sich jedoch dadurch bemerkbar, daß er eine [-Ks]-Form bei seinem Komplement verlangt, sowie Kongruenzmarker, die in ein anderes System als die dO- ([+g, -o, -gn]), iO- ([+g, +o, -gn]) oder Sb-Marker ([-g, -o, -gn]) gehören.

Ein dreistelliges Verb sieht dann wie in (68a) aus, und die Kongruenzmarker sind, wie in (68b) anhand der 1sg dargestellt, in bezug auf g, o und gn klassifiziert.

68. (a) λy λz λx [VB(x, y, z)]
       | | |
     +g +g -g
     +o +o -o
    -gn -gn -gn

   (b) (i)   n-   (1sg/Sb) :   -g, -o, -gn
      (ii) -ni (1sg/dO) :   +g, -o, -gn
      (iv) -li (1sg/iO) :   +g, +o, -gn
      (v)   -i   (1sg/Pos):   +g, +o, +gn

Die Regeln, die den abstrakten auf den overten Kasus abbilden, müssen danach wie in (69a) aussehen. Da die Sb-Affixe bzw. Sb-Topikphrasen nicht von den MDRn in (69a) betroffen sind, da sie ja nur in der Syntax gelten, hat MDR 2 bei ihnen keine Wirkung. Darüberhinaus könnte man MDR 1 und MDR 2 wie in (69b) zusammenfassen. Wenn sich ein Konflikt ergibt, gilt die spezifischere MDR; also hat MDR3 in (69) Vorrang vor MDR2.

69. (a) MDRn

    1. $[+gn] \rightarrow [-Ks]$

    2. $[-gn] \rightarrow [+Ks]$

    3. $[-o, -gn, \alpha Hm] \rightarrow [\alpha Ks]$

  (b) MDR: $[\alpha gn] \rightarrow [-\alpha Ks]$

Die Konsequenz aus den MDRn ist, daß das Argument eines Poss-Nomens $[-Ks]$ sein muß, das direkte Objekt eines transitiven Verbs $[\alpha Hm, \alpha Ks]$, das indirekte Objekt eines ditransitiven Verbs $[+Ks]$ und das oblique Komplement eines erweiterten transitiven Verbs $[+Ks]$.

Das KVP, wie es in Kapitel 5 formuliert wurde (hier als (70) wiederholt), gilt auch für die Topikphrase, die mit dem Poss-Marker assoziiert ist. Die Poss-Topikphrase ist in jedem Fall $[-Ks]$, entweder per Default (wenn sie nicht emphatisch bzw. kontrastiv ist) oder durch Vererbung (wenn sie emphatisch bzw. kontrastiv ist) durch den Poss-Marker.

70. KVP

Wenn C_1 eine an TP adjungierte $[+CONTR]$-Nphrase ist, C_2 ein Kongruenzmarker, der eine syntaktische Position einnimmt, und C_1 mit C_2 assoziiert ist, dann gilt: die Kasusmerkmale g, o und Ks von C_1 müssen mit denen von C_2 unifizieren.

Unter (72) und (73) findet sich abschließend ein Beispiel für die Ableitung des Satzes unter (71). Die Relation POSS(y, x) wird aus Platzgründen ausgespart und muß entsprechend der Repräsentation in (73a) dazugedacht werden. Für den Schritt von (73e(i)) zu (73e(ii)) siehe Abschnitt 3.2.

71. Miriam   xaghar-ha   twal.

    Miriam   Haar(msg)-3fsg wachs(3msg)

    Posr/Top Posm/Sb Posr Prf   Sb

    Miriams Haare sind gewachsen.

72. (a)

```
                                    TP
                      ┌──────────────┴──────────────┐
        [+D, +N, -V, +g, +o, +gn,                    TP
         -Ks, +Hm, +MAX]               ┌─────────────┴─────────────┐
              │                  [ +D, +N, -V,                       T
           Miriam                  -Hm, -Ks, +MAX]                   │
                          ┌──────────────┴──────────┐             twal
                   [+D, +N, -V,                [+D, +N, -V,
                    -Hm, -Ks, -MAX]             +g, +o, +gn,
                         │                      -Ks, +MAX]
                      xaghar-                       │
                                                    ha
```

73. (a) *xaghar:* $\lambda y \quad [\,D_x(\text{HAAR}(x, y)\ \&\ \text{POSS}(y, x))]$

     Haar(msg)

$$\underset{\substack{+g\\+o\\+gn}}{\rule{1.5em}{0.4pt}} \quad \underset{\substack{-PLU\\-FEM\\3PER}}{\rule{0pt}{0pt}}$$

(b) *-ha:* $D_z(C(z))$

    3fsg $\underset{\substack{-PLU\\+FEM\\3PER}}{\rule{0pt}{0pt}}$

(c) *xaghar-ha:* $D_x(\text{HAAR}(x,\ D_z(C(z))))$

    Haar(msg)-3fsg $\underset{\substack{-PLU\\-FEM\\3PER}}{\rule{0pt}{0pt}} \qquad \underset{\substack{-PLU\\+FEM\\3PER}}{\rule{0pt}{0pt}}$

(d) *twal:* $\text{WACHS}(D_r(C(r)))$

    wachs(3msg) $\underset{\substack{-PLU\\-FEM\\3PER}}{\rule{0pt}{0pt}}$

(e) *xaghar-ha twal:*

    Haar(msg)-3fsg wachs(3msg)

(i) $\text{WACHSEN}(D_r(C(r))\ \&\ r = D_x(\text{HAAR}(x,\ D_z(C(z)))))$

    $\underset{\substack{-PLU\\-FEM\\3PER}}{\rule{0pt}{0pt}} \qquad \underset{\substack{-PLU\\-FEM\\3PER}}{\rule{0pt}{0pt}} \qquad \underset{\substack{-PLU\\+FEM\\3PER}}{\rule{0pt}{0pt}}$

(ii)   WACHSEN($D\underset{\substack{|\\-\text{PLU}\\-\text{FEM}\\3\text{PER}}}{r}$(C(r) & HAAR(r, $D\underset{\substack{|\\-\text{PLU}\\+\text{FEM}\\3\text{PER}}}{z}$(C(z))))))

(f) *Miriam:* $D\underset{\substack{|\\-\text{PLU}\\+\text{FEM}\\3\text{PER}}}{m}$(NAME(m, Miriam))

(g) *Miriam xaghar-ha   twal:*
     Miriam Haar(msg)-3fsg wachs(3msg)

(i) WACHS ($D\underset{\substack{|\\-\text{PLU}\\-\text{FEM}\\3\text{PER}}}{r}$(C(r) & HAAR(r, $D\underset{\substack{|\\-\text{PLU}\\+\text{FEM}\\3\text{PER}}}{z}$(C(z) & z = $D\underset{\substack{|\\-\text{PLU}\\+\text{FEM}\\3\text{PER}}}{m}$(NAME(m, Miriam)))))))

(ii) WACHS ($D\underset{\substack{|\\-\text{PLU}\\-\text{FEM}\\3\text{PER}}}{r}$(C(r) & HAAR(r, $D\underset{\substack{|\\-\text{PLU}\\+\text{FEM}\\3\text{PER}}}{z}$(C(z) & NAME(z, Miriam)))))

7. Kasus und Kongruenz in der PP

Wie Verben und Poss-Nomina weisen Präpositionen Kongruenzmarker (Kurz:
Präp-Marker) auf, die das Fehlen des internen Komplements erlauben (vgl.
(1b)) und eine Topikphrase lizensieren (vgl. (1c-e)). (In den Beispielen steht
pO - für das Objekt der Präposition.)

1. (a) Birgit   waqqa-t   it-te   fuq l-gharus.
       Birgit   fall+laß-3fsg   df-Tee   auf df-Verlobte(msg)
       Sb   Prf   Sb   dO   pO
       Birgit hat den Tee über ihren Verlobten geschüttet.

   (b) Birgit waqqa-t   it-te   fuq-u.
       Birgit fall+laß-3fsg df-Tee auf-3msg
       Sb   Prf   Sb   dO   pO
       Birgit hat den Tee über ihn geschüttet.

   (c) L-gharus,   Birgit waqqa-t   it-te   fuq-u.
       df-Verlobte(msg) Birgit fall+laß-3fsg df-Tee auf-3msg
       pO   Sb   Prf   Sb   dO   pO
       "Den Verlobten, Birgit hat den Tee über ihn geschüttet."

   (d) Birgit, l-gharus,   waqqa-t   it-te   fuq-u.
       Birgit df-Verlobte(msg)   fall+laß-3fsg df-Tee auf-3msg
       pO   Sb   Prf   Sb   dO   pO
       "Birgit, sie hat den Tee über ihren Verlobten geschüttet."

   (e) L-gharus,   waqqa-t   it-te   fuq-u   Birgit.
       df-Verlobte(msg) fall+laß-3fsg df-Tee auf-3msg Birgit
       pO   Sb   Prf   Sb   dO   pO
       "Den Verlobten, Birgit hat den Tee über ihn geschüttet."

186

7.1. Die Präpositionen

Tabelle I: die maltesischen Präpositionen

(i)	**lokale Präpositionen:**		(ii)	**temporale Präpositionen:**	
(a)	bejn	zwischen	(a)	bejn	zwischen
	fi	in		fi	in
	minn	von		minn	von
	wara	hinter		wara	nach
	fejn	neben		qabel	vor
	fuq	auf		matul	während (during)
	għand	bei	(b)	sa	bis
	ħdejn	neben			
	lejn	-wärt	(iii)	**sonstige:**	
	madwar	um			
	quddiem	vor	(a)	bi	mit
	taħt	unten		għal	für
(b)	ġo	in		kontra	gegen
	sa	bis		ma'	mit
	viċin	nah		minn	von (from)
				ta'	von (of)
			(b)	bla	ohne

Tabelle I zeigt die wichtigsten maltesischen Präpositionen mit einer annähernden Übersetzung. Die Präpositionen unter (a) kommen mit einem Präp-Marker vor (vgl. (2a) und (2b)), die unter (b) dagegen nicht (vgl. (2c) und (2d)). (Lok ist die lokative Kopula, siehe dazu Kapitel 9).

2. (a) Il-ktieb   qiegħed   taħt il-mejd-a.
      df-Buch(msg) Lok(msg) unter df-Tisch-fsg
      Das Buch liegt unter dem Tisch.

   (b) Il-ktieb   qiegħed   taħt-ha.
      df-Buch(msg) Lok(msg) unter-3fsg
      Das Buch liegt unter ihr.

   (c) Il-kart-a   qiegħd-a ġo-l-kexxun.
      df-Papier-fsg Lok-fsg in-df-Schublade(msg)
      Das Papier ist in der Schublade

(d) *Il-kart-a   qiegħd-a ġo-h.
 df-Papier-fsg Lok-fsg in-3msg
 Das Papier ist in ihr.

Die meisten räumlichen Präpositionen können mit *minn* 'von' kombiniert werden,
um komplexe Wegpräpositionen zu bilden, die nur mit Bewegungsverben auftreten dürfen (vgl. (4)).

Tabelle II: komplexe Präpositionen

minn ġo	durch
minn ma´	entlang
minn fuq	von ... runter
minn taħt	von ... unter
minn bejn	von zwischen
minn ħdejn	von neben
minn għand	"von bei" (von jemandem)
minn quddiem	von vor
minn wara	von hinter

3. (a) Ħu   Brian ħareġ   minn ġo-s-sodda.
    Bruder(msg) Brian rauskomm(3msg) von in-df-Bett
    Brians Bruder ist aus dem Bett gekommen.

  (b) *Ic-ċurkett   qiegħed   minn ġo-l-land-a.
    df-Ring(msg) Lok(msg) von in-df-Dose-fsg

Nur die Präposition, die in einem solchen Komplex rechts steht, kann einen
Präp-Marker bekommen, sofern das grundsätzlich möglich ist. Das links-
stehende *minn* darf keinen Marker tragen, obwohl es, wenn es allein vorkommt, mit einem solchen Marker auftreten kann (vgl. (4d)).

4. (a) minn taħt-i   (b) minn-i taħt
     von unter-1sg   von-1sg unter
     "unter mir weg"

  (c) *minn-i taħt-i   (d) Ħareġ minn-ha.
     von-1sg unter 1sg   heraus von-3fsg
                                 Er ging aus ihr heraus.

188

Die meisten Präpositionen sind ausschließlich transitiv (vgl. (5)), einige können jedoch auch intransitiv (d.h. als Adverbien) verwendet werden (vgl. (6)).

5. (a) Il-lapes   qieghed   bejn   il-kotb-a.
df-Stift(msg) Lok(msg) zwischen df-Buch-pl
Der Stift liegt zwischen den Büchern.

(b) *Il-ktieb   qieghed   bejn.
df-Buch(msg) Lok(msg) zwischen

6. (a) Il-fatat   qieghed   fuq/ quddiem/ wara/ vicin.
df-Geist(msg) Lok(msg) oben/ vorne/ hinten/ in der Nähe
Der Geist ist oben/vorne/hinten/in der Nähe.

Da intransitive Präpositionen einstellig sind, dürfen sie nicht mit Kongruenzmarkern vorkommen (vgl. (7)).

7. Il-fatat   qieghed   fuq-i.
df-Geist(msg) Lok(msg) auf-1sg
Der Geist ist auf mir.   (*Der Geist ist oben)

Die Elemente in (6) sind also intransitive Präpositionen und gehören zu der Klasse der Ortsadverbien. Die Ortsadverbien sind unter (8) aufgeführt. (8b) zeigt, daß sie intransitiv sind.

8. (a) Ġanni qieghed   isfel/ barra/ ġewwa/ hawn/ hemm.
Hans Lok(msg) unten/ draußen/ drinnen/ hier/ dort
Hans ist unten/draußen/drinnen/hier/dort.

(b) *Ġanni qieghed   isfel-i/ ġewwa-i/ hawn-i.
Ganni Lok(msg) unten-1sg/ drinnen-1sg/ hier-1sg

Die Ortsadverbien können mit der Partikel 'l auftreten (vgl. (9)), die vermutlich historisch mit dem Kasusmarker lil verwandt ist (siehe Kapitel 5), aber synchronisch eine ganz andere Funktion hat. Durch diese Partikel bekommen sie eine etwas andere Bedeutung, wie in den Beispielen unter (10) im Vergleich zu (9) zu sehen ist ('Imp' steht für Imperativ).

9. (a) Mur '1 hemm!   (b) Ejja   '1 hawn!   (c) Mur '1 barra
      geh zu dort   komm zu hier   geh zu Außen
      Imp   Imp   Imp
      Geh weg!   Komm her!   Geh hier raus!

10. (a) Mur hemm!   (b) Ejja   hawn!   (c) Mur barra
      geh dort   komm hier   geh nach draußen
      Imp   Imp   Imp
      Geh dorthin!   Komm hierhin!   Geh da raus!

Wenn man also Ortsadverbien als Präpositionen behandelt, gibt es zwei
Sorten von Präpositionen: zweistellige wie z.B. *fi* 'in' und einstellige wie z.B.
ġewwa 'innen'. Einige Präpositionen, wie z.B. *fuq* 'auf/oben', kommen sowohl
einstellig als auch zweistellig vor. Man kann annehmen, daß es in diesen
Fällen zwei homophone Lexikoneinträge gibt, wie in (11) für *fuq* 'auf' vereinfacht dargestellt.

11. (a) *fuq*: $\lambda y\ \lambda \underline{x}\ [\text{AUF}(x,\ y)]$ (b) *fuq*: $\lambda \underline{x}\ \exists y\ [\text{AUF}(x,\ y)]$
       auf   oben

7.2. Die Präp-Marker

Das Kongruenzparadigma für die Präpositionen ist in Tabelle III anhand der
transitiven Präposition *fuq* 'auf' aufgeführt.

Tabelle III   *fuq* 'auf'

	SING	PLU
1.	fuq-i	fuq-na
2.	fuq-ek	fuq-kom
3f.	fuq-ha	}
3m.	fuq-u	fuq-hom

Der 1sg-Präp-Marker ist mit dem 1sg-Poss-Marker identisch. Daß diese
Identität nicht zufällig ist und daß sich andererseits der Präp-Marker vom
dO-Marker am Verb unterscheidet, bestätigt sich dadurch, daß beim Präp-
Marker dieselben phonologischen Varianten auftreten wie beim Poss-Marker.

Wenn die Präpositionen auf -i enden, wie z.B. *fi* 'in' und *bi* 'mit', tritt statt -i -ja auf. Das ist ebenso beim Poss-Marker, aber nicht beim dO-Marker der Fall. Die -ja Variante kommt bei den Präpositionen auch dann vor, wenn die Präposition wie bei *wara* 'nach' auf -a endet (vgl. (12c)). Im Fall des Poss-Markers kann bei auf -a endenden Poss-Nomina -ja nicht auftreten, da bei diesen Nomina der Prozeß der t-Affigierung stattfindet (*t-marbuta*: siehe Abschnitt 6.3), so daß das Wort nicht mehr auf -a endet (vgl. (13)).

12. (a) fi   fi-ja   *fi-i
    (b) bi   bi-ja   *bi-i
    (c) wara   wara-ja   *wara-i

13. (a) rkopp-a   (b) rkopp-t-i   (c) *rkopp-ja
      Knie-fsg   Knie-fsg-1sg   Knie-1sg
      ein Knie   Posm   Posr   Posm Posr
                      mein Knie

Daß der Präp-Marker sich vom dO-Marker beim Verb unterscheidet, ist weiter an der phonologischen Auswirkung des Präp-Markers auf den Stamm zu sehen, die auftritt, wenn die Präposition mit einem (stummen) *gh* endet. Beim Verb finden sich ein solcher Einfluß nicht (vgl. (15)). Dieser Effekt zeigt sich bei den Präp-Markern für 1sg, 2sg und für 3msg. (In (14) ist in eckigen Klammern die Ausprache angegeben, das Apostroph steht nach der Schreibkonvention für ein stummes *gh* am Ende eines Wortes.)

14. (a) ta'   [ta]   (b) tiegh-i   [tijaj]
      von   von-1sg
                               von mir

    (c) tiegh-ek   ['tijak]   (d) tiegh-u   ['tijaw]
      von-2sg   von-3msg
      von dir   von ihm

15. (a) laqa'   ['la?a]   (b) laqagh-ni   [la'?a:ni]
      empfangen   empfang(3msg)-1sg
                             er hat mich empfangen

    (c) laqgh-ek   ['la?ak]   (d) laqgh-u   ['la?aw]
      empfang(3msg)-2sg   empfang(3msg)-3msg
      er hat dich empfangen   er hat ihn empfangen

Bei bestimmten Präpositionen löst der Präp-Marker für 1sg idiosynkratische phonologische Prozesse aus. So ist z.B. die Form des 1sg—Markers bei *ghal* 'für' -ija, obwohl diese Präposition nicht auf einen Vokal endet.

16. (a) ghal   (b) ghal-ija   (c) *ghal-i
        für   für-1sg   für-1sg
                        für mich

Es stellt sich die Frage, inwiefern dieses idiosynkratische Verhalten ein Hinweis darauf ist, daß die Präp-Marker im Lexikon und nicht in der Syntax mit der Präposition verbunden werden. Auch die Tatsache, daß manche Präpositionen keinen Marker tragen dürfen (z.B. *sa* 'bis', siehe Abschnitt 7), ist völlig idiosynkratisch, was generell als Hinweis auf lexikalische Phänomene gilt. Die Präp-Marker sind dann als Klitika zu betrachten, die schon im Lexikon klitisiert werden. Ich nehme im folgenden an, daß die Präp-Marker wie die Poss-Marker eine eigene syntaktische Position einnehmen[1].

7.3. Topik und Fokus

Die Präp- und die Poss-Marker ähneln sich nicht nur aufgrund der phonologischen Eigenschaften des 1sg-Markers, sondern auch aufgrund ihrer pragmatischen Eigenschaften. Diese Ähnlichkeit betrifft nicht nur die 1sg, sondern das ganze Paradigma. Wie die Poss-Marker dürfen die Präp-Marker als Fokus fungieren.

17. (a) Fuq min qabeż il-kaċċatur?
        auf wen spring df-Jäger
          pO Prf   Sb
        Auf wen der Jäger gesprungen?

        Il-kaċċatur qabeż fuq-i.
        df-Jäger   spring auf-1sg
          Sb   Prf   pO
        Der Jäger ist auf mich gesprungen.

---

[1] Man könnte versuchen, die phonologischen Effekte innerhalb der Syntax mit einer Form der präkomplilierten Morphophonologie, wie sie von Hayes (1990) vorgeschlagen wurde, zu regeln.

(b) Minn fejn min ghadda   l-papa?
    von wo wer vorbeikomm df-Papst
          pO Prf   Sb
    An wem ist der Papst vorbeigekommen?

    Il-papa ghadda   minn hdej-na.
    df-Papst vorbeikomm von neben-1pl
      Sb   Prf   pO
    Der Papst ist an uns vorbei gekommen.

Wie die Poss-Marker können Präp-Marker auch als Topik dienen:

18. (a) U   t-tfajl-a?
     und df-junge Frau-fsg
     Und die junge Frau?

  (b) Il-kaċċatur   mar   hdej-ha u   had-ilha   l-kamer-a.
      df-Jäger(msg) geh(3msg) nah-3fsg und nehm(3msg)-3fsg df-Kamera-fsg
       Sb   Prf Sb   pO   Prf Sb   Obl   dO
      Der Jäger ist zu ihr gegangen und hat ihr die Kamera weggenommen.

Der Verdacht, daß es sich bei den Präp-Markern um dieselbe Klasse wie bei den Poss-Markern handelt, wird durch die Rektionseigenschaften der Präpositionen verstärkt: Die Präpositionen verlangen parallel zu den Poss-Nomina ein [-Ks]-Komplement.

19. (a) Il-lif-a   waqgh-et hdejn Pawlu
     df-Schlange-fsg fall-3fsg   neben Paul
       Sb   Prf Sb   pO
     Die Schlange ist neben Paul gefallen.

  (b) *Il-lif-a   waqgh-et hdejn lil Pawlu
      df-Schlange-fsg fall-3fsg neben   Paul

  (c) Il-qattus-a   qieghd-a fuq Pietru
     df-Katze-3fsg Lok-fsg auf Peter
       Sb   Impf   pO
     Die Katze ist auf Peter.

  (d) *Il-qattus-a   qieghd-a fuq lil Pietru
      df-Katze-fsg Lok-fsg auf Ks Peter

Wie bei den Poss-Nomina darf bei den Präpositionen kein unabhängiges Pronomen als internes Komplement auftreten, stattdessen muß der Präp-Marker an die Präposition treten, was wieder ein Hinweis auf seinen pronominalen Charakter ist:

20. (a) *L-anġl-u   qiegħed   wara int.
       df-Engel-msg Lok(msg) hinter du
                  Impf   pO

    (b) L-anġl-u   qiegħed   waraj-k.
       df-Engel-msg Lok(msg) hinter-2sg
          Sb   Impf   pO
       Der Engel steht hinter dir.

Diese Beobachtungen machen deutlich, daß Präp- und Poss-Marker identisch sind. Das heißt, daß auch die Präp-Marker von der Kategorie [+g, +o, +gn] sind und damit unter die MDR [αgn] —> [-αKs] fallen (siehe Abschnitt 6.6).

7.4. Topikphrase und Wortstellung

Die Daten, die Topik und Prodrop betreffen, entsprechen den Daten der übrigen Kongruenzmarker. Wie bei den Verben und Poss-Nomina muß das Komplement bei Präpositionen adjazent zur Präposition sein, wenn die Präposition keinen Marker trägt. Unter (21b) - (21d) finden sich einige Beispiele für Verletzungen der Adjazenzbedingung.

21. (a) Il-kuġin   mar   ħdejn it-tfajl-a.
       df-Cousin(msg) geh(3msg) neben df-junge+Frau-fsg
          Sb   Prf Sb   pO
       Der Cousin ist neben die junge Frau gegangen.

    (b) *Il-kuġin mar   it-tfajla ħdejn.   *S V NP P
    (c) *Il-kuġin it-tfajla mar   ħdejn.   *S NP V P
    (d) *It-tfajla l-kuġin mar   ħdejn.   *NP S V P

Wenn ein Präp-Marker realisiert wird, ist die Wortstellung frei. Wie zu
erwarten, sind unter der Annahme, daß die Topikphrase an TP adjungiert wird,
die Sätze, in denen eine Nphrase zwischen dem Verb und seinem PP-
Argument vorkommt, ungrammatisch. Hier einige Beispiele (Tp steht für
Topik):

22. (a) Il-kuġin   mar   ħdej-ha   t-tfajl-a.
        df-Cousin(msg)   geh(3msg) neben-3fsg df-junge-Frau-fsg
        Sb   Prt Sb   pO   pO/Top
        Der Cousin ist neben die junge Frau (zu der jungen Frau) gegangen.

    (b) *Il-kuġin mar   it-tfajla ħdej-ha.   S   V   Top P
    (c) *Mar   it-tfajla ħdej-ha   l-kuġin.   V   Top P   S
    (d) *Il-kuġin t-tfajla mar   ħdej-ha.   S   Top V   P
    (e) It-tfajla l-kuġin   mar   ħdej-ha.   Top S   V   P

7.5. Topik-Nphrase, Kongruenz und Kasus

In bezug auf die Kongruenz eines Präp-Markers mit einer Topikphrase gilt
dasselbe wie bei Verb und Nomen: Die Topikphrase und der Marker kongruieren ohne Ausnahme in bezug auf Genus, Numerus und Person. Aus den
Daten ist jedoch nicht immer eindeutig zu bestimmen, welche Kasusinformation die Topikphrase hat, da die native speakers in manchen Fällen keine
sicheren Urteile abgeben können. Wenn Präpositionen mit einem statischen
Verb auftreten, ist die mit dem Präp-Marker assoziierte Topikphrase immer
[-Ks].

23. (a) Ingrid iċ-ċavett-a   kien-et   taħt-ha.
        Ingrid df-Schlüssel-fsg sein-3fsg unter-3fsg
        pO/Top Sb   Pst Sb   pO
        Der Schlüssel war unter Ingrid.

    (b) *Lil Ingrid iċ-ċavett-a   kien-et   taħt-ha.
        Ks Ingrid df-Schlüssel-fsg   sein-3fsg unter-3fsg
           pO/Top Sb   Pst Sb   pO

Damit ist die Ähnlichkeit zwischen Präp-Topikphrase und Poss-Topikphrase in bezug auf Kasusmarkierung erschöpft. Bei nicht-statischen Verben können die Präp-Topikphrasen unter Umständen auch [+Ks] sein, wenn die Topikphrase auf ein menschliches Objekt referiert.

24. (a) Lil Tarzan   il-ġebl-a   waq-at   fuq-u
        Ks Tarzan df-Stein-fsg fall-3fsg auf-3msg
           pO/Top   Sb   Prf Sb   pO
        Auf Tarzan ist der Stein gefallen.

   (b) Tarzan il-ġebl-a   waq-at   fuq-u
        Tarzan df-Stein-fsg fall-3fsg auf-3msg
        pO/Top Sb   Prf Sb   pO
        Auf Tarzan ist der Stein gefallen.

Über die Gründe für das Verhalten der Präp-Topikphrase mit Nomina, die auf menschliche Objekte referieren, kann ich nur spekulieren. Eine mögliche Lösung bestände darin anzunehmen, daß *lil*, wie Borg (1981) meint, tatsächlich auf der semantischen Ebene eine Richtungsinformation enthält. Es ist dann jedoch unklar, warum sich das nur bei "menschlichen" Objekten auswirkt, und warum das Komplement einer mit einem nicht-dynamischen Verb vorkommenden Präposition nicht auch *lil*-markiert sein darf.

Eine zweite Lösung könnte sich aufgrund des kategorialen Status der PP im Maltesischen ergeben. Es gibt Hinweise, daß die lokalen PPn im Maltesischen semantisch nicht Eigenschaften, wie z.B. von Bierwisch (1988) und Wunderlich (1991) für das Deutsche angenommen, sondern Individuen sind, die eine Region denotieren. Für diese Annahme spricht, daß PPn nicht als Modifikatoren von Nomina fungieren können. Die entsprechenden Konstruktionen werden stattdessen immer mithilfe der Präposition *ta'* 'von' gebildet.

25. (a) Il-flat   ta' taht-i   kbir.
        df-Wohnung(msg) von unter-1sg groß(msg)
        Die Wohnung unter mir ist groß.

   (b) *Il-flat   taht-i   kbir
        df-Wohnung(msg) unter-1sg groß(msg)

   (c) L-anġl-u   ta' waraj-ja dejjaq-ni.
        df-Engel-msg von hinter-1sg nerv(3msg)-1sg
        Der Engel hinter mir nervt mich.

(d) *L-anġl-u   waraj-ja   dejjaq-ni.
    df-Engel-msg hinter-1sg nerv(3msg)-1sg

Weiterhin nehmen Bewegungsverben wie *mar* 'gehen', aber auch die lokale
Kopula *qiegħed*, häufig nackte Nphrasen ohne Präposition, d.h. Phrasen, die
den semantischen Typ < 1 > haben, also Individuen sind. Das Vorhandensein
einer lokalen Kopula im Maltesischen ist ein weiterer Hinweis darauf, daß
lokale PPn auf Orte referieren und daher Individuen sind. Durch die lokale
Kopula wird das von ihrem externen Argument bezeichnete Individuum an
dem von der PP denotierten Ort lokalisiert.

26. (a) Ġahan   qiegħed   ir-raħal.
        Ġahan(msg) Lok(msg) df-Dorf(msg)
        Ġahan ist im Dorf.

    (b) It-tifl-a   marr-et   il-ġnien.
        df-Mädchen-fsg geh-3fsg df-Garten(msg)
        Das Mädchen ist zum Garten gegangen.

Mit der Annahme, daß PPn auf Individuen referieren, läßt es sich vermeiden,
zwei Lexikoneinträge für lokale Verben anzunehmen, wobei jeweils einer für
eine Nphrase subkategorisiert ist und eine Θ-Rolle hat, die über eine Individuenvariable abstrahiert, und der andere für eine PP subkategorisiert ist und
über eine Θ-Rolle verfügt, die über eine Prädikatsvariable abstrahiert. Die
Repräsentation eines (intransitiven) lokalen Verbs wie *mar* könnte dann
aussehen wie in (27). Das interne Argument y kann sowohl durch eine
NPhrase [+N, -V] als auch durch eine PP [-N, -V] besetzt werden.

27.   *mar:* $\lambda y \ \lambda \underline{x} \ [\text{GEH} \ (x,y)]$
       gehen $\overline{-V} \ \ \overline{-V}$
                      $+N$

Nun zurück zu den Topikphrasen: Im Zusammenhang mit nicht-statischen
Verben verhält sich die Präp-Topikphrase in bezug auf Kasus wie ein direktes Objekt, da sie [αHm, αKs] ist. Das könnte daran liegen, daß im Fall
von Bewegungsverben die Θ-Rolle, die über das interne Argument abstrahiert,
so behandelt wird wie das direkte Objekt anderer Verben, was begünstigt
wird durch den parallelen Aufbau der Repräsentation. Für die Zuweisung von
abstraktem Kasus ist diese Position daher [+g, -o], und fällt deshalb unter
die MDR [+g, -o, αHm] —> [αKs].

28. *mar:* $\lambda y \quad \lambda \underline{x} \; [\text{GEH} \; (x, y)]$
     gehen $\dfrac{\big|}{-V} \quad \dfrac{\big|}{\begin{array}{c} -V \\ +N \end{array}}$
             $\begin{array}{cc} +g & -g \\ -o & -o \\ -gn & -gn \end{array}$

Die Topikphrase ist dann mit der ganzen PP assoziiert und nur indirekt mit dem Kongruenzmarker. Dadurch ergibt sich eine Spaltung hinsichtlich der Kasus- und der Kongruenzmerkmale einer Präp-Topikphrase: In bezug auf Kasus ist sie mit der PP- Position assoziiert; in bezug auf Kongruenz dagegen mit dem Präp-Marker.

Diese Spekulation wirft sehr viele Fragen auf, die hier nicht beantwortet werden können, da sie zu tief in die Syntax und Semantik der Präpositionen hineinführen. Ich möchte sie deshalb nicht weiter verfolgen, sondern als Anregung stehen lassen.

7.6. Die Formalisierung

Ich möchte die beiden tentativen Repräsentationen von Präpositionen in (29) anbieten, ohne mich zunächst für die eine oder andere zu entschieden. Transitive Präpositionen können entweder als zweistellige Prädikate wie in (29a), oder als Funktoren, die nur ein offenes internes Argument haben, wie in (29c) repräsentiert werden. Wie die Poss-Nomina regieren sie in beiden Fällen ein [+g, +o, +gn]-Komplement. Adverbien sind entweder einstellige Prädikate wie in (29b) oder Individuen, die auf eine "Unterregion" referieren (vgl. (29d)). UNTER*(y) in (29c) heißt so viel wie "die Unterregion von y".

29. (a) *taht :* $\lambda y \quad \lambda \underline{x} \; [\text{UNTER} \; (x, y)]$ (b) *taht:* $\lambda \underline{x} \; [\text{UNTEN}(x)]$
     unter $\dfrac{\big|}{\begin{array}{c} +g \\ +o \\ +gn \end{array}}$ unten

     (c) *taht:* $\lambda y \; [Dx \; (x = \text{UNTER*}(y))\,]$
                  $\dfrac{\big|}{\begin{array}{c} +g \\ +o \\ +gn \end{array}}$

     (d) *taht:* $[Dx \; (x = \text{UNTER*}(y))\,]$

Die Repräsentation der Präp-Marker ist identisch mit der der Poss-Marker.

7.7. Die Pseudo-Verben

Man kann sich fragen, was Verben - "Pseudo-" oder nicht - in einem Kapitel über Präpositionen zu suchen haben. Der Grund, warum die "Pseudo-Verben" erst hier und nicht in Kapitel 5 untersucht werden, besteht darin, daß sie sich in bezug auf Kongruenz etwas anders als die "normalen" Verben verhalten: in mancher Hinsicht verhalten sie sich eher wie Präpositionen, und zwei von ihnen (vgl. (30a) und (30f)) sind sogar historisch aus Präpositionen abgeleitet. Warum ich sie "Pseudo-Verben" nenne, wird im weiteren klar werden.

Bei den Pseudo-Verben handelt es sich um eine heterogene Klasse etwas merkwürdiger Elemente: Ähnlich wie Präpositionen (und Poss-Nomina) tragen sie kein Sb-Affix; im Unterschied zu den Präpositionen aber, bei denen der Kongruenzmarker nicht auftritt, wenn das Komplement vorhanden ist, ist der Kongruenzmarker bei den Pseudo-Verben obligatorisch. Damit ergibt sich eine Parallele zu den Verben, da nur diese obligatorisch einen Kongruenzmarker (das Sb-Affix) haben müssen. Wiederum im Unterschied zu den Verben ist dieser Marker jedoch kein Sb-Marker, sondern, wie aus der Form des 1sg-Marker zu ersehen ist, entweder -i (also ein Präp-Marker bzw. Poss-Marker: vgl. (30a) und (30b)), oder -ni (d.h. ein dO-Marker; vgl. (30c) - (30f)), oder wahlweise einer von beiden (vgl. (30g) und (30h)). Unter (30) sind die Pseudo-Verben aufgelistet; unter (31) finden sich einige Beispiele, die zeigen, wie sie verwendet werden. Die Interlinearübersetzung soll die ungefähre Bedeutung andeuten.

30. (a) għand-i   (b) donn-i   (c) qis-ni   (d) għad-ni
       bei-1sg   als+ob-1sg   als+ob/wie-1sg   noch-1sg
       (= hab)

    (e) għodd-ni   (f) fi-ni   (g) il-(n)i   (h) koll-(n)i
        fast-1sg   in-1sg   bleib-1sg   all-1sg

31. (a) Int għand-ek ħafna flus.
        du hab-2sg viel Geld
        Du hast viel Geld.

    (b) Jien il-ni   n-għix biżżejjed hawn.
        ich dauer-1sg 1sg-leb genug   hier
        Ich lebe lange genug hier.

(c) Int qis-ek   missier-i / miġnun / ma t-af   b'   xejn.
    du wie-2sg Vater-1sg / verrückt / ng 2sg-weiß   mit   nichts
    Du bist wie mein Vater / verrückt / Es ist als ob du nichts davon
    weißt.

(d) Pawlu   għad-u   d-dar   / Malti / ma ġie-x.
    Paul ist noch-3msg df-Haus   / Malteser/ ng komm-ng
    Paul ist immer noch zu Hause/ ein Malteser/ nicht gekommen

(e) Jien għodd-ni nsej-t.   (f) Hu donn-u   kollox nesa.
    ich fast-1sg vergeß-1sg   er als+ob-3msg alles   vergeß(3msg)
    Ich habe fast vergessen.   Es ist als ob er alles vergessen hat.

(g) Il-ktieb fi-h   ħafna informazzjoni.   (h) Aħna koll-na ramel.
    df-Buch in-3msg viel   Information   wir all-1pl Sand
    Das Buch enthält viel Information.   Wir sind voll Sand.

Unabhängig von der Form des Kongruenzmarkers für 1sg ist es schwierig zu
bestimmen, zu welcher Hauptkategorie diese Elemente gehören. Hinsichtlich
der Negation verhalten sich die meisten, nämlich għand-'hab', għad-'noch',
għodd-'fast', fi-'in' und il-'dauern', wie Verben, d.h. sie werden mit dem
Circumfix m(a) ... x negiert.

32. (a) Jien m' il-ni-x   hawn.   (b) Int m'għand-ek-x ħafna paċenzja.
        ich ng dauer-1sg-ng hier   du ng hab-2sg-ng viel Geduld.
        Ich bin nicht lange hier.   Du bist nicht sehr geduldig.

donn- 'als ob', qis- 'wie/als ob' und koll- 'all-' jedoch dürfen nicht mit dem
Circumfix negiert werden (vgl. (33)): donn- und qis- erlauben nur die Negation des eingebetteten Komplements (vgl. (34a) und (34b)); koll- wird mit
der Kopula negiert (vgl. (34c)). Es scheint sich bei den Pseudo-Verben um
Elemente zu handeln, die dabei sind, sich aus nicht-Verben zu Verben zu
entwickeln, wobei sie sich auf verschiedenen Stufen der Entwicklung befinden.

33. (a) *Int ma donn-ok-x   t-ifhem.   (b) *Int ma qis-ek-x   t-rid.
        du ng als+ob-2sg-ng 2sg-versteh   du ng wie-2sg-ng 2sg-will

    (c) *Aħna ma koll-nie-x ramel.
        wir ng all-1pl-ng Sand.

34. (a) Int donn-ok   ma t-af-x   x'   int   t-aghmel.
       u als+ob-2sg ng 2sg-weiß-ng was sein(2sg) 2sg-machen
       Es ist als ob du nicht weißt, was du tust.

    (b) Dak   qis-u   ma j-rid-x   j-iġi.
        jene(msg) als+ob-3msg ng 3msg-woll-ng 3msg-komm
        Es ist als ob der nicht kommen will.

    (c) Intom m'intom-x   koll-kom ramel.
        ihr   ng sein(2pl)-ng all-3pl   Sand(msg).
        Ihr seid nicht voll mit Sand.

Tabelle IV gibt einen schematischen Überblick über die beschriebenen Eigenschaften der Pseudo-Verben.

Tabelle IV

		Marker obligatorisch	mit -ni (dO-Marker)	mit -i (Poss-Marker)	negiert mit ma...x
ghand-	'hab'	+	-	+	+
donn-	'als+ob'	+	-	+	-
qis-	'wie/als+ob'	+	+	-	-
ghad-	'noch'	+	+	-	+
ghodd-	'fast'	+	+	-	-
fi-	'in'	+	+	-	+
il-	'dauer'	+	+	+	+
koll-	'all'	+	+	+	-

Das Problem der Form des Markers kann mit Hilfe der Phonologie gelöst werden. Es ist auffallend, daß die Möglichkeit sowohl -i als auch -ni zu haben, nur nach den beiden Wörtern koll- und il- mit /l/ im Auslaut besteht. Hier ist eine phonologische Zusammenwirkung von /l/ und /n/ zu vermuten: diese Möglichkeit besteht bei ''normalen'' Verben grundsätzlich nicht (vgl. (35)). Es handelt sich also um eine Eigenart dieser Pseudo-Verben, daß sie die Variation zulassen.

35. (a) hasil-ni   (b) *hasil-i   (c) kiel-ni   (d) *kiel-i
        wasch-1sg   wasch-1sg   eß-1sg   eß-1sg

Auch bei ghand- 'hab' und donn- 'als ob' spielt sicherlich die Phonologie eine Rolle; sie verhindert, daß nach der Folge /nd/ bzw. nach einem /n/ ein

/ni/ vorkommen kann. Einen Hinweis darauf, daß bei *ghand*- tatsächlich eine phonologische Regel im Spiel ist, liefert die Form des 1pl-Markers von *ghand-na* 'wir haben', das nicht wie in (36a) sondern wie in (36b) ausgesprochen wird.

36.　　(a) *[a:ndna]　　　(b) [a: n: a]

Offenbar wird die Lautfolge [ndn] generell vermieden: bei der 1pl geschieht das, indem das /d/ von *ghand*-getilgt wird. Aus demselben Grund kann bei *ghand*- der ursprüngliche Präp-Marker -*i* phonologisch nicht durch den dO-Marker -*ni* ersetzt werden, da die Phonologie dagegen wirkt. Schließlich ist -*ni* in Kombination mit *donn*- wegen des resultierenden /nnn/ Clusters nicht möglich.

7.8. Kasus

Man kann also generell annehmen, daß es sich bei dem Kongruenzmarker der Pseudo-Verben im Grunde um den dO-Marker -*ni* handelt, dessen phonologische Ausbuchstabierung jedoch manchmal verhindert wird. Die phonologischen Prozesse, die -*ni* betreffen, sind spezifisch für die Pseudo-Verben, da z.B. bei den "normalen" Verben keine Alternation zwischen -*ni* und -*i* möglich ist, wenn das Verb auf /l/ endet. Diese phonologischen Prozesse können, zusammen mit den im Anschluß diskutierten Daten über die Kasuszuweisung, eine plausible Erklärung für das allgemeine Verhalten der Pseudo-Verben bieten.

　　Wenn keine Topikphrase mit dem Marker eines Pseudo-Verbs assoziiert ist, ergibt sich wie auch bei den übrigen lexikalischen Kopfkategorien Pro-Drop (vgl. (37). Eine Topikphrase, die mit dem Marker assoziiert ist, muß [-Ks] sein (vgl. *hi* und *int* in (38)).

37. (a) Ghand-ha hin　　　ghal-ija?　　　(b)　　Qis-ek　xadin-a.
　　　hab-3fsg Zeit(msg) für-1sg　　　　　　wie-2sg Affe-fsg
　　　Hat sie Zeit für mich?　　　　　　　　Du bist wie ein Affe.

38. (a) Hi ghand-ha hin　　　ghal-ija?　　　(b)　　Int qis-ek　xadin-a.
　　　sie hab-3fsg Zeit(msg) für-1sg　　　　　　du wie-2sg Affe-fsg
　　　"Sie, hat sie Zeit für mich?"　　　　　　"Du, du bist wie ein Affe."

Eine Erklärung für dieses Verhalten könnte folgendes sein: Die Pseudo-Verben sind Stämme, d.h. [+STM]-Elemente, und können deshalb ohne Kongruenz-marker nicht Output des Lexikons sein: deshalb muß der Marker "ausnahms-weise" im Lexikon klitisiert werden. Das könnte erklären, warum es bei den Pseudo-Verben die idiosynkratischen phonologischen Prozesse gibt, die oben beschrieben wurden. Die Klitika gehören zu der -ni-Klasse, sind also [+g, -o, -gn]. Die Topikphrase, die mit dem Klitikum assoziiert ist, hat, wie die mit den Sb-Affixen assoziierte, keinen Zugang zu syntaktischer Information über Kasus und muß deshalb [-Ks] sein.

Als Beispiel für die Pseudo-Verben ist *ghand* in (39) aufgeführt. Der Le-xikoneintrag für *ghand* beinhaltet zwei Θ-Rollen, die über Individuenvariablen abstrahieren.

39. ghand: +V, -N, -PERF; $\lambda x \quad \lambda y$ $[HAB(x, y)]$
     'hab'
$$\begin{array}{cc} +g & +g \\ -o & -o \\ -gn & -gn \end{array}$$

Bei dieser Repräsentation muß geklärt werden, warum die Phrasen in (40) ungrammatisch sind. Vermutlich ist die Ungrammatikalität darin begründet, daß es generell verboten ist, daß Klitika derselben Klasse an einem Wort zweimal vorkommen. Es gibt unabhängige Evidenz für diese Annahme, die mit dem Verhalten von Verben wie *wera* 'zeigen' zu tun hat, auf die ich hier aber nicht eingehen möchte.

40. (a) *ghand-ha-hom   (b) *ghand-i-u
          hab-3fsg-3pl   hab-1sg-3msg
          sie hat sie   ich habe ihn

Zusammenfassend ergibt sich das folgende Bild: Das idiosynkratische Verhal-ten der Pseudo-Verben kann darauf zurückgeführt werden, daß sie sich aus nicht-verbalen zu verbalen Elementen entwickeln. Da diese Entwicklung noch nicht abgeschlossen ist, können einige von ihnen nicht mit dem Circumfix negiert werden. Aus noch zu klärenden Gründen, die wahrscheinlich mit der historischen Entwicklung zu tun haben, sind beide Argumente dieser Verben syntaktisch interne Argumente. Eines der Argumente ist obligatorisch im Lexikon als Kongruenzmarker zu realisieren, und eine Topikphrase darf damit assoziiert werden. Die Kasusform der Topikphrase ergibt sich aus den übli-chen Annahmen über die Vererbung bzw. Nicht-Vererbung der Kasusmerkmale in der Syntax.

8. Kongruenz, Kontrolle und Raising

In diesem Kapitel wird häufig von "Multi-Verb-Konstruktionen" (kurz MVKn) die Rede sein, deshalb muß zunächst dieser Begriff definiert werden. Eine MVK enthält ein Verb V_1 (das Bestimmungsverb[1]), das ein anderes Verb V_2 (das abhängige Verb) c-kommandiert, wobei V_2 obligatorisch ein mit einem Komplement (Subjekt oder direktes Objekt) von V_1 kongruierendes Sb-Affix trägt. Zu den MVK zählen unter anderem Strukturen, in denen V_1 im traditionellen Sinne ein "Equi"-Verb (Subjektkontrollverben wie *nesa* 'vergessen' und Objektkontrollverben wie *ipperswada* 'überreden') oder ein "Raising"-Verb (der Tempusmarker *kien*) ist. Weiterhin können ECM-Verben (Exceptional-Case-Marking-Verben) wie *ġaghal* 'zwingen' als V_1 in einer MVK vorkommen. Final-Konstruktionen wie in (1a) und "Manner"-Konstruktionen" wie in (1b) gehören ebenfalls zu den MVKn. Bestimmungsverben sind also die Verben, die in einer MVK als Matrixverben vorkommen.

1. (a) Ġie-t   t-ara   min rebaħ.
       komm-3fsg 3fsg-seh wer gewinn(3msg)
       Prf   Sb   Sb   Impf Prf
       Sie ist gekommen, um zu sehen, wer gewonnen hat.

   (b) Niżel   j-iġri.
       runterkomm(3msg) 3msg-lauf
       Prf   Sb   Sb   Impf
       Er ist im Laufschritt runtergekommen.

Da es im Maltesischen wie in anderen semitischen Sprachen keine Infinitiv-Form des Verbs im Sinne einer Verbform ohne Kongruenzaffixe gibt, trägt

---

[1] Der Begriff "Bestimmungsverb" soll nicht mit dem traditionellen Begriff "Kontrollverb" verwechselt werden, da unter anderem z.B. auch "Raising"-Verben unter diesen Begriff fallen. Der Begriff ist nur ein Mittel, um Matrixverben in MVKn von Matrixverben, die CPn regieren, zu unterscheiden. Der Begriff "Kontrollverb" wird hier im traditionellen Sinn verwendet.

das eingebettete Verb V_2 in solchen Konstruktionen obligatorisch Sb-Affixe und ist deshalb immer für Numerus, Person und Genus markiert. (2b) ist ungrammatisch, weil das eingebettete Verb *mur* kein Sb-Affix trägt; in (2c) kongruiert *m-mur* (1sg) nicht mit dem Matrixverb *irid* (3msg).

2. (a)   L-emigrant   i-rid   i-mur   lura   f' pajjiż-u.
          df-Auswanderer(msg) 3msg-woll   3msg-geh   zurück in Land-3msg
          Sb   Sb   Impf Sb   Impf   Posr
          Der Auswanderer will zurück in sein Land.

    (b) *L-emigrant   i-rid   mur   lura   f' pajjiż-u.
          df-Emigrant(msg)   3msg-woll   geh   zurück in Land-3msg
          Sb   Sb   Impf   Posr

    (c) *L-emigrant   i-rid   im-mur   lura   f' pajjiż-u.
          df-Emigrant(msg)   3msg)-woll 1sg-geh   zurück in Land-3msg
          Sb   Sb   Impf Impf   Posr

In diesem Kapitel werden im Rahmen der hier vertretenen lexikalistischen Theorie Überlegungen zum Verhältnis von Tempus, Aspekt und Verbflexion innerhalb des grammatischen Systems erörtert, sowie zu den morphosyntaktischen und semantischen Beziehungen zwischen Matrixverb und eingebettetem Verb, besonders im Hinblick auf ihr Kongruenzverhalten.

Es gibt einen engen Zusammenhang zwischen Finitheit, Tempus, Aspekt und Verbflexion, der z.B. in der EST (Extended Standard Theory) und im GB-Modell dadurch zum Ausdruck kam, daß eine syntaktische Kategorie INFL all diese Information enthielt. Später wurden allerdings die unterschiedlichen Informationen strukturell von einander getrennt und durch verschiedene Kategorien, die selbst jeweils auf eine maximale Phrase projizieren, syntaktisch kodiert: Tempus bzw. Finitheit durch die Kategorie T, die Verbkongruenz durch die Kategorie AGR (siehe Pollock 1988, Chomsky 1989) und Aspekt durch die Kategorie ASP.

Zunächst soll der Begriff der Finitheit im Zusammenhang mit den Verbformen des Maltesischen kurz erläutert werden.

8.1. Die Verbformen

Unter anderem aufgund ihres Kongruenzverhaltens können die Verbformen in
zwei Gruppen unterteilt werden: (i) die Nicht-Partizipial- und (ii) die Partizipialformen. Die Partizipialformen verhalten sich morphosyntaktisch wie
Adjektive und nicht wie Verben: Sie kongruieren nur in bezug auf Numerus
und Genus mit dem Subjekt und nicht in bezug auf Person. Die Affixe, die
Plural von Singular und (im Singular) Femininum von Maskulinum unterscheiden, sind dieselben Affixe, die für Adjektive wie*ferḥan* 'glücklich' benutzt
werden (vgl. (3) und (4)): -*a* für Femininum und -*in* für Plural. Maskulinum
wird nicht overt markiert.

3. Partizip von *raqad* 'schlafen':

   (a) rieqed   (b) rieqd-a   (c) reqd-in
       schlafend(msg)   schlafend-fsg   schlafend-pl

4. das Adjektiv *ferḥan* 'glücklich':

   (a) ferḥan   (b) ferḥan-a   (c) ferḥan-in
       glücklich(msg)   glücklich-fsg   glücklich-pl

Ein weiterer Unterschied zwischen Partizipial- und Nicht-Partizipialformen
besteht darin, daß Partizipien (wie Adjektive) nicht wie die Verben mit dem
Circumfix *ma...x* negiert werden können, sondern mit der negierten "pronominalen" Form der Kopula (siehe dazu Abschnitt 9.7). In den folgenden
Beispielen stehen 'Prs' für 'Präsens', 'Prt1' für Partizip Präsens.

5. (a) Jien ma n-orqod-x   biżżejjed.
       ich ng 1sg-schlaf-ng genug
       Sb   Sb   Impf
       Ich schlafe nicht genug.

   (b) Jien m-inie-x   rieqed.
       ich ng-sein(1sg)-ng schlafend(msg)
       Sb   Prs Sb   Prt1
       Ich schlafe gerade nicht.

206

(c) Jien m-inie-x   ferħan.
    ich ng-sein1sg-ng glücklich(msg)
    Sb   Prs Sb
    Ich bin nicht glücklich.

(d) *Jien ma riqed-x.
    ich ng schlafend(msg)-ng

(e) *Jien ma ferħan-x.
    ich ng glücklich-ng

Man hat also einerseits die Nicht-Partizipial- bzw. Verbalformen, die traditionell weiter unterteilt sind in Perfektiv und Imperfektiv; und andererseits
die Partizipial- bzw. adjektivischen Formen, die traditionell nach englischem
Muster in "present participle" und "past participle" bzw. aktivisches Partizip
(participju attiv) und passivisches Partizip (participju passiv) unterteilt werden. Im folgenden werde ich mich auf die "present participle"-Form als
Partizip I (kurz Prt1) und auf die "past participle"-Form als Partizip II (kurz
Prt2) beziehen. Diese Verbformen sind in Tabelle I am Beispiel des Verbs
mexa 'laufen' (vgl. Englisch walk) aufgeführt[2]. (prt steht für Partizip.)

Tabelle I Die Verbformen

nicht-Partizip		Partizip	
(a) imperfektiv	(b) perfektiv	(c) Prt1	(d) Prt2
j-imxi 3msg-lauf er läuft	mexa lauf(3msg) er lief	miex-i lauf-msg laufend	m-mexxi prt-führ(msg) geführt

[2] Die Prt2-Form m-mexxi wird aus der kausativen Form mexxa 'führen/jmd. Beine
machen' des Verbs mexa 'laufen' gebildet. Die Form m-mexa existiert nicht.

Die morphologisch-basierte Klassifikation in Tabelle I spiegelt eine semantische Unterscheidung wider: wie die Tests in (6) und (7) zeigen, bezeichnen die Verbalformen Ereignisse, die Partizipialformen dagegen Zustände (bzw. Prozesse) wie ihre Kombination mit Zeitadverbialen zeigt.

6. (a) Pawlu j-imxi/mexa   sa l-iskola   f'siegħa.
        Paul 3msg-lauf/lauf(3msg) bis df-Schule in Stunde
        Sb   Sb   Impf/Prf Sb
        Paul läuft in einer Stunde zur Schule/ist in einer Stunde zur Schule gelaufen.

   (b) *Pawlu j-imxi/mexa   bħalissa.
        Paul 3msg-lauf/lauf(3msg) gerade

7. (a) Pawlu miexi   bħalissa.
        Paul lauf(msg) gerade
        Sb   Prt1
        Paul läuft gerade.

   (b) *Pawlu miexi   sa l-iskola f' siegħa.
        Paul lauf(msg) bis df-Schule in Stunde

   (c) Il-pajjiż im-mexxi   minn gvern   korrott bħalissa.
        df-Land prt-lauf(msg) von Regierung korrupt gerade
        Sb   Prt2
        Das Land wird zur Zeit von einer korrupten Regierung geführt.

   (d) *Il-pajjiż im-mexxi   mil-l-gvern   f' ħames snin.
        df-Land prt-lauf(msg) von-df-Regierung in fünf Jahre

Das Partizip I wird aspektuell als Progressiv interpretiert (vgl. (8a)). Die Partizip II-Formen kodieren reine Zustände und haben ein Thema-Argument (vgl. (8b) und (8c)). Je nach Konstruktion werden sie als Zustands- bzw. Handlungs-Passiv interpretiert. Deshalb wird diese Form oft "partiċipju passiv" genannt und das Partizip I "partiċipju attiv". (Ich möchte hier nicht auf die Details dieser Konstruktionen eingehen.)

8. (a) Michael miex-i   f-l-ilma.   (b) Iż-żarbun issa m-xarrab.
        Michael lauf-msg in-df-Wasser   df-Schuh jetzt prt-naß
        Sb   Prt1 Sb   Sb   Prt2
        Michael läuft gerade im Wasser.   Die Schuhe sind jetzt naß.

(c) Il-pajjiż   im-mexx-i   minn gvern   korrott.
df-Land(msg)   prt-lauf-msg von Regierung korrupt
   Sb   Prt2-Sb
Das Land wird/ist von einer korrupten Regierung geführt.

Nicht alle Verben können das Partizip I synthetisch bilden. So z.B. gibt es
die Form *sieraq 'stehlend' von seraq 'stehlen' nicht. Die meisten Verben
bilden das Partizip I mithilfe der lokativen Kopula qieghed 'lokalisiert' bzw.
ihrer Kurzform qed, in Verbindung mit der Imperfektiv-Form des Verbs.
qieghed ist selbst das Partizip I des Verbs qaghad 'bleiben' und kongruiert in
bezug auf Genus und Numerus mit der Sb-Nphrase; qed kongruiert nicht.

9. (a) Birgit qed/qieghd-a   t-ilghab   il-Mah Jongg.
      Birgit Lok /Lok-fsg 3fsg-spiel df-Mah Jongg
      Sb   Prt1   Sb   Impf   dO
      Birgit spielt gerade/zur Zeit Mah Jongg.

  (b) Il-gvern   qed/qieghed   j-israq   lil-l-poplu.
      df-Regierung Lok /Lok(msg) 3msg-stehl Ks-df-Volk
      Sb   Prt1   Sb   Sb Impf   dO
      Die Regierung bestiehlt gerade/zur Zeit das Volk.

Die Kombination von qed bzw. qieghed mit der Imperfektivform des Verbs
ergibt die progressive Interpretation des Imperfektivs. Parallel dazu bewirkt
die Kombination mit der Partikel sa (vgl. (10b)) die prospektive Lesart. Die
Imperfektivform allein wird als habituell verstanden (vgl. (10c)). (Prsp steht
für Prospektiv, Prg für Progressiv.) Diese Fakten sprechen dafür, daß die
Imperfektivform, wie bisher stillschweigend angenommen (siehe Abschnitt
4.6.), die unmarkierte Form ist, da sie mehr Interpretations-Variatnten als
die Perfektivform aufweist. Sie wird deshalb mit dem Merkmal [-PERF]
klassifiziert.

10. (a) Pawlu qed j-iekol.   (b) Pawlu sa   j-iekol.
      Paul Prg 3msg-ess   Paul Prsp 3msg-ess
      Sb   Sb   Impf   Sb   Sb   Impf
      Paul ist dabei zu essen.   Paul wird essen/ist dabei zu essen.
                                 (Paul is going to eat.)

(c) Pawlu j-iekol.   (d) *Pawlu qed sa j-iekol.

Paul	3msg-ess	
Sb	Sb	Impf

Paul ißt.

Paul	Prg	Prsp	3msg-ess
Sb		Sb	Impf

(e) *Pawlu sa qed j-iekol.

Paul	Prsp	Prg	3msg-eß
Sb		Sb	Impf

Tabelle II gibt einen Überblick über die Aspektformen:

Tabelle II: Aspektformen des Verbs

Imperfektiv			Perfektiv
Prospektiv	Progressiv	Habituell	
sa jiekol	qed jiekol	jiekol	kiel

Alle Formen in Tabelle II sind tempuslos: Sie enthalten nur aspektuelle Information (vgl. Borg 1981). Wenn diese Formen "nackt" auftreten, d.h. ohne den Tempusmarker *kien*, werden sie in bezug auf Tempus als Präsens, d.h. [-PST] verstanden.

Die Vergangenheit ergibt sich durch die Kombination der Kopula *kien* 'war' mit einer dieser Aspektformen[3]. In (11) sind einige Beispiele mit und ohne *kien* zur Illustration der Tempus/Aspekt-Formen aufgeführt. (Sätze mit der perfektiven Form des Verbs werden mit der deutschen Perfektform übersetzt (vgl. (11c)).

---

[3] Eine weitere Tempusform, die aus derselben Wurzel *k-n* wie *kien* gebildet wird, deren genaue Funktion aber strittig ist, ist *ikun* (siehe Borg 1981, 1988). Im allgemeinen kodiert sie die Zukunft, kann aber auch manchmal Präsens kodieren. Si kann deshalb als [-PST] wiedergegeben werden.

11. (a) Pawlu j-iekol.
    Paul 3msg-aß
    Paul ißt.
    (Paul eats)

    (b) Pawlu kien j-iekol.
    Paul Pst(3msg) 3msg-aß
    Paul aß immer.
    (Paul used to eat)

    (c) Pawlu kiel.
    Paul aß(3msg)
    Paul hat gegessen.
    (Paul ate)

    (d) Pawlu kien kiel.
    Paul Pst(3msg) aß(3msg)
    Paul hatte gegessen.
    (Paul had eaten)

    (e) Pawlu qed j-iekol.
    Paul Prg 3msg-aß
    Paul ißt gerade.
    (Paul is eating)

    (f) Pawlu kien qed j-iekol.
    Paul sein(3msg) Prg 3msg-aß
    Paul aß gerade/war dabei zu essen.
    (Paul was eating)

    (g) Pawlu sa j-iekol.
    Paul Prsp 3msg-aß
    Paul wird essen.
    (Paul is going to eat)

    (h) Pawlu kien sa j-iekol.
    Paul sein(3msg) Prsp 3msg-aß
    Paul war im Begriff zu essen.
    (Paul was going to eat)

Aus der Übersetzung wird folgendes deutlich:
(i) In bezug auf eine gegebene Zeit (Sprech- bzw. Bezugszeit) besagt die perfektive Form, daß ein Ereignis zu diesem Zeitpunkt abgeschlossen ist; die imperfektive, daß es noch nicht abgeschlossen ist. (ii) In bezug auf eine gegebene Zeit (Sprech- bzw. Bezugszeit) besagt die Partizipialform, daß ein Zustand (bzw. ein Prozeß, je nachdem, welchem theoretischen Ansatz man in diesem Punkt folgen will) zu diesem Zeitpunkt herrscht. Die Bezugszeit ist per Default die Sprechzeit. *kien* ist ein Tempus-Marker, der die Bezugszeit auf einen Punkt vor der Sprechzeit verlegt. Außer *kien* sind also alle Verbformen des Maltesischen nicht finite Formen, d.h. für Finitheit oder Tempus nicht morphologisch gekennzeichnet.

Als Matrix-Verb c-kommandiert *kien* das eingebettete Verb, das obligatorisch mit dem Subjekt von *kien* kongruiert (vgl. (12)). Deshalb ist *kien* ein Bestimmungsverb und an einer MVK im Sinne der Definition zu Beginn dieses Kapitels beteiligt.

12 (a) Brian kien j-orqod.
    Brian Pst(3msg) 3msg-schlaf
    Sb   Sb   Sb   Impf
    Brian schlief immer.
    (Brian used to sleep)

    (b) Marija kien-et t-orqod.
    Maria Pst-3fsg 3fsg-schlaf
    Sb   Sb   Sb   Impf
    Maria schlief immer.
    (Mary used to sleep)

(c) *Brian kien   t-orqod.   (d) *Marija kien-et   j-orqod.
    Brian Pst (3msg) 3fsg-schlaf   Maria Pst -3fsg 3msg-schlaf

Bevor im folgenden beschrieben wird, wie sich die Kongruenzverhältnisse in
solchen Sätzen ergeben, soll zunächst eine allgemeine Klassifizierung der
verschiedenen Typen von Bestimmungsverben im Maltesischen, und ihre
Abgrenzung von Nicht-Bestimmungsverben vorgenommen werden.

8.2. Bestimmungs- vs. Nicht-Bestimmungsverben

Da es im Maltesischen keine Infinitivform gibt, erkennt man anders als in
vielen indo-europäischen Sprachen Bestimmungsverben nicht daran, daß sie
als Komplement eine nicht-flektierte Form des Verbs verlangen, sondern
daran, daß sie im Gegensatz zu anderen Matrixverben eine VP statt einer
CP regieren: Nicht-Kontrollverben sind meist obligatorisch für eine CP mit
illi subkategorisiert (vgl. (13)); Bestimmungsverben dagegen sind nie für eine
CP (vgl. (14)) subkategorisiert. Der Komplementierer *illi* (daß) wird meistens
zu *li* abgekürzt. (In der Interlinearübersetzung werden die Subjekte durch
Indizes markiert, wenn sie sich auf unterschiedliche Referenten beziehen.)

13. (a) Jien dejjem   n-ohlom   li   t-iġ-u   hawn spiss.
         ich immer   1sg-träum   daß   2-komm-pl hier oft
         Sb_i Sb_i-Impf Sb_j Impf
         Ich träume immer, daß ihr oft hierher kommt.

    (b) *Jien dejjem   n-ohlom   n-iġi   hawn spiss.
         ich immer   1sg-träum   1sg-komm hier   oft

14. (a) Jien tghallim-t n-ilghab   l-iskat.
         ich lern-1sg   1sg-spiel   df-Skat
         Sb   Prf Sb   Sb Impf   dO
         Ich habe gelernt, Skat zu spielen.

    (b) *Jien tghallim-t li   n-ilghab   l-iskat.
         ich lern-1sg   daß   1sg-spiel   df-Skat

In der Klasse der Kontrollverben gibt es jedoch einige Verben, die optional
ein *illi*-Komplement nehmen. Diese Verben können in zwei Klassen eingeteilt

werden: (i) die Nicht-Kontrollverben, bei denen das Vorkommen bzw. Nicht-vorkommen von *illi* keinen Bedeutungsunterschied bewirkt, und (ii) die Verben, die dadurch eine etwas andere Bedeutung bekommen. Diese Verben sind mit *illi* Nicht-Kontrollverben und ohne *illi* Kontrollverben. Der Bedeutungsunterschied ist je nach Verb unterschiedlich deutlich.

Zu der ersten Klasse gehört u.a. *haseb* 'denken'. Der Effekt von *illi* entspricht dem von *that* im Englischen (vgl. (16)), mit dem Unterschied, daß im Maltesischen die Verwendung mit *illi* die präferierte ist.

15. (a) Jien n-ahseb li   int sviluppaj-t   teorija perfetta.
         ich 1sg-denk daß du entwickel-2sg Theorie perfekt
         Sb$_i$ Sb$_i$ Impf Sb$_j$ Prf   Sb$_j$ dO
         Ich denke, daß du eine perfekte Theorie entwickelt hast.

     (b) Jien n-ahseb   int sviluppaj-t   teorija perfetta.
         ich 1sg-denk du entwickel-2sg Theorie perfekt
         Sb$_i$ Sb$_i$ Impf Sb$_j$ Prf   Sb$_j$ dO
         Ich denke, daß du eine perfekte Theorie entwickelt hättest.

16. (a) I thought that you had developed the perfect theory.
     (b) I thought you had developed the perfect theory.

Zu der zweiten Klasse gehört z.B. *af* 'wissen'. Bei *af* ist der Bedeutungs-unterschied besonders deutlich: ohne *illi* bedeutet *af* 'können', mit *illi* dagegen 'wissen'. Es handelt sich also um zwei homophone Verben, von denen das eine ('können'; vgl. (17a)) ein Kontrollverb ist, das andere ('wissen'; vgl. (17d)) jedoch nicht. Da es sich um ein Kontrollverb handelt, muß im ersten Fall ('können') das eingebettete Verb mit dem Subjekt des Matrixverbs kongruieren, im zweiten Fall ('wissen') jedoch nicht.

17. (a) Ingrid t-af   t-itkellem   bi-1-Malti.
         Ingrid 3fsg-wiss 3fsg-sprech mit-df-Maltesisch
         Sb   Sb   Impf Sb Impf
         Ingrid kann Maltesisch sprechen.

     (b) *Ingrid t-af   j-itkellem   bi-1-Malti.
         Ingrid 3fsg-wiss 3msg-sprech mit-df-Maltesisch

(c) Ingrid t-af   li t-itkellem   tajjeb b-il-Malti.
    Ingrid 3fsg-wiss daß 3fsg-sprech gut   mit-df-Maltesisch
    Sb$_i$ Sb$_i$ Impf Sb$_{i/j}$ Impf
    Ingrid weiß, daß sie gut Maltesisch spricht.

(d) Ingrid t-af   li j-itkellem   tajjeb b-il-Malti.
    Ingrid 3fsg-wiss daß 3msg-sprech gut   mit-df-Maltesisch
    Sb$_i$ Sb$_i$ Impf Sb$_j$ Impf
    Ingrid weiß, daß er gut Maltesisch spricht.

Es gibt neben der Abwesenheit von *illi* und der obligatorischen Kongruenz der Verben andere Tests, um Bestimmungsverben von Nicht-Bestimmungs-verben zu unterscheiden. Die Form des eingebetteten Verbs bei Bestimmungs-verben ist nicht nur in bezug auf Kongruenz, sondern auch in bezug auf Tempus, Aspekt und Negation vom Matrixverb abhängig. Bestimmungsverben regieren nie eine TP, d.h. ihr Komplement ist auf [-T]-Kategorien, also VPn, beschränkt.

18. (a) *Ingrid t-af   kien-et   t-itkellem   b-il-Malti.
        Ingrid 3fsg-könn Pst-3fsg   3fsg-sprech mit-df-Maltesisch
        Sb$_i$ Sb$_i$ Prf   Sb$_i$ Sb$_i$ Impf

    (b) *Jien insej-t   in-kun   in-saqqi.
        Ich vergeß-1sg 1sg-Prs 1sg-gieß
        Sb$_i$ Prf   Sb$_i$ Sb$_i$ Sb$_i$ Impf

Die Bestimmungsverben kommen meistens nur in Kombination mit dem Imper-fektiv vor (siehe aber Abschnitt 8.5. zu den Raising-Verben), was ein wei-terer Hinweis ist, daß die Imperfektivform relativ zur Perfektivform die unmarkierte Form ist.

19. (a) Jien insej-t   in-saqqi.   (b) *Jien insej-t   saqqej-t.
        ich vergeß-1sg 1sg-gieß   ich vergeß-1sg gieß-1sg
        Sb Prf   Sb Sb Impf   Sb Prf   Sb Prf Sb
        Ich habe vergessen zu gießen.

    (c) *Jien insej-t   qed in-saqqi.
        ich vergeß-1sg Prg 1sg-gieß
        Sb Prf   Sb   Sb Impf

Einige Bestimmungsverben, und zwar die Wahrnehmungsverben, kommen auch mit Partizip I vor (siehe auch Abschnitt 9.5):

20. (a) Raj-t   lil Richard rieqed/   qed j-ikteb.
        seh-1sg Ks Richard Prt(msg) Prg 3msg-schreib
        Prf Sb$_i$ dO$_j$ Sb$_j$ Sb$_j$ Impf
        Ich sah Richard schlafen/schreiben.
        (I saw Richard sleeping/writing.)

    (b) Raj-t   lil   Richard j-orqod.
        seh-1sg Ks   Richard 3msg-schlaf
        Prf Sb   dO   Sb   Impf
        Ich sah Richard einschlafen.

Bei Nicht-Bestimmungsverben gibt es keine derartigen Abhängigkeiten in bezug auf Aspekt oder Tempus.

21. (a) Jien n-ahseb li   kien   j-orqod   wisq.
        ich 1sg-denk daß Pst(3msg) 3msg-schlaf zu+viel
        Sb$_i$ Sb$_i$ Impf   Sb$_j$ Sb$_j$ Impf
        Ich denke, daß er immer zu viel schlief. (used to sleep too much)

    (b) Jien n-ahseb li   raqad   wisq.
        ich 1sg-denk daß schlaf(3msg) zu+viel
        Sb$_i$ Sb$_i$ Impf   Prf   Sb$_j$
        Ich denke, daß er zu viel geschlafen hat.

    (c) Jien n-ahseb li   rieqed.
        ich 1sg-denk daß schlaf(msg)
        Sb$_i$ Sb$_i$ Impf   Prt1 Sb$_j$
        Ich denke, daß er/ich/du gerade schläft/schlafe/schläfst.

Die Abhängigkeit des eingebetteten Verbs zeigt sich auch bei der Negation. So erlaubt ried 'wollen' keine Negation des eingebetteten Verbs (vgl. (22a) und (22b)). Bei nicht-Bestimmungsverben dagegen gibt es keine solche Beschränkung.

22. (a) *Jien ir-rid   ma m-mur-x   1-iskola.
        Ich 1sg-will   ng 1sg-geh-ng   df-Schule

(b) Jien ir-rid   im-mur   l-iskola.
     Ich 1sg-will 1sg-geh df-Schule
     Sb   Sb Impf Sb Impf
     Ich will zur Schule gehen.

(c) Jien ħlom-t   li   l-papa   żżewweġ.
     ich   träum-1sg daß df-Papst heirat(3msg)
     Sb$_i$ Prf Sb$_i$ Sb$_j$ Sb$_j$ Prf
     Ich habe geträumt, daß der Papst geheiratet hat.

(d) Jien ħlom-t   li   l-papa   ma żżewwiġ-x.
     ich   träum-1sg daß df-Papst ng heirat(3msg)-ng
     Sb$_i$ Prf Sb$_i$ Sb$_j$ Prf   Sb$_j$
     Ich habe geträumt, daß der Papst nicht geheiratet hat.

Das Beispiel in (23) zeigt aber, daß die Möglichkeit, ein eingebettetes Verb in einer MVK zu negieren, nicht immer ausgeschlossen ist, d.h. daß der Negationstest allein nicht ausreicht, um ein Bestimmungs- von einem Nicht-Bestimmungsverb zu unterscheiden.

23. (a) Jien n-id-dejjaq n-aħdem.   (b) Jien n-id-dejjaq ma n-aħdim-x.
         ich   1sg-rf-stör 1sg-arbeit   ich   1sg-rf-stör ng 1sg-arbeit-ng
         Sb   Sb   Impf Sb Impf   Sb   Sb   Impf Sb Impf
         Es stört mich zu arbeiten.   Es stört mich, nicht zu arbeiten.
         (Ich arbeite nicht gerne.)

Diese Beobachtungen zeigen deutlich, daß, wie zu erwarten, ein Bestimmungsverb und das von ihm c-kommandierte eingebettete Verb semantisch enger zusammengehören als das bei Nicht-Bestimmungsverben der Fall ist. Syntaktisch drückt sich diese "Nähe" dadurch aus, daß das Bestimmungsverb eine VP (d.h. eine [-C, -T]-Kategorie) regiert. Nicht-Bestimmungsverben dagegen regieren eine CP, also eine [+C]-Kategorie, deren C-Position aber manchmal leer bleiben kann.

  Weitere Evidenz für die Annahme, daß Bestimmungsverben eine VP und nicht eine TP regieren, liefert die Beobachtung, daß zwischen Matrix- und abhängigem Verb kein Satzadverb erscheinen darf, was aber möglich sein müßte, wenn das Matrixverb eine TP regieren würde, da Satzadverbien an die TP frei adjungiert werden dürfen.

24. (a) Il-bierah   rid-t   im-mur Għawdex.   Adv V$_1$ V$_2$
        df-gestern woll-1sg 1sg-geh Gozo
        Adv   Prf Sb Sb Prf
        Gestern wollte ich nach Gozo fahren.

    (b) Rid-t   im-mur Għawdex il-bierah.   V$_1$ V$_2$ Adv
        woll-1sg 1sg-geh Gozo   df-gestern
        Prf Sb Sb   Prf   Adv
        Ich wollte gestern nach Gozo fahren.

    (c) *Rid-t   il-bierah   im-mur Għawdex.   V$_1$ Adv V$_2$
        woll-1sg df-gestern 1sg-geh Gozo

Bei Nicht-Bestimmungsverben kann ein Satzadverb mit den entsprechenden
Skopuseffekten auch beim eingebetteten Satz vorkommen. In (25a) und (25b)
hat das Adverb Skopus über den ganzen Satz, in (25c) nur über den eingebetteten Satz.

25. (a) Il-bierah   ħlom-t   li   rbah-t   il-lotterija.   Adv V$_1$ V$_2$
        df-gestern träum-1sg daß gewinn-1sg df-Lotterie
        Adv   Prf   Sb$_i$ Prf   Sb$_i$ dO
        Ich habe gestern geträumt, daß ich in der Lotterie gewonnen habe.

    (b) Ħlom-t   li   rbah-t   il-lotterija l-bierah.   V$_1$ V$_2$ Adv
        träum-1sg daß gewinn-1sg df-Lotterie df-gestern
        Prf Sb$_i$ Prf   Sb$_i$ dO   Adv
        Ich habe geträumt, daß ich gestern in der Lotterie gewonnen habe.

    (c) Ħlom-t   li   l-bierah   irbah-t   il-lotterija.   V$_1$ Adv V$_2$
        träum-1sg daß df-gestern gewinn-1sg df-Lotterie
        Prf Sb$_i$ Adv Prf   Sb$_i$ dO
        Ich habe geträumt, daß ich gestern in der Lotterie gewonnen habe.

Die syntaktischen Strukturen der Sätze in (26a) und (26b) sind in (27a) und
(27b) angegeben.

26.(a) Ħlom-t   li   ċapċap-t   wahd-a lil Skinhead Ġermaniż faxxist.
       träum-1sg daß klatsch-1sg ein-fsg Ks Skinhead deutsch   faschistisch
       Prf Sb   Prf   Sb dO
       Ich habe geträumt, daß ich einem faschistischen deutschen Skinhead
       eine geklatscht habe.

(b) N-af   n-ilghab   iċ-ċess.
     1sg-könn   1sg-spiel df-Schach
     Sb Impf   Sb Impf   dO
     Ich kann Schach spielen.

27. (a)   (b)

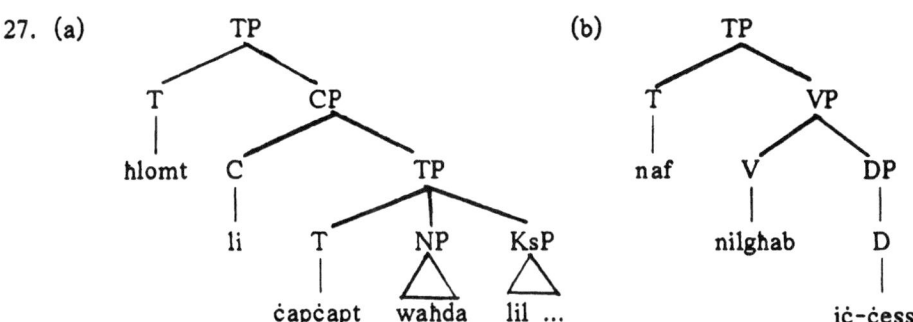

8.3. Kontroll- und ECM–Verben im Maltesischen

Durch die Kongruenzaffixe sind die Kontrollverhältnisse in MVK im Maltesischen explizit markiert. Es gibt zwei Sorten von Kontrollverben: Subjekt-
und Objekt-Kontrollverben. Im ersten Fall kongruiert das Sb-Affix des eingebetteten Verbs mit dem Subjekt des Matrixverbs, im zweiten Fall mit dem
direkten Objekt des Matrixverbs. Es gibt keine Konstruktionen, in denen das
eingebettete Verb mit dem indirekten Objekt des Matrixverbs kongruiert (vgl.
(28e)). (Das scheint eine universelle Beschränkung zu sein.)

28. (a) Jien n-ibża'   m-mur   fi-l-kantina.
         ich 1sg-fürcht 1sg-geh   in-df-Keller
         Sb Sb Impf   Sb Impf
         Ich habe Angst, in den Keller zu gehen.

    (b) *Jien n-ibża'   t-mur   fi-l-kantina.
         ich 1sg-fürcht 2sg-geh   in-df-Keller

    (c) Jien ipperswadej-t lil Goof i-mur   il-Belt.
         ich überzeug-1sg   Ks Goof 3msg-geh df-Stadt
         Sb$_i$ Impf   Sb$_i$ dO$_j$ Sb$_j$ Impf
         Ich habe Goof überzeugt, in die Stadt zu gehen.

(d) *Jien ipperswadej-t lil Goof im-mur il-Belt.
    ich überzeug-1sg Ks Goof 1sg-geh df-Stadt

(e) *Jien urej-t il-ktieb lil Marita t-ahdem fi-l-ġnien.
    ich zeig-1sg df-Buch Ks Marita 3fsg-arbeit in-Garten
    Sb_i Impf Sb_i dO iO_j Sb_j

Bei ECM-Verben kongruiert das eingebettete Verb wie bei den Objekt-Kontroll-verben mit einem direkten Objekt. Eine Unterklasse der ECM-Verben bilden einige Wahrnehmungsverben wie *ra* 'sehen' und *xamm* 'riechen' (vgl. 29c) - (29e).

29. (a) Jien ir-rid lil Goof i-mur il—Belt.
    ich 1(sg)-woll Ks Goof 3(msg)-geh df-Stadt
    Sb_i Sb_i Impf dO_j Sb_j Impf
    Ich will, daß Goof in die Stadt geht.

(b) Ahna n-ġieghl-u lil Martina t-ikteb.
    wir 1-zwing-pl ks Martina 3fsg-schreib
    Sb_i Sb_i-Impf-Sb_i dO_j Sb_j Impf
    Wir zwingen Martina zu schreiben.

(c) Jien raj-t lil Alan i-pejjep.
    Ich seh-1sg Ks Alan 3msg-rauch
    Sb_i Prf-Sb_i dO_j Sb_j Impf
    Ich habe Alan rauchen sehen.

(d) Ċetta ra-t l-it-tfal j-ilghab-u.
    Ċetta seh-3fsg Ks-df-Kinder 3-spiel-pl
    Sb_i Prf Sb_i dO_j Sb_j-Impf
    Ċetta hat die Kinder spielen gesehen.

(e) Jien xammej-t lil Ċikku ġej.
    ich riech-1sg ks Ċikku komm(3msg)
    Sb_i Prf Sb_i dO_j Impf Sb_j
    Ich habe Ċikku kommen riechen.

Man kann bei fast allen Verben (außer bei einer weiter unten diskutierten kleinen Klasse, zu der z.B. *dejjaq* 'stören' und *qażżeż* 'ekeln' gehören) eine interessante Regularität beobachten: wenn das Kontrollverb intransitiv ge-braucht wird, kongruiert das eingebettete Verb mit dem Subjekt des Matrix-verbs; wenn aber das höhere Verb syntaktisch transitiv ist, dann kongruiert das eingebettete Verb mit dem direkten Objekt des Matrixverbs[4]. Das gilt auch, wenn das direkte Objekt des Matrixverbs ein Klitikum ist (vgl. (30c)).

30. (a) Jien ir-rid-u j-mur il-Belt.
    ich 1(sg)-woll-3msg 3(msg)-geh df-Stadt
    Sb_i Sb_i Impf-dO_j Sb_j Impf
    Ich will, daß er in die Stadt geht.

(b) *Jien ir-rid-u t-mur il-Belt.
    ich 1sg-woll-3msg 2msg-geh df-Stadt
    Sb_i Sb_i-Impf-dO_j Sb_r $Impf_i$

(c) Jien raj-t-ek t-pejjep il-haxixa.
    Ich seh-1sg-2sg 2sg-rauch df-Gras
    Sb_i Prf-Sb_i-dO_j Sb_j Impf dO_r
    Ich habe dich Gras rauchen sehen.

(d) *Jien raj-t-ek in-pejjep il-haxixa.
    Ich seh-1sg-2sg 1sg-rauch df-Gras
    Sb_i Prf-Sb_i-dO_j Sb_i Impf dO_r

Allgemein gilt die folgende informell formulierte Generalisierung über die Koindizierung der Argumente in $MVKn$[5]:

---

[4] In diesem Zusammenhang ist es interessant, daß das Verb *wieghed* 'versprechen' im Maltesischen anders als im Englischen oder im Deutschen kein Subjekt-Kontrollverb ist und entsprechend für eine CP subkategorisiert ist.

Jien weghd-t lil Pawlu li m-mur. *Jien weghd-t lil Pawlu m-mur.
Ich versprech-1sg Ks Paul daß 1sg-geh ich versprech-1sg Ks Paul 1sg-geh
Sb_i Prf Sb_i dO Sb_i Impf Sb_i Prf Sb_i dO Sb_i Impf
Ich habe Paul versprochen zu gehen,

[5] Vergleiche dazu das "Principle of Minimal Distance" in Rosenbaum (1967) und Chomsky (1980), das "Locality Principle" von Koster (1978) und die "Lexical Rule of Functional Control" von Bresnan (1982). Für einen Überblick über Kontrolltheorien und Kritik daran siehe Shannon (1987).

Das Sb-Affix eines in einer MVK eingebetteten Verbs kongruiert mit dem in der Θ-Hierarchie des Matrixverbs niedrigsten [+N, -V, -o]-Element.

Scheinbare Gegenbeispiele sind die Verben der *dejjaq*-Klasse bei denen das Subjekt-Affix des eingebetteten Verbs mit dem Subjekt des Matrixverbs kongruiert, obwohl diese Verben ein direktes Objekt haben.

31. (a) Int id-dejq-u   t-itkellem il-hin   koll-u lil Brian.
          du 2sg-stör-3msg 2sg-sprech df-Zeit all-msg Ks Brian
          Sb_i Sb_i Impf-dO_j Sb_i Impf dO_j
          Du gehst Brian mit deinem ständigem Reden auf die Nerven.

     (b) *Int id-dejq-u   j-itkellem il-hin   koll-u lil Brian.
          du 2sg-stör-3msg 3sg-sprech df-Zeit all-msg Ks Brian
          Sb_i Sb_i Impf-dO_j Sb_j Impf   dOj

Interessant ist, daß diese Verben in Sätzen mit unmarkierter Betonung, d.h. ohne Kontrastakzent auf der direkten Objekt-Nphrase, nicht ohne dO-Klitikum auftreten dürfen. Der Satz (32a) ist nur grammatisch, wenn *Brian* kontrastiven Akzent bekommt. Das ist bei den anderen transitiven Bestimmungsverben nicht der Fall: (32b) ist auch ohne Kontrastakzent grammatisch.

32. (a) Int dejjaq-t lil Brian t-itkellem   t-ghajjat.
          du stör-2sg Ks Brian 2sg-sprech 2sg-laut+sprech
          Sb_i Prf Sb_i dO_j Sb_j Impf Sb_j Impf
          Du bist Brian mit deinem lauten Reden auf die Nerven gegangen

     (b) Int rid-t   lil Brian i-mur   l-iskola.
          du woll-2sg Ks Brian 3msg-geh df-Schule
          Sb_i Prf Sb_i dO_j Sb_j Impf
          Du wolltest, daß Brian in die Schule geht.

Woran das genau liegt, ist mir nicht klar. Ich vermute jedoch einen Zusammenhang zwischen der Beobachtung, daß die Verben der *dejjaq*-Klasse aus der oben erwähnten Generalisierung herausfallen, und dem eingeschränkten Auftreten eines direkten Objekts, das nur möglich ist, wenn die Verben ein dO-Klitikum haben.

8.4. Inhärente vs. nicht-inhärente Kontrolle

Die Subjekt-Kontrollverben bestehen aus zwei Hauptklassen: (i) den inhärenten und (ii) den nicht inhärenten Kontrollverben. Bei (i) stehen das Matrixverb und die eingebettete VP in einer Kopf-Argument-Beziehung, d.h. das Matrixverb subkategorisiert (obligatorisch) eine VP. Dazu gehören Subjekt-Kontrollverben wie z.B. *naf* 'können'.

Bei den nicht-inhärenten Kontrollverben ist die Beziehung zwischen Matrixverb und VP eine optionale Ergänzungsbeziehung. Zu dieser Klasse gehören hauptsächlich zwei Sorten von Verben: diejenigen, die erst durch die Ergänzung eines "purpose clauses" zu Kontrollverben werden (33a), und die, die erst durch die Ergänzung eines "manner clause" zu Kontrollverben werden (33b).

33. (a) Anne harġ-et   t-ara   minn   ġie.

Anne rausgeh-3fsg 3fsg-seh wer   komm(3msg)

Sb$_i$ Prf   Sb$_i$ Impf   Prf   Sb$_j$

Anne ist hinausgegangen um zu sehen, wer gekommen ist.

(b) Ċetta niżl-et   it-taraġ   t-iżfen.

Ċetta runtergeh-3fsg df-Treppe 3fsg-tanz

Sb   Prf   Sb   Sb   Impf

Ċetta ist tanzend die Treppe heruntergegangen.

Daß die Beziehung zwischen dem Matrixverb und dem eingebetteten Verb bei den beiden Verbtypen (inhärenten und nicht-inhärenten Kontrollverben) verschieden ist, sieht man daran, daß im Fall der nicht-inhärenten Kontrollverben die eingebettete VP ohne weiteres weggelassen werden kann, was bei den inhärenten Kontrollverben nur dann möglich ist, wenn es der Kontext erlaubt. So ist es z.B. sehr ungewöhnlich, den Satz unter (34a) zu formulieren, ohne daß zuvor ein entsprechender Kontext wie z.B. durch (34b) gegeben wurde. Der Satz in (34c) dagegen ist auch ohne eine Ergänzung wie die in (33a) informativ genug, um allein geäußert zu werden.

34. (a) N-af   jien.

1sg-weiß ich

Ich weiß.

(b) Ingrid t-itkellem   bi-l-Malti   sew.
Ingrid 3fsg-spricht mit-df-Maltesisch gut
Ingrid spricht gut Maltesisch.

(c) Anna ħarġ-et.
Anne rausgeh-3fsg
Anne ist rausgegangen.

Die Konstruktionen mit nicht-inhärenten Kontrollverben verhalten sich in dieser Hinsicht wie Konstruktionen mit sekundärer Prädikation (vgl. (35)), bei denen die prädikative Phrase auch eine freie Ergänzung ist. (Die Parallele zwischen diesen beiden Konstruktionen wird in Kapitel 9 deutlicher werden.)

35. (a) It-turist-i   qed   j-ix-xemmx-u.
df-Tourist-pl Prg   3-rf-sonn-pl
Die Touristen sonnen sich.

(b) It-turist-i   qed j-ix-xemmx-u   għarwen-in.
df-Tourist-pl Prg 3-rf-sonn-pl   nackt-pl
Die Touristen sonnen sich nackt.

Die Kombination eines nicht-inhärenten Kontrollverbs mit anderen Verben unterliegt spezifischen semantischen Beschränkungen, die verhindern, daß beliebige Kombinationen auftreten. In der Regel sind es intransitive Bewegungs-verben wie *ħareg* 'rausgehen' und *niżel* 'runtergehen' (vgl. (33b)), die als Kontrollverben in solchen Konstruktionen vorkommen. Neben den Bewegungs-verben treten in "Manner"-Konstruktionen intransitive Artikulationsverben wie *tkellem* 'sprechen' als Kontrollverben (vgl. (36a)) und *għajjat* 'schreien' als Modifikatoren auf. Bei den meisten Verben sind solche Konstruktionen allerdings nicht möglich, wie die Beispiele unter (36b) und (36c) zeigen.

36. (a) Ġanni j-itkellem   j-għajjat
Hans   3msg-sprech 3msg-schrei
Hans spricht laut.

(b) *Pawlu j-itkellem   j-għajjar.
Paul   3msg-sprech 3msg-beleidig

(c) *Pawlu x-xemmex   j-orqod.
Paul   rf-sonn(3msg) 3msg-schlaf

Bei den Final-Konstruktionen scheint es unmöglich, daß andere Verben als bestimmte intransitive Bewegungsverben als Matrixverben vorkommen:

37. (a) Ġanni tela´   j-iftaħ   il-bieb.
       Hans steigen(3msg) 3msg-öffn df-Tür
       Hans ist hochgegangen um die Tür zu öffnen.

    (b) *Peppi j-aħdem   j-aqla   l-flus.
        Josef 3(msg)-arbeit 3msg-verdien df-Geld

    (c) *Ġanna   t-istudja   s-sir   avukata.
        Johanna 3fsg-studier 3fsg-werd Rechsanwältin

Die Unterschiede zwischen den inhärenten und den nicht-inhärenten Kontroll-verben bestätigen, daß der Status der eingebetteten VP in den beiden Fällen unterschiedlich ist: Die von den nicht-inhärenten Kontrollverben eingebettete VP ist eine freie Ergänzung, die von den inhärenten eingebettete eine obli-gatorische (subkategorisierte) Kategorie.

8.5. Raisingverben

8.5.1 Das Verb deher ´scheinen´

Soweit mir bekannt ist, gibt es nur eine ”Ausnahme” zu den bisher erwähnten Eigenschaften von Bestimmungsverben. Nach der Definition von MVKn in Abschnitt 8 ist das klassische Raisingverb *deher* ´scheinen´ ein Bestimmungs-verb, da in einer Konstruktion mit *deher* das eingebettete Verb mit dem Subjekt des Matrixverbs obligatorisch kongruiert. Wie jedoch (38) und (39) zeigen, darf *deher* anders als andere Bestimmungsverben optional mit *li* ´daß´ vorkommen, also eine CP subkategorisieren und über die CP hinweg das Subjekt des eingebetteten Verbs kontrollieren.

38. Marija t-idher   (li) t-af   x´qed   t-aghmel.
    Maria 3fsg-schein daß 3fsg-weiß was Prg 3fsg-machen
    Sb_i Sb_i Impf Sb_i Impf dO Sb_i Impf
    Maria scheint zu wissen, was sie tut.

39. (a) *Marija t-idher   (li) j-af   x´qed   j-aghmel.
        Maria   3fsg-schein daß 3msg-weiß was Prg 3msg-machen
        Sb_i Sb_i Impf Sb_j Impf dO Sb_j Impf

(b) *Marija t-idher   (li) Pawlu j-af   x'qed   j-agħmel.
     Maria 3fsg-schein daß Paul 3msg-weiß was Prg 3msg-machen
     Sb$_i$ Sb$_i$ Impf   Sb$_j$ Sb$_j$ Impf dO   Sb$_j$ Impf

Dieses "abwegige" Verhalten könnte darin begründet sein, daß *deher* ursprüng-
lich kein Raising-Verb war, sondern erst über Analogie mit dem englischen
seem bzw. dem italienischen *sembrare ... di* allmählich seinen Status verändert und anfängt, sich wie ein Raising-Verb zu verhalten.

Da mir außer *deher* keine weiteren Kandidaten für Raising-Verben im
"klassischen" Sinn im Maltesischen bekannt sind, möchte ich im folgenden
deher nicht weiter behandeln, da seine Klassifizierung problematisch ist und
da es m.E. einen Einzelfall darstellt.

8.5.2 'kien' als Raisingverb

Der Tempusmarker *kien* unterscheidet sich in zwei Punkten von den Kontrollverben: (a) das Verb, das *kien* regiert, kann in jeder beliebigen Aspektform
auftreten (vgl. (11)) und (b) *kien* übt keine semantischen Beschränkungen auf
die Subjekt-Nphrase aus, eine Eigenschaft, die Raising- von Kontrollverben
unterscheidet. (Siehe dazu unter anderem Radford 1988, 441-442.) So darf
im Normalfall z.B. als Denotat für die Subjekt-Nphrase des Kontrollverbs
ried nur ein intentionales Lebewesen auftreten; wenn *ried* also ein Subjekt
wie *ix-xita* 'der Regen' aufweist, ist die Konstruktion zwar nicht ungrammati-
tisch aber doch semantisch sehr markiert. Bei *kien* ergeben sich keine solchen Auswirkungen. Es scheint daher sinnvoll, das Verb *kien* anders als die
anderen Bestimmugsverben eher als Raisingverb zu behandeln.

40. (a) It-turist i-rid   j-iehu   ritratt ta-l-katusi   ta-d-dranaġġ.
         df-Turist 3msg-woll 3msg-nehm Bild   von-df-Röhre von-df-Abfluß
         Sb   Sb   Impf Sb   Impf   dO
         Der Turist will die Abflußröhre fotografieren.

   (b) ?? Ix-xit-a   t-rid   t-inżel   illum.
         df-Regen-fsg 3fsg-woll 3fsg-runterkomm heute
         Sb   Sb   Impf Sb   Impf
         Der Regen will fallen heute.

(c) Kuljum kien-et   t-inżel   ix-xit-a.
    täglich Pst-3fsg 3fsg-runterkomm df-Regen-fsg
           Sb   Sb   Impf   dO
    Jeden Tag fiel der Regen.

Neben *kien* gibt es im Maltesischen eine kleine Anzahl von Verben wie z.B.
seta' 'können' und *reġa'* 'wieder-tun', die sich ähnlich verhalten und deshalb
auch mögliche Kandidaten für Raising-Verben sind. In bezug auf das eingebettete Verb sind diese Verben nicht auf die Imperfektivform beschränkt.
Wenn z.B. *seta'* als Matrixverb selbst Perfektiv ist, kann es sowohl ein
imperfektives als auch ein perfektives Verb einbetten; wenn es aber selbst
Imperfektiv ist, kann es nur ein imperfektives Verb einbetten (vgl. (41a) und
(41b)). Für *reġa'* gilt, daß das von ihm eingebettete Verb in bezug auf
Perfektiv oder Imperfektiv mit dem Matrixverb kovariieren muß (vgl. (41c)
und (41d)). Darüber hinaus zeigen die Beispiele in (41e) und (41f), daß das
Subjekt nicht auf intentionalen Lebewesen beschränkt ist.

41. (a) Pawlu seta'   j-iġi/ ġie.
        Paul kann   3msg-komm/komm(3msg)
        Sb   Prf   Sb   Impf Prf
        Paul konnte kommen/hätte komen können.

    (b) Pawlu j-ista'   j-iġi/ *ġie.
        Paul 3msg-kann   3msg-komm/komm(3msg)
        Sb   Sb   Impf   Sb   Impf Prf
        Paul kann kommen.

    (c) Pawlu reġa'   *j-iġi/ ġie.
        Paul wieder 3msg-komm/komm(3msg)
        Sb   Prf   Sb   Impf Prf
        Paul ist wieder gekommen.

    (d) Pawlu j-erġa'   j-iġi/ *ġie.
        Paul 3msg-wieder 3msg-komm/komm(3msg)
        Sb   Sb   Impf   Sb   Impf Prf
        Paul kommt wieder.

    (e) T-ista'   t-aghmel   ix-xit-a   ghada.
        3fsg-könn 3fsg-machen df-Regen-fsg morgen
        Sb   Impf Sb   Impf   Sb
        Es könnte regnen morgen.

(f) Reġgh-et   ġhaml-et   ix-xit-a   l-bierah.
wieder-3fsg mach-3fsg df-Regen-fsg gestern
Prf   Sb   Prf   Sb   Sb
Gestern hat es wieder geregnet.

Abschließend zeigt Tabelle III eine Übersicht der bisher diskutierten
Bestimmungsverben (Ob = Objekt; Sb = Subjekt).

Tabelle III Klassifikation der Bestimmungsverben

Bestimmungsverben						
V$_2$ kongruiert mit Subjekt von V$_1$				V$_2$ kongruiert mit Objekt von V$_1$		
inhärent		nicht-inhärent		inhärent		nicht-inhärent
Subjekt-Kontroll	Raising to Sb	purpose	manner	ECM	Objekt-Kontrolle	Wahrneh-mungs-Vn
naf	kien	ġie	niżel	ġaghal	ipperswada	ra

Bevor ich eine Formalisierung der präsentierten Daten vornehme, möchte ich
kurz auf die Wortstellungsmöglichkeiten in MVKn eingehen.

8.6. Wortstellung

Die unmarkierte Wortstellung für MVKn ist die unter (42).

42.   Ġanni j-rid   lil Pawlu j-mur.   S   V$_1$ (O)   V$_2$ ...
Hans 3msg-woll Ks Paul 3msg-geh
Sb$_i$ Sb$_i$ Impf   dO$_j$ Sb$_j$ Impf
Hans will, daß Paul weggeht.

Wenn ein ECM-Verb einen dO-Marker trägt, ergeben sich die Wortstellungsmöglichkeiten, die unter der Annahme, daß die Topikphrase an TP adjungiert
wird, zu erwarten sind. So gibt es z.B. bei einem Kontrollverb wie *ried*

'wollen' die Stellungsmöglichkeiten in (43). Beispiele zu (43a) und (43c) finden sich unter (44). (Top steht für die Objekt-Topikphrase, die mit dem dO-Marker des Matrixverbs assoziiert ist.)

43. (a) S   Top V_1 V_2 O
    (b) Top S V_1 V_2 O
    (c) V_1 V_2 O   S   Top
    (d) V_1 V_2 O   Top S

44. (a) Jien lil Brian   ir-rid-u   j-aqra   ktieb.
         ich   Ks Brian   1sg-woll-3msg 3msg-les   Buch
         Sb_i Top/dO_j Sb_i Impf-Sb_j Sb_j Impf dO_k
         Ich will, daß Brian ein Buch liest.

    (b) I-rid-u   j-aqra   ktieb jien lil Brian.
         1sg-woll-3msg 3msg-les   Buch ich Ks Brian
         Sb_i Impf-dO_j Sb_j Impf dO_k Sb_i Top/dO_j
         Ich will, daß Brian ein Buch liest.

Ähnliches gilt, wenn auch das eingebettete Verb einen dO-Marker trägt. Auch hier ergeben sich die Wortstellungsmöglichkeiten, die man erwartet, wenn das direkte Objekt des eingebetteten Verbs an TP adjungiert ist. In (45) sind zwei Beispiele aufgeführt, eines für S Top_1 V_1 V_2 Top_2 und eines für Top_2 S Top_1 V_1 V_2. (Top_1 ist die dO-Topikphrase das Matrix-, Top_2 die des eingebetteten Verbs.)

45. (a) Jien lil Pawlu   r-rid-u   j-kellim-ha   lil Marija.
         ich   Ks Paul   1sg-woll-3msg 3msg-sprech-3fsg   Ks Maria
         Sb_j Top/dO_i Sb_j Impf-dO_i Sb_i Impf-dO_k Top/dO_k
         Ich will, daß Paul mit Maria spricht.

    (b) Lil Marija jien lil Pawlu r-rid-u   j-kellim-ha.
         Ks Maria   ich Ks Paul   1sg-woll-3msg 3msg-sprech-3fsg
         Top/dO_k Sb_j Top/dO_i Sb_j Impf-dO_i Sb_i Impf dO_k
         "Maria, ich will, daß Paul mit ihr spricht."

Die Extraktion des direkten Objekts nach links und die Adjunktion an die TP ist sowohl für das direkte Objekt des Matrixverbs als auch für das des eingebetteten Verbs möglich. (46) gibt Beispiele für die Extraktion des direkten Objekts *il-ktieb* des eingebetteten Verbs *jaqra*.

228

46. (a) Jien lil Pawlu l-ktieb rid-t-u   j-aqra   (mhux il-gażżetta).
        ich Ks Paul df-Buch woll-1sg-3msg 3msg-les (nicht df-Zeitung)
        Sb$_i$ Top/dO$_j$ dO$_k$ Prf Sb$_i$ dO$_j$ Sb$_j$ Impf
        Ich wollte, daß Paul das Buch liest (nicht die Zeitung).

    (b) Il-ktieb rid-t-u   j-aqra   jien lil Pawlu (mhux il-gażżetta).
        df-Buch woll-1sg-3msg 3msg-les ich Ks Paul   (nicht df-Zeitung)
        dO$_k$ Prf Sb$_j$ dO$_j$ Sb$_j$ Impf Sb$_i$ Top/dO$_j$
        Ich wollte, daß Paul das Buch liest (nicht die Zeitung).

Auch bei diesen Konstruktionen sprechen also die Worstellungsmöglichkeiten dafür, daß die mit dem Marker kongruierende Topikphrase an TP adungiert wird.

8.7. Formalisierung

8.7.1. Inhärente Kontrollverben und ECM-Verben

Im Rahmen der hier vertretenen Theorie werden die Kontrollverhältnisse innerhalb der semantischen Repräsentation erfaßt. Kontrollverben regieren im Deutschen und im Englischen eine Θ-Rolle mit einer Prädikatsvariablen vom Typ < 0/1 > und Nicht-Kontrollverben eine Θ-Rolle mit einer Variablen vom Typ < 0 >. Syntaktisch regiert (49a) eine [+C]-Kategorie, also eine CP, und (47b) - (47d) eine [-C, -FIN]-Kategorie, also eine nicht-finite VP.

47. (a) Nicht-Kontrollverb: $\lambda p\ \lambda \underline{x}$ [TRÄUM(x, p)]
                                        |
                                       +C

    (b) Subjekt-Konrolle: $\lambda P\ \lambda \underline{x}$ [VERSUCH(x, P(x))]
                                        |
                                       -C
                                      -FIN

    (c) ECM: $\lambda P\ \lambda y\ \lambda \underline{x}$ [WOLL(x, P(y))]
                                        |
                                       -C
                                      -FIN

    (d) Objekt-Kontrolle: $\lambda P\ \lambda y\ \lambda \underline{x}$ [ÜBERRED(x, y, Py)]
                                        |
                                       -C
                                      -FIN

Durch λ-Konversion werden die relevanten Variablen identifiziert, wie in (48) am englischen Kontrollverb *try* 'versuchen' gezeigt wird.

48. (a) tries: +V, -N, +FIN; $\lambda P \; \lambda \underset{\substack{| \\ \text{3PER} \\ \text{-PLU}}}{\underset{| }{x}} [\text{VERSUCH}(x, P(x))]$
 $\underset{\text{-FIN}}{|}$

(b) to sleep: +V, -N, -FIN; $\lambda \underline{z} [\text{SCHLAF}(z)]$

(c) tries to sleep:
 (i) +V, -N, +FIN; $\lambda \underset{\substack{| \\ \text{3PER} \\ \text{-PLU}}}{x} [\text{VERSUCH}(x, \lambda z [\text{SCHLAF}(z)](x))]$

 (ii) +V, -N, +FIN; $\lambda \underset{\substack{| \\ \text{3PER} \\ \text{-PLU}}}{x} [\text{VERSUCH}(x, \text{SCHLAF}(x))]$

Aus den bisherigen Annahmen über den Status der Sb-Affixe ergeben sich allerdings für die Repräsentation der Kontrollverben im Maltesischen einige Probleme. Semantisch ist die von Bestimmungsverben eingebettete Struktur eine Proposition (Typ < 0 >), also ein Ausdruck, dessen Θ-Rollen bereits gesättigt sind. So z.B. müßte ein Kontrollverb im Maltesischen unter anderem die Θ-Rolle λp mit einer Variablen des Typs < 0 > im Θ-Raster aufweisen, die jedoch syntaktisch als VP, also [-T, -C], realisiert wird, wie in (51) für ein beliebiges Subjekt-Kontrollverb dargestellt.

49. $\lambda p \; \lambda \underset{\substack{| \\ \text{-T} \\ \text{-C}}}{x} [\text{KONTROLLVERB}(x, p)]$

Diese Darstellung ist jedoch in verschiedener Hinsicht problematisch. Erstens ist es nicht möglich, die Kontrollverhältnisse in einem solchen Ausdruck darzustellen, da man nicht auf die interne Struktur des p-Argument zugreifen kann. ([-C] schließt eine CP und [-T] eine TP als Komplement aus.)
 Ich kann mir zwei Lösungen zu diesem Problem vorstellen: entweder muß eine Manipulation in der Semantik angenommen werden oder die bisherigen Annahmen über die Pronominalität des Sb-Affixes werden etwas abgeschwächt.

Für die erste Lösung gilt die Repräsentation in (50b): sowohl Kontroll- als auch Nicht-Kontrollverben haben im Maltesischen einen Lambda-Operator, der über denselben kategorialen Typ abstrahiert: In beiden Fällen handelt es sich um den Typ < 0 > (vgl. (50)). Der Unterschied liegt einerseits in den g-Merkmalen, die mit der Θ-Rolle (λp) des Ausdrucks assoziiert werden; andererseits in der internen semantischen Struktur. Bei Kontrollverben muß eine Aufspaltung der Proposition innerhalb der Semantik stattfinden, wie in (50b) angedeutet wird. In (50b) werden die beiden Propositionen p und P(x) gleichgesetzt, was bedeuten soll, daß sie die gleiche Instantiierung haben, so daß die beteiligten Individuen extensional identisch sind.

50. (a) nicht-Kontrollverb: *holom* 'träumen'

$$\underset{\mid \atop +C}{\lambda p} \ \lambda \underline{x} \, [\, \text{TRÄUM}(x, p) \,]$$

(b) Subjekt-Kontrollverb: *ried* 'wollen'

$$\underset{\mid \atop -C \atop -T}{\lambda p} \ \lambda \underline{x} \, [\, \text{WOLL} \, (x, p) \, \& \, p = P(x) \,]$$

Ein Problem bei dieser Lösung ist, daß eine Asymmetrie zwischen Syntax und Semantik entsteht: eine Proposition kann sowohl auf eine Verbalphrase (d.h. [+V, -N, -T, -C, +MAX]) als auch auf einen Satz ([+V, -N, +T, +C, +MAX]) abgebildet werden. Wie bei den Nphrasen, die aufgrund der Existenz von Quantorphrasen wie z.B. 'einige Taten' Funktoren und keine Individuen sind, gibt es dann auch bei der Kategorie [+V, -N] (Verbalphrase, Satz) keine homomorphe Abbildung zwischen Syntax und Semantik. Das größte Problem ist jedoch, daß diese Lösung ad hoc und formal nicht besonders elegant ist, da sie von der zusätzlichen Formel p = P(x) Gebrauch machen muß, die keine unabhängige Berechtigung hat.

Die zweite Lösung geht davon aus, daß die Repräsentation der Kontrollverben im Deutschen und im Maltesischen gleich ist: in beiden Sprachen gibt es eine Θ-Rolle, die über eine Prädikatsvariable abstrahiert. Das heißt aber, daß die Sb-Affixe in diesem Fall die externe Θ-Rolle nicht gesättigt haben, also nicht pronominal sind, wie bisher angenommen. Eine Möglichkeit wäre anzunehmen, daß es für jedes Sb-Affix zwei Einträge gibt: In einem Fall sättigt das Affix wie bisher angenommen die externe Θ-Rolle des Verbs (vgl. (51a)), im anderen Fall wird die Kongruenzinformation an die Variable der externen Θ-Rolle angefügt (vgl. (51b)), ohne daß die Θ-Rolle gesättigt wird[6]. In Verbindung mit einem Verb wie in (52a) ergeben sich die beiden Ausdrücke in (52b) und (52c) als Output des Lexikons. Ein Kontrollverb ist im Lexikon wie in (51c) repräsentiert. (52d) zeigt das Kontrollverb nach der "pronominalen" Sb-Affigierung.

51. (a) $n\text{-}:$ $\lambda V \ [V \ (Dx \ SPR(x)) \ ]$ (b) $\lambda V \ \lambda x \ [V(x) \ \& \ x = DzSPR(z)]$

    1sg $\underset{-PLU}{\overset{1PER}{|}}$ $\underset{-PLU}{\overset{1PER}{|}}$

    (c) $ried:$ $\lambda P \ \lambda \underline{z} \ [WOLL(x, P(z))]$

       wollen $\underset{-PERF}{\overset{-T}{|}}$

52. (a) $raqad:$ +V, -N, -PERF, -MAX;

       schlafen $\lambda \underline{z} \ [SCHLAF \ (z)]$

    (b) $n\text{-}orqod:$ +V, -N, -PERF, -MAX;

       1sg- schlaf $SCHLAF \ (Dx \ SPR(x))$ $\underset{-PLU}{\overset{1PER}{|}}$

    (c) $n\text{-}orqod:$ +V, -N, -PERF, -MAX;

       1sg-schlaf $\lambda \underline{x} \ [SCHLAF(x) \ \& \ x = Dz \ SPR(z)]$ $\underset{-PLU}{\overset{1PER}{|}}$

    (d) $r\text{-}rid:$ +V, -N, -PERF, -MAX;

       1sg-woll $\lambda P \ [WOLL \ (Dx \ SPR(x), \ P(Dx \ SPR(x)))]$

       $\underset{-PERF}{\overset{-T}{|}}$ $\underset{-PLU}{\overset{1PER}{|}}$ $\underset{-PLU}{\overset{1PER}{|}}$

Die Kombination von (52c) und (52d) ergibt (53). Das Merkmal [+T] kommt von der DFR (56) unten.

---

[6] Dasselbe nimmt auch Fassi Fehri (1988) für das Arabische an.

53. (a) +V, -N, -PERF, +MAX, +T;
WOLL (Dx SPR(x), (λz [SCHLAF (z)](Dx SPR(x))))]
      1PER   1PER
      -PLU   -PLU

(b) +V, -N, -PERF, +MAX+T;
WOLL (Dx SPR(x), SCHLAF(Dx SPR(x)))
      1PER   1PER
      -PLU   -PLU

Output des Lexikons kann aber auch der Ausdruck in (52c) mit einer unge-
sättigten Θ-Rolle sein, der das Merkmal [+T] durch die DFR in (56)
bekommt. Da es aber im Maltesischen keine Subjekt-Position [SPEC, TP]
gibt, kann das externe Argument einer solchen Kategorie nie gesättigt werden.
Ein Ausdruck wie in (52c) kann deshalb immer nur in Kombination mit einem
Kontrollverb auftreten.

Das Problem bei dieser Lösung ist, daß sie die Idee der Pronominalität
der Sb-Affixe etwas relativiert, was jedoch nicht so willkürlich ist, wie es
auf den ersten Blick scheint. Wie schon in Kapitel 5 erörtert wurde, gibt es
Evidenz dafür, daß Kongruenzaffixe sich historisch aus Pronomina entwickeln,
wie in (54) schematisch dargestellt.

54. 1. freie Pronomen ——> 2. gebundene Pronomen ——> 3. Kongruenzaffixe

Es ist vorstellbar, daß es Zwischenstufen in dieser Entwicklung gibt, in denen
der Wechsel noch nicht ganz vollzogen ist. Man kann spekulieren, daß sich
das Maltesische in bezug auf die Sb-Affixe gerade zwischen den Phasen
2 und 3 befindet und daß der "Doppelcharakter" der Sb-Affixe diese Phase
kennzeichnet.

Eine weitere Möglichkeit wäre anzunehmen, daß die Pronominalität der
Sb-Marker nicht wie bisher angenommen "automatisch" im Lexikon gegeben
ist, sondern erst später erfolgt. Die MVK zeigt, daß die Interpretation der
Subjekt-Marker als pronominal davon abhängt, ob das Verb eine TP oder
eine VP projiziert: Im ersten Fall ist der Sb-Marker pronominal, im zweiten
Fall nicht. Die Pronominalität könnte als Konsequenz aus einer semantischen
Operation betrachtet werden, durch die das externe Argument eines Matrixverbs unter T existentiell gebunden und damit gesättigt wird. Ein Vorteil
dieser Analyse wäre, daß man die Sb-Affixe als Funktoren des Typs < 0/0 >
anstatt < 01/01 > behandeln könnte (die Situationsvariable wurde hier nicht

berücksichtigt). Dadurch kann, wie von Bierwisch (1990) vorgeschlagen, die morphologische Kombination (in diesem Fall Affigierung) durch funktionale Komposition erfaßt werden, und ist dadurch von der phrasalen Kombination in der Syntax, die sich durch funktionale Applikation ergibt, unterschieden. (Für eine Behandlung von Flexionsaffixen als Funktoren des Typs ⟨ 0/0 ⟩ siehe auch Wunderlich 1992b.) Ich möchte jedoch die Details dieses Systems an dieser Stelle nicht ausbuchstabieren, sondern als denkbare Alternative stehen lassen.

Zweierlei spricht für eine Lösung des Problems der Pronominalität, bei der eingebettete VPn semantisch nicht Propositionen, sondern einstellige Prädikate sind: eine empirische Tatsache und ein formaler Vorteil. Zum ersten ist es nicht möglich, eine an TP adjungierte Nphrase (*int* in (55)) mit dem Sb-Affix eines eingebetteten Verbs zu assoziieren.

55. (a) *Ir-rid   lilek t-iği   int.   (b) * Int ir-rid   lilek t-iği.
      1sg-woll dich 2sg-komm du   du   1sg-woll dich 2sg-komm
      Sb_i Impf dO_j Sb_j Impf Sb_j Sb_j Sb_i Impf dO_j Sb_j Impf

Da das nicht an der Tiefe der Einbettung des Sb-Affixes liegen kann (da z.B. Präp-Marker genauso tief eingebettet sind, aber eine Topikphrase erlauben), liegt es nahe zu vermuten, daß die Assoziation der Topikphrase nicht möglich ist, weil das Sb-Affix nicht pronominal ist. Eine an TP adjungierte Phrase aber muß mit einem pronominalen Klitikum oder Affix koindiziert werden.

Der zweite Grund ist, daß sich unter der Annahme, daß Kontrollverben eine Θ-Rolle haben, die über eine Prädikatsvariable abstrahiert, ein interessanter struktureller Zusammenhang zwischen Konstruktionen mit nicht-inhärenten Kontrollverben einerseits und Konstruktionen mit sekundärer Prädikation andererseits ergibt. Die Form von nicht-inhärenten Kontrollverben wird im nächsten Abschnitt, die der sekundären Prädikation im nächsten Kapitel behandelt.

8.7.2. Das Raisingverb 'kien'

Syntaktisch ist *kien* ein funktionaler Kopf der Kategorie [+T, +PST], der auf TP projiziert und wie die anderen Bestimmungsverben eine [-T]-Kategorie, also eine VP, regiert. Die Nicht-Partizipialverbformen, die ohne den Tempusmarker vorkommen, erhalten die nötige Information über T aus der Defaultregel unter (56).

56.   DFR: [+V, -N] —> [+T, -PST]

Zur Illustration ist in (58a) und (58b) die Struktur der Sätze (57a) und (57b)
wiedergegeben. TP und VP sind Abkürzungen für die Kategorien [+V, -N, +T,
+MAX] bzw. [+V, -N, -T, +MAX]. Das Merkmal [-PST] in (58a) ergibt
sich durch die DFR unter (56).

57. (a) Pawlu j-orqod.   (b) Pawlu kien   j-orqod.
         Paul 3msg-schlaf   Paul Pst(3msg) 3msg-schlaf
         Sb   Sb   Impf   Sb   Sb   Sb   Impf
         Paul schläft.   Paul schlief gewöhnlich.

58. (a)

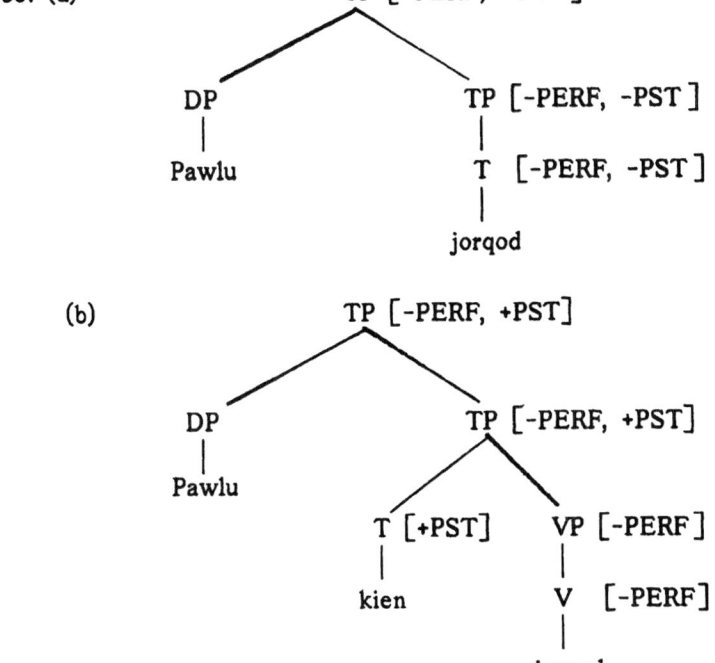

(59) skizziert den Eintrag von *kienet* (siehe auch Abschnitt 5.8). Ich ignoriere
hier die Rolle der s-Variable bei *kien*, die sonst aber in einem Ansatz über
Tempus und Aspekt eine wesentliche Rolle spielen würde, da es mir nur um
die Kongruenzverhältnisse geht.

59. (a) *kien-et:* +V, -N, +T; λP $\lambda \underline{x}$ $[P(x)]$
       Pst-3fsg

$$
\begin{array}{cc}
+V & 1PER \\
-N & +FEM \\
-C & -PLU \\
-T &
\end{array}
$$

Eine Alternative ist es, die Raising-Verben wie in (60) zu repräsentieren. Der Index <j> ist ein "Floating"-Index im Sinne von Wunderlich (1992a), der aus unabhängigen Gründen für einen solchen Index argumentiert. Bei Sättigung der relevanten Θ-Rolle λp muß der Index mit der externen Θ-Rolle des eingebetteten Ausdrucks unifizieren.

60. (a) *kien-et:* +V, -N, +T; λp <j> $[\,p\,]$;   j = [3PER, +FEM, -PLU]
       Pst-3fsg

$$
\begin{array}{c}
+V \\
-N \\
-C \\
+T
\end{array}
$$

Für diese Repräsentation spricht, daß diese Verben scheinbar auch eine TP regieren können (vgl. (61a)). Dagegen spricht allerdings die Tatsache, daß kein Satz-Adverbial zwischen dem Matrixverb und dem eingebetteten Verb vorkommen darf. Das sollte jedoch möglich sein, wenn wie in Kapitel 5 angenommen wurde, Satz-Adverbiale an TP adjungiert werden.

61. (a)   Jien   kont   in-kun   n-ilghab   f-il-bitha.
       ich   Pst   1sg-non-Pst   1sg-spiel   in-df-Garten
       Sb   Sb   Sb   Impf
       Ich war (immer) dabei, im Garten zu spielen.
       (I used to be playing in the garden.)

(b)   *Jien   kont   qabel   in-kun   n-ilghab   f-il-bitha.
       ich   Pst   früher   1sg-non-Pst   1sg-spiel   in-df-Garten
       Sb   Sb   Impf   Sb

8.7.3. Nicht-inhärente Subjekt-Kontrollverben

Intuitiv liegt der Unterschied zwischen den inhärenten und den nicht-inhärenten Kontrollverben darin, daß das VP-Komplement der inhärenten Kontrollverben bereits im Basiseintrag vorhanden ist, das der nicht-inhärenten jedoch frei ergänzt wird. Was folgt, sind einige etwas spekulative Ideen, wie man sich diesen Prozeß vorstellen kann.

Ich nehme an, daß es im Lexikon das Template unter (62) gibt. Dieses Template nimmt ein Verb und erweitert dessen Θ-Raster um eine Θ-Rolle, die über eine Prädikatsvariable abstrahiert. Das so hinzugekommene Prädikat bettet bei einstelligen Prädikaten das externe Argument des Verbs ein (Subjekt-kontrolle).

62.
$$\lambda \underline{x} \; \lambda s \; [V(x)(s)] \longrightarrow$$
$$\lambda P \; \lambda \underline{x} \; \lambda s \; [V(x)(s) \; \& \; \{INTEND(x,\} \; P(x) \; \{)\}]$$

$$\begin{array}{c} | \\ +\overline{MAX} \\ +V \\ -N \\ -C \\ -T \end{array}$$

Die geschweiften Klammer sollen die Optionalität der Bedeutungskomponente ausdrücken: Die Konstruktionen mit nicht-inhärenten Kontrollverben sind prinzipiell ambig zwischen einer "manner" und einer "purpose"-Lesart. Falls die Option mit INTEND genommen wird, bekommt man eine "purpose-clause" Ergänzung, sonst eine "manner-clause". Die Anwendung von (62) auf ein Verb wie *ġie* 'kommen' ergibt (63). Es ergibt sich die syntaktische Struktur in (64b) für den Satz in (64a):

63.
$$\lambda P \; \lambda \underline{x} \; [KOMM(x) \; \& \; P(x)]$$

$$\begin{array}{c} | \\ +\overline{MAX} \\ +V \\ -N \\ -C \\ -T \end{array}$$

64. (a)

Pawlu	ġie		j-iġri.
Paul	komm(3msg)		3msg-renn
Sb	Sb	Prf	Sb	Impf

Paul kam im Laufschritt runter.

(b)

```
              TP

      Pawlu        TP

              T         VP

              ġie       jiġri
```

Ich möchte die Details der Beschränkungen und die genaue Funktionsweise dieses Templates hier nicht diskutieren. Das Template beinhaltet kaum inhaltliche Information und kann als eine Art völlig unterspezifiertes Verb betrachtet werden. Es operiert im Lexikon vor der Affigierung des Sb-Affixes. Der formale Status dieses Templates ist unklar und muß genauer untersucht werden. Jedenfalls bekommt das hinzugefügte Element den Status eines Quasi-Arguments. Es handelt sich um eine lexikalisch induzierte Ergänzung, die in der Syntax als Komplement auf der X^0-Ebene gesättigt werden muß. Einen ähnlichen Prozeß gibt es bei der sekundären Prädikation, die im nächsten Kapitel behandelt wird.

9. Kongruenz und Prädikation

In diesem Kapitel werden die Kongruenzverhältnisse in zwei unterschiedlichen Typen von Prädikation untersucht: in der primären und der sekundären Prädikation (kurz 1Prd bzw. 2Prd). Es handelt sich in beiden Fällen um eine Beziehung zwischen einer nicht referierenden Phrase (der Prädikatsphrase) und ihrem externen Argument. Das externe Argument einer Prädikatsphrase wird durch den lexikalischen Kopf der Phrase indirekt Θ-markiert. (Siehe Bierwisch 1988, Higginbotham 1985, Wunderlich 1987.)

9.1. Primäre und sekundäre Prädikation

Im Maltesischen wird die Beziehung zwischen der Prädikatsphrase und der Sb-Nphrase bei der primären Prädikation entweder unmittelbar (vgl. (1a)) oder vermittelt durch die Kopula (vgl. (1b)) ausgedrückt:

1.(a) Il-ministr-i   korrott-i.
    df-Minister-pl korrupt-pl
    Die Minister sind korrupt.

  (b) Il-ministr-u   m-huwie-x   korrott.
    df-Minister-msg ng-sein(3msg)-ng korrupt(msg)
    Der Minister ist nicht korrupt.

  (c) Il-habib   tieghi ministr-u.
    df-Freund mein   Minister-sg
    Mein Freund ist Minister.

  (d) Il-hbieb   tieghi   m-humie-x Ministr-i
    df-Freund(pl) mein   ng-sein-ng Minister-pl
    Meine Freunde sind keine Minister.

Bei der sekundären Prädikation wird die Beziehung durch ein Vollverb, d.h. durch ein anderes Prädikat, vermittelt.

2. (a) Simon kiel il-patat-a   nejj-a.
   Simon aß   df-Kartoffel-fsg roh-fsg
   Simon aß die Kartoffel roh.

   (b) Brian ġie   għajjien   mejjet.
   Brian kam(3msg) müde(msg) tod(msg)

Im folgenden möchte ich zunächst die beiden Typen von Prädikation in Hinblick auf ihre morphosyntaktischen Eigenschaften, insbesondere ihr Kongruenzverhalten, vergleichen.

Sowohl in der 1Prd als auch in der 2Prd ist die Prädikatsphrase maximal,
nicht-rekursiv und indefinit und kongruiert in bezug auf Numerus und Genus
mit ihrem externen Argument. Im folgenden werden diese Eigenschaften
anhand der AP demonstriert.

Daß die Prädikatsphrase maximal ist, zeigt sich dadurch, daß sie durch
Gradpartikel ergänzt werden kann:

3. (a) Maggie injorant-a wisq.
   Maggie dumm-fsg zu+viel
   Maggie ist zu dumm.

   (b) Ronald żifen   kompletament għarwin.
   Ronald tanz(3msg) völlig   nackt(3msg)
   Ronald hat völlig nackt getanzt.

   (c) Helmut kiel   il-patat-a   shun-a wisq.
   Helmut aß(3msg) df-Kartoffel-fsg heiß-fsg zu+viel
   Helmut hat die Kartoffel zu heiß gegessen.

Anders als bei der Modifikation innerhalb der Nphrase gibt es bei prädikativen APn nicht die Möglichkeit der Rekursion, stattdessen müssen mehrere
Adjektive koordiniert werden.

4. (a) *Il-ministr-i   kien-u korrott-i intolleranti.
       df-Minister-pl Pst-3pl korrup-pl intolerant(pl)

   (b) Il-ministr-i   kien-u korrott-i   u   intolleranti.
       df-Minister-pl Pst-3pl korrupt-pl und intolerant(pl)
       Die Minister waren korrupt und intolerant.

(c) *Joe kiel   il-patat-a   nejj-a kiesh-a.
    Joe aß (3msg) df-Kartoffel-fsg roh-fsg kalt-fsg

(d) Joe kiel   il-patat-a   nejj-a u   kiesh-a.
    Joe aß (3msg) df-Kartoffel-fsg roh-fsg und kalt-fsg
    Joe hat die Kartoffel roh und kalt gegessen.

Im Gegensatz zu der Modifikatorphrase darf eine Prädikatsphrase nie definit
sein. Das ist besonders offensichtlich bei der sekundären Prädikation, wo eine
definite AP zu einer attributiven statt der prädikativen Lesart führt (vgl.
(5a)). Wenn die Adjektivphrase indefinit ist, gibt es eine strukturelle Ambi-
guität, die beim Sprechen durch die Intonation (eine kurze Pause zwischen
der Nphrase und der AP im Fall der Prädikation) und beim Lesen durch den
Kontext eindeutig wird (vgl. (5b)).

5. (a) Ewald kiel il-patat-a   n-nejj-a.
       Ewald aß df-Kartoffel-fsg df-roh-fsg
       Ewald aß die rohe Kartoffel/*die Kartoffel roh.

   (b) Ewald kiel il-patat-a   nejj-a.
       Ewald ess df-Kartoffel-fsg roh-fsg
       Ewald aß die Kartoffel roh/ die rohe Kartoffel.

Wenn die AP bei einer Konstruktion wie (6) definit ist, handelt es sich um
eine äquative und nicht um eine 1Prd-Konstruktion, da das rechte Element
referentiell ist.

6. (a) Agatha l-kerh-a.   (b)   Ħij-a   l-ġinġer.
       Agatha df-häßlich-fsg   Bruder(msg)-1sg df-blond(msg)
       Agatha ist die Häßliche.   Mein Bruder ist der Blonde.

Anders als im Deutschen, aber wie z.B. in den romanischen Sprachen, kongruiert die prädikative AP im Maltesischen sowohl bei der 1Prd (vgl. (7)) als
auch bei der 2Prd (vgl. (8)) mit dem Subjekt in bezug auf Numerus und
Genus.

7. (a) Helmut injorant.   (b) *Helmut injorant-a.
       Helmut dumm(msg)   Helmut dumm-fsg
       Helmut ist dumm.

(c) Ħut-i   twal.
Brüder-1pl groß(pl)
Meine Brüder sind groß.

(d) *Ħut-i   twil.
Brüder-1pl groß(msg)

8. (a) Salome żifn-et   għarwin-a.
Salome tanz-3fsg nackt-fsg
Salome hat nackt getanzt.

(b) *Salome żifn-et   għarwin.
Salome tanz-3fsg nackt(msg)

(c) Salome u   Erodi żifn-u   għarwen-in.
Salome und Herodes tanz-3pl nackt-pl
Salome und Herodes haben nackt getanzt.

(d) *Salome u Erodi żifn-u għarwin.
Salome und Herodes tanz-3pl nackt(msg)

Da die Pronomina der 1. und 2. Person Singular formal nicht für Genus spezifiziert sind, erfolgt die Unifikation sowohl mit einer [-FEM]- als auch mit einer [+FEM]-AP.

9. (a) Jien għajjien /għajjien-a.
ich   müde(msg)/müde-fsg
Ich bin müde.

(b) Int għajjien   /għajjien-a.
du müde(msg)/müde-fsg
Du bist müde.

(c) Ra-k   għarwin   /għarwin-a.
seh(3msg)-2sg nackt(msg)/nackt-fsg
Prf Sb   dO
Er hat dich nackt gesehen.

(d) Ħsib-t-ek   imdejjaq /imdejq-a.
denk-1sg-2sg traurig(msg)/traurig-fsg
Prf Sb   dO
Ich habe gedacht, daß du traurig wärest.

Diese Beobachtungen zeigen, daß die beiden Arten der Prädikation viele gemeinsame Eigenschaften haben. Es wird sich später herausstellen, daß diese Gemeinsamkeiten nicht zufällig sind und daß sie formal erfaßbar sind (siehe Abschnitt 9.8). Im folgenden möchte ich die beiden Prädikationstypen unabhängig voneinander etwas detaillierter beschreiben, um ihre syntaktischen und semantischen Strukturen herauszuarbeiten. Zunächst möchte ich aber eine kurze Bemerkung über Adjektive und Adverbien machen.

9.2. Adjektive und Adverbien

Im Maltesischen gibt es Wörter wie *ferħan* 'glücklich', die ausschließlich als Adjektive und Wörter wie *malajr* 'schnell', die ausschließlich als Adverbien vorkommen. Adjektive lösen Kongruenz aus, Adverbien dagegen nicht. (10e) ist ungrammatisch, weil die kongruierende Form *malajra* nicht existiert.

10. (a) Monika kanta-t ferħan-a.
    Monika sang-3fsg glücklich-fsg
    Monika hat glücklich gesungen.

  (b) Stefan kanta ferħan.
    Stefan sang(3msg) glücklich(msg)
    Stefan hat glücklich gesungen.

  (c) *Monika kanta-t ferħan.
    Monika sang-3fsg glücklich(msg)

  (d) Marija ġie-t malajr.
    Maria kam-3fsg schnell
    Maria ist schnell gekommen.

  (e) *Marija ġie-t malajr-a.
    Maria komm-3fsg schnell-fsg

Semantisch operieren Adverbien generell über Situationen oder Teil-Situationen (d.h. relevante Teile der dekomponierten Verbstruktur); Adjektive aber modifizieren Individuen. Da Kongruenzmerkmale nicht die Indizes von Situationsvariablen sind, kann im Fall von Adverbien keine Kongruenz in bezug auf diese Merkmale stattfinden.

Durch die Kongruenz bzw. Nicht-Kongruenz wird deutlich, ob es sich bei der Verwendung eines Wortes um ein Adjektiv handelt oder um ein Adverb. Das wird besonders deutlich bei Wörtern wie *tajjeb* 'gut', die sowohl als Adjektive als auch als Adverbien vorkommen können und im einen Fall Kongruenz auslösen und im anderen nicht. Die Adverbialform ist immer die unmarkierte Form, die der Maskulin-Singular-Form des Adjektivs entspricht.

11. (a) Ray j-ħoss-u tajjeb hafna.
    Ray 3msg-fühl-3msg gut(msg) sehr
    Ray fühlt sich sehr gut.

(b) Ingrid t-ħoss-ha   tajb-a hafna.

Ingrid 3fsg-fühl-3fsg gut-fsg sehr

Ingrid fühlt sich sehr gut.

12. (a) Beate t-kanta   tajjeb.   (b) *Beate t-kanta   tajb-a.

Beate 3fsg-sing gut   Beate 3fsg-sing gut-fsg

Beate singt gut.

In Tabelle I sind einige Wörter danach klassifiziert, ob sie nur als Adjektive bzw. als Adverbien vorkommen können oder in beiden Funktionen.

Tabelle I Adjektive und Adverbien

		ADJ	ADV	
tajjeb	'gut'	+	+	
ħażin	'schlecht'	+	+	
sabiħ	'schön'	+	+	
ikrah	'häßlich'	+	+	
malajr	'schnell'	−	+	
sew	'gut'	−	+	(vgl. englisch
ferħan	'glücklich'	+	−	*properly* bzw. *well*)
kuntent	'zufrieden'	+	−	
twil	'groß'	+	−	(vgl. englisch *tall*)
qasir	'klein'	+	−	(vgl. englisch *short*)

Man kann daher zwei Lexikoneinträge für ein Wort wie *tajjeb* annehmen: als Adjektiv modifiziert es ein Nomen und hat eine Θ-Rolle, die über ein Individuum abstrahiert und mit der die k-Merkmale assoziiert sind; als Adverb modifiziert es ein Prädikat (vermutlich die VP), und hat im Θ-Raster außer dem Binder für die Situationsvariable keinen Binder, der über eine Individuen-Variable abstrahiert und der die k-Merkmale tragen könnte.

Es wäre interessant zu spekulieren, inwiefern man sowohl das Adverb als auch das Adjektiv aus einer Grundform ableiten kann. Dabei stellen sich aber verschiedene Probleme, die ich hier nicht diskutieren will.

244

9.3. Die Syntax der sekundären Prädikation

Normalerweise wird angenommen, daß es zwei mögliche syntaktische Strukturen für die 2Prd gibt (in (13) sehr vereinfacht dargestellt), abhängig davon, ob das Adjektiv mit dem direkten Objekt oder mit dem Subjekt des Verbs kongruiert. Im Englischen oder Deutschen muß man natürlich von Koreferenz sprechen und nicht von Kongruenz, da in diesen Sprachen prädikative Adjektive nicht für die k-Merkmale spezifiziert sind.

Um die Strukturen unter (13) für das Englische zu rechtfertigen, geben Culicover und Wilkins (1984) einige syntaktische Tests an, u.a. den in (14). Wie Baltin (1981) nehmen Culicover und Wilkins an, daß die Bewegung des emphatischen Subjekt-Reflexivs (myself, yourself etc.) im Englischen nur in eine Position rechts von der VP bzw. von V^1 möglich ist. Die Strukturen in (13) sind für die Culicover/Wilkins-Analysen wichtig, da sie ihre strukturell-basierte Erfassung der Prädikation unterstützen. Mögliche Ambiguitäten wie in (15) (aus Napoli 1989) können dann auf strukturelle Zweideutigkeit zurückgeführt werden.

13. (a)   (b)

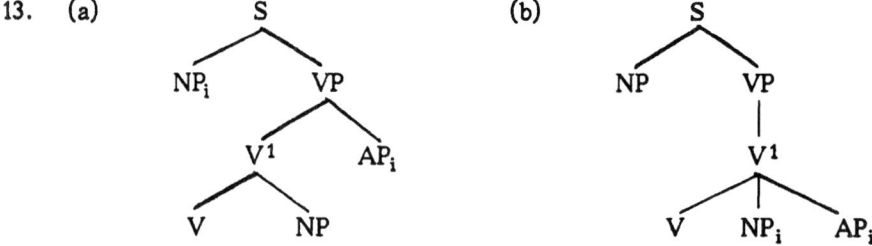

14. (a) *John ate the meat himself raw.
    (b)   John ate the meat himself nude.

15. John married Mary penniless.

Für das Maltesische allerdings habe ich keine syntaktischen Tests finden können, die die Strukturen in (13) überzeugend unterstützen. Im Gegenteil, die Distributionsmöglichkeiten deuten darauf hin, daß in beiden Fällen die Struktur in (16) anzusetzen ist.

16.

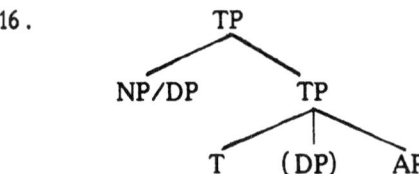

Die Tests, die Culicover/Wilkins angeben, sind entweder für das Maltesische nicht passend, oder die Resultate können auf andere Faktoren zurückgeführt werden. So z.B. kann man für das Maltesische den Test in (14) nicht anwenden, da das emphatische Reflexiv an einer ganz anderen Stelle steht:

17. (a) Yoshi stess kiel il-patat-a nej-ja.
     Yoshi selbst aß(3msg) df-Kartoffel-fsg roh-fsg
     Yoshi selbst hat die Kartoffel roh gegessen.

    (b) *Yoshi kiel il-patat-a stess nej-ja.
     Yoshi aß(3msg) df-Kartoffel-fsg selbst roh-fsg

    (c) Yoshi stess ħareġ għarwin.
     Yoshi selbst rausging(3msg) nackt(msg)
     Yoshi selbst ist nackt rausgegangen.

    (d) *Yoshi ħareġ stess għarwin.
     Yoshi rausging(3msg) selbst nackt(msg)

Generell können mögliche Zweideutigkeiten, die sich bei einer einzigen AP-Position wie in (16) ergeben, semantisch desambiguiert werden. So ist z.B. die Interpretation der Sätze in (18) semantisch unproblematisch, da 'Kartoffeln' normalerweise nicht nackt auftreten und Menschen normalerweise nicht gekocht werden.

18. (a) Kiel-et il-patat-a għarwin-a.
     aß-3sfg df-Kartoffel-fsg nackt-fsg
     Sie hat die Kartoffel nackt gegessen.

    (b) Kiel-et il-patat-a msajr-a.
     aß-fsg df-Kartoffel-fsg gekocht-fsg
     Sie hat die Kartoffel gekocht gegessen.

Im Maltesischen bietet die Kongruenz in den Fällen, in denen das Subjekt bzw. das direkte Objekt hinsichtlich der k-Mermale verschieden kategorisiert sind, zusätzlich zur Semantik eine weitere explizite Möglichkeit der Desambiguierung. So ist der im Deutschen ambige Satz in (19a) im Maltesischen wegen der Kongruenz eindeutig (vgl. (19b) und (19c)). Wie der Subjekt-Pro-drop-Satz in (19b) zeigt, findet Kongruenz mit dem Sb-Marker statt.

19. (a) Er küßte sie nackt.   (b) Bies-ha   gharwin.

                                                      küß(3msg)-3fsg nackt(msg)

                                                      Er_i küßt sie $nackt_i$

   (c) Bies-ha gharwin-a.

        küß-3fsg nackt-fsg

        Er küßt sie_i $nackt_i$

Ein Vorteil, der sich durch die Annahme der Struktur in (16) ergibt, ist, daß man weiter mit einem 1-stufigen X-Bar-Modell für das Maltesische auskommen kann. Um die AP, die das Subjekt modifiziert, strukturell von der AP, die das Objekt modifiziert, zu unterscheiden, müßte man in einem mehrstufigen X-Bar-Modell anehmen, daß die Sb-modifizierende AP an VP bzw. TP (d.h. [+V, -N, +T, +MAX]) adjungiert wird. Dadurch ergibt sich aber automatisch die Möglichkeit der Rekursion. In einem einstufigen Modell wird die Struktur in (16) dadurch gestützt, daß die Adjektive bei der 2Prd nicht rekursiv sind, d.h. es darf nie mehr als ein Adjektiv auf einmal auftreten, was unabhängig davon gilt, ob das Adjektiv sich auf das Subjekt oder auf das Objekt bezieht.

20. (a) *Ċikku kiel   il-patat-a   nejj-a kiesh-a.

       Franz aß(3msg) df-Kartoffel-fsg roh-fsg kalt-fsg

   (b) *Pawlu kiel   il-patat-a   ferhan   gharwin.

       Paul   aß(3msg) df-Kartoffel-fsg glücklich(msg) nackt(msg)

   (c) *Albert kiel   il-patat-a   ferhan   nej-ja.

       Albert aß(3msg) df-Kartoffel-fsg glücklich(msg) roh-fsg

Die Annahme ist, daß es nur eine Prädikatsposition gibt, d.h. die Argumentstruktur darf nur durch eine Position ergänzt werden. Das ergibt sich wiederum, wenn man die Konstruktion der 2Prd parallel zur freien Ergänzung bei nicht-inhärenten Kontrollverben behandelt: Ergänzungstemplates im Lexikon führen genau eine Θ-Rolle ein, die über eine Prädikatsvariable abstrahiert. (Diese Parallelität wird in Zusammenhang mit der Formalisierung genauer beschrieben.)

Weitere Unterstützung für die Struktur in (16) ergibt sich aus Beobachtungen über die Wortstellung. Hinsichtlich der Wortstellung verhalten sich die APn, die das Subjekt des Verbs modifizieren, bei der 2Prd genau wie das direkte Objekt von transitiven Verben. Für den Satz in (21a) gibt es die Wortstellungsmöglichkeiten in (21b) bis (21f).

21. (a)   Salome żifn-et   gharwin-a.   S V A
          Salome tanz-3fsg nackt-fsg
          Sb   Prf Sb   A
          Salome tanzte nackt.

    (b)   Salome   gharwina   żifnet.   S A V
    (c)   Gharwina   żifnet   Salome.   A V S
    (d)   Gharwina   Salome   żifnet.   A S V
    (e)   Żifnet   gharwina   Salome.   V A S
    (f) *Żifnet   Salome   gharwina.   V S A

Die Verhältnisse entsprechen genau denen bei transitiven Sätzen mit einem
Verb ohne dO-Marker (siehe Abschnitt 5.12): Die Sätze in (21b)-(21d), in
denen das Adjektiv links vom Verb vorkommt, sind emphatisch bzw. kontrastiv. Aus der Struktur in (16) und den üblichen Annahmen über Links-
extraktion und Adjunktion des Subjekts (siehe Kapitel 5) ergibt sich dieses
Verhalten, ohne daß weitere Annahmen nötig wären.

APn bei der 2Prd verhalten sich in Konstruktionen mit einem transitiven
Verb hinsichtlich der Wortstellung wie das indirekte Objekt bei ditransitiven
Verben (vgl. (24)), und zwar unabhängig davon, ob das Adjektiv das interne
oder das externe Argument des transitiven Verbs modifiziert (vgl. (22) und
(23)). Die Beispiele in (22b), (23b) und (24b) werden emphatisch bzw. kontrastiv verstanden.

22. (a)   Pawlu kiel   il-patat-a   gharwin.   S V O A
          Paul   aß(3msg) df-Kartoffel-fsg nackt(msg)
          Paul   aß die Kartoffel nackt.

    (b)   Pawlu l-patata kiel   gharwin.   S O V A
    (c) *Pawlu kiel   gharwin il-patata.   S V A O
    (d) *Pawlu gharwin il-patata kiel.   S A O V

23. (a)   Pawlu kiel   il-patat-a   nej-ja.   S V O A
          Paul   aß(3msg) df-Kartoffel-fsg roh-fsg
          Paul   aß die Kartoffel roh.

    (b)   Pawlu l-patata kiel   nejja.   S O V A
    (c) *Pawlu kiel   nejja   l-patata.   S V A O
    (d) *Pawlu nejja   l-patata kiel.   S A O V

24. (a) Pawlu bagħat   il-patat-a   lil Marija.   S V O iO
         Paul schick(3msg) df-Kartoffel-fsg Ks Maria

(b) Pawlu l-patata bagħat   lil Marija.   S O V iO
(c) *Pawlu bagħat   lil Marija l-patata.   S V iO O
(d) *Pawlu lil Marija l-patata   bagħat.   S iO O V

Wenn ein dO-Marker am Verb vorkommt, kann das direkte Objekt rechts von
der AP stehen. Wie zu erwarten ist, ist (25b) jetzt auch emphatisch bzw.
kontrastiv zu verstehen (und zwar mit Betonung auf *nejja*).

25. (a) Pawlu kiel-ha   nej-ja   l-patat-a.   S V A O
         Paul eß(3msg)-3fsg roh-fsg df-Kartoffel-fsg
         Paul aß die Kartoffel roh.

(b) Pawlu nejja kielha l-patata.   S A V O

Diese Ähnlichkeit im Verhalten der Komplemente des Verbs (direktes Objekt,
indirektes Objekt) einerseits und der prädikativen APn andererseits läßt sich
am besten erklären, wenn man annimmt, daß in allen Fällen zugrundeliegend
dieselbe syntaktische Struktur vorhanden ist, und daß dieselben Prinzipien der
Extraktion gelten.

9.4 AP- und VP-Ergänzungen

Abschließend möchte ich auf die Parallelität zwischen den APn in 2Prd und
den Ergänzungen bei den nicht-inhärenten Kontrollverben (siehe Kapitel 8)
aufmerksam machen. Der Vergleich von (26) und (21) zeigt, daß die Wortstellungsmöglichkeiten auch in diesem Fall parallel sind. (26) ist ein Beispiel
für das nicht-inhärente Kontrollverb *tkellem* 'reden' mit dem Verb *ghajjat*
'schreien' in der eingebetteten VP. (Man benutzt das Verb *ghajjat* 'schreien'
in solchen Konstruktionen, da im Maltesischen ein Wort für *laut* fehlt.)

26. (a) Salome t-itkellem   t-ghajjat.   S V A
         Salome 3fsg-sprech 3fsg-laut-sprech
         Salome spricht laut.

(b)	Salome	tgħajjat	titkellem.	S A V
(c)	Tgħajjat	titkellem	Salome.	A V S
(d)	Tgħajjat	Salome	titkellem.	A S V
(e)	Titkellem	tgħajjat	Salome.	V A S
(f)	*Titkellem	Salome	tgħajjat.	V S A

Die freien Ergänzungen bei nicht-inhärenten Kontrollverben und die bei der 2Prd zeigen interessante Ähnlichkeiten. Das wird besonders deutlich bei den Partizipialformen des Verbs, die auch Adjektive sind, und als Komplemente von nicht-inhärenten Kontrollverben vorkommen können (siehe Kapitel 8, Bsp. 38). Allgemein scheint es immer möglich, das Θ-Raster eines Verbs durch eine [+V]-Θ-Rolle zu ergänzen, die eines seiner Argumente modifiziert.

9.5. Formalisierung

Es scheint sinnvoll anzunehmen, daß die Konstruktionen mit 2Prd ähnlich wie Konstruktionen mit nicht-inhärenten Kontrollverben behandelt werden können. Durch das Ergänzungstemplate für nicht-inhärente Kontrollverben (siehe Kapitel 8) darf ein Verb durch eine Θ-Rolle ergänzt werden, die über eine Prädikatsvariable abstrahiert. Ein ähnliches Template könnte benutzt werden, um das Θ-Raster beliebiger Verben durch eine Θ-Rolle für eine AP zu ergänzen (vgl. (27)).

27. $\lambda z \dots [V(z)] \longrightarrow \underset{\underset{+V}{|}}{\lambda P} \lambda z \dots [V(z) \ \& \ P(z)]$

Anders als bei der Ergänzung durch ein Verb, dessen externes Argument (wenn die Verallgemeinerung in Kapitel 8 aufrechterhalten werden kann) nur mit der Variable der nächst-höheren Θ-Rolle identifiziert werden könte, darf das externe Argument des Adjektivs beliebig mit einer der Variablen der Θ-Rolle eines transitiven Verbs identifiziert werden. Welche präferiert wird, hängt von der sortalen Beschränkung des Adjektivs und der des Arguments ab. Das weist daraufhin, daß bei der verbalen Ergänzung die Semantik des eingebetteten Verbs eine Rolle dafür spielt, ob das externe oder das interne Argument des Matrixverbs modifiziert wird, so daß sich die in Kapitel 8 aufgeführte Beschränkung, die auf die Hierarchie der Θ-Rollen Bezug nimmt, möglicherweise aus der semantischen Repräsentation der Verben ableiten läßt. Ich möchte diesen Punkt an dieser Stelle jedoch nicht weiter verfolgen.

Je nachdem, mit welchem Argument das externe Argument der AP identifiziert wird, ergibt sich die Kongruenz durch die Unifikation. So ergibt die Erweiterung des Θ-Rasters durch das Template in (27) für das Verb *ra* 'sehen' in (28a) entweder den Ausdruck in (28b) oder den in (28c).

28. (a) $\qquad \lambda y\ \lambda \underline{x}\ [\ \text{SEH}\ (x,y)]$

(b) $\qquad \lambda P\ \lambda y\ \lambda \underline{x}\ [\ \text{SEH}\ (x,y)\ \&\ P(x)]$

(c) $\qquad \lambda P\ \lambda y\ \lambda \underline{x}\ [\ \text{SEH}\ (x,y)\ \&\ P(y)]$

In (28b) müssen die k-Merkmale der AP mit denen des Verbsubjekts, bzw. des Sb-Markers unifizieren; in (28c) aber mit den k-Merkmalen des direkten Objekts. Die semantische Ableitung der VP des Satzes in (29a), der als Beispiel für (28c) dient, ist in (29b-e) dargestellt, die Syntax in (29g).

29. (a) Ra   lil   Ċetta   gharwin-a.

     sah(3msg) Ks   Ċetta   nackt-fsg

     Prf   Sb   dO

     Er hat Ċetta nackt gesehen.

(b) *ra:* $\lambda P\ \lambda y\ [\text{SEH}\ (D\underset{\substack{|\\ \text{3PER}\\ -\text{FEM}\\ -\text{PLU}}}{x}(C(x)),\ y)\ \&\ P(y)]$

(c) *Ċetta:* $D\underset{\substack{|\\ \text{3PER}\\ +\text{FEM}\\ -\text{PLU}}}{z}(\text{NAME}\ (z,\ \text{CETTA}))$

(d) *gharwin-a:* $\lambda r\ [\text{NACKT}\ (r)]$

    nackt-fsg $\underset{\substack{+\text{FEM}\\ -\text{PLU}}}{}$

(e) *ra gharwina:* $\lambda \underset{\substack{|\\ +\text{FEM}\\ -\text{PLU}}}{y}\ [\text{SEH}\ (D\underset{\substack{|\\ \text{3PER}\\ -\text{FEM}\\ -\text{PLU}}}{x}\ (C(x)),\ y)\ \&\ \text{NACKT}(y)]$

(f) *ra lil Ċetta gharwina:*

$\text{SEH}(\ D\underset{\substack{|\\ \text{3PER}\\ -\text{FEM}\\ -\text{PLU}}}{x}(C(x)),\ D\underset{\substack{|\\ \text{3PER}\\ +\text{FEM}\\ -\text{PLU}}}{z}(\text{NAME}(z,\ \text{CETTA}))\ \&\ \text{NACKT}(D\underset{\substack{|\\ \text{3PER}\\ +\text{FEM}\\ -\text{PLU}}}{z}(\text{NAME}(z,\ \text{CETTA}))))$

(g)

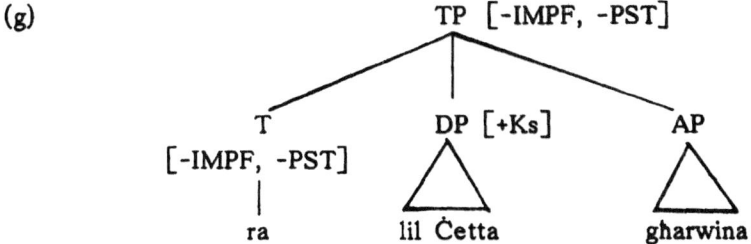

9.6. Nackte Prädikation

Oft kommen im Maltesischen Konstruktionen der 1Prd völlig ohne Kopula vor:
sie bestehen nur aus dem Subjekt und der Prädikatsphrase (vgl. (30a)). Wie
bei den Verben ist das Tempus in solchen Fällen per Default Präsens. Vergangenheit bzw. Zukunft werden mit dem expliziten verbalen Tempusmarker
kien 'Past' bzw. *ikun* 'Prs' gebildet.

30. (a) Ġanni għajjien   bħalissa.
        Hans müde(msg) gerade
        Hans ist gerade müde.

    (b) Ġanni kien għajjien   il-bierah.
        Hans Pst müde(msg) df-gestern
        Hans war gestern müde.

    (c) Ġanni wara x-xogħol għada j-kun   għajjien.
        Hans nach df-Arbeit morgen 3(msg)-Fut müde(msg)
        Hans wird morgen nach der Arbeit müde sein.

Die Prädikatsphrase kann in solchen Konstruktionen eine AP, PP oder Nphrase
sein (vgl. (31)); sie kann auch links vom Subjekt vorkommen und ist dann
emphatisch bzw. kontrastiv, mit Betonung auf der Prädikatsphrase (vgl. (32)).

31. (a) It-temp   sabiħ.
        df-Wetter(msg) schön(msg)
        Das Wetter ist gut.

    (b) Ingrid fi-l-bahar.
        Ingrid in-df-Meer
        Ingrid ist im Meer.

    (c) Oħt-u   ballerin-a.
        Schwester(fsg)-3msg Tänzer-fsg
        Seine Schwester ist Tänzerin.

32.   Ikrah   wisq   it-temp   il-Ġermanja.
        häßlich(msg) zu+sehr df-Wetter(msg) df-Deutschland
        Das Wetter in Deutschland ist zu häßlich.

Eine wichtige formale Frage, die sich in Zusammenhang mit der nackten Prädikation ergibt, ist die folgende: Wenn man annimmt, daß nur Verben eine Situationsvariable haben, wo ist dann die semantische Information über Tempus kodiert? Parallel dazu stellt sich für die Syntax die Frage, woher das g-Merkmal T kommt, da man ja annehmen möchte, daß solche 1Prd-Konstruktionen syntaktisch den Status von Sätzen haben, da sie z.B. als Komplemente des Komplementierers *illi* 'daß' vorkommen können. Diese Fragen werden im Abschnitt über die Formalisierung der Daten wieder aufgenommen. Zunächst erfolgt eine Beschreibung der Daten.

Die nackte Prädikation kommt also vor, wenn der Satz im Präsens und affirmativ ist. Die Kopula muß auch dann realisiert werden, wenn der Satz negativ oder interrogativ ist, damit diese Information explizit kodiert werden kann. Bei Lokalisierungen tritt oft das Element *qieghed* (aber nicht die Kurzform *qed* - siehe Kapitel 8) auf.

33. (a) It-temp   Malta   m-huwie-x   ikrah.
      df-Wetter(msg) Malta   ng-sein(3msg)-ng häßlich
      Das Wetter in Malta ist nicht häßlich.

    (b) Anna kien-et   ballerin-a.   (c) Fejn hi   Ingrid il-lejla?
       Anna sein-3fsg Tänzer-fsg   Wo sein(3fsg) Ingrid df-Abend
       Anna war Tänzerin.   Wo ist Ingrid heute abend?

    (d) Ray qieghed   id-dar.   (e) *Ray qed   l-universitá.
       Ray Lok(msg)   df-Haus   Ray Lok df-Universität
       Ray ist zuhause.

(33) zeigt, daß verschiedene Elemente die Kopulafunktion, d.h. die Vermittlung der relevanten Information über Tempus und Modus, übernehmen können.

9.7. Die Kopula

In einer interessanten, eher semantisch orientierten Analyse, behauptet Borg (1988), daß es im Maltesischen drei Elemente gibt, die im Präsens Kopulafunktion haben: (i) das Verb *nsab* 'sich befinden', (ii) die lokale Kopula *qieghed* 'lokalisiert-sein' und (iii) die "pronominale" Kopula, eine Verbalform, die historisch aus dem Sb-Pronomen abgeleitet ist. (Borg untersucht die

Vergangenheits- und Zukunftsformen mit *kien* und *ikun* in diesem Artikel nicht.) Nach Borg liegt ihre Gemeinsamkeit darin, daß sie im Default-Fall weglaßbar sind, ohne daß wichtige Information dadurch verloren geht. Im folgenden werde ich die drei Elemente, insbesondere ihre morphosyntaktischen Eigenschaften, genauer beschreiben; zuerst das Kopulaverb *nsab-* 'sich befinden'; (rf in den Glossen steht für reflexivisch).

34. (a)   Il-gvern   j-in-sab   f'kriżi   kbir-a.
          df-Regierung(msg) 3msg-rf-find   in Krise(fsg) groß-fsg
          Die Regierung befindet sich in einer großen Krise.

    (b)   Int   t-in-sab   f' posizzjoni   dghajf-a.
          Du   2sg-rf-find   in Position(fsg) schwach-fsg
          Du befindest dich in einer schwachen Position.

nsab ist ein aus *sab* 'finden' durch Hinzufügen des Reflexiv bzw. Passiv-Affix' *n-* abgeleitetes Verb. *nsab* tritt meist mit lokativen PPn bzw. Nphrasen auf, es kann aber auch mit "stage-level" (siehe Kratzer 1990, Carlson 1977) APn bzw. Nphrasen vorkommen.

35.   Pawlu j-insab   f-l-kamra/   l-iskola/   marid/skrivan il-bank
      Paul 3msg-befind in-df-Zimmer/df-Schule/krank/Bankangestellter
      Paul befindet sich im Zimmer/ in der Schule/ krank/ Bankangestellter

36.   Pawlu j-insab   *qasir/*tabib.
      Paul 3msg-befind klein/ Arzt

Die Verwendung mit dem Adjektiv kommt in der Alltagssprache nie vor; sie ist etwas altmodisch und gehoben. In diesen Fällen und bei nicht-lokativen Nphrasen muß sichergestellt werden, daß *nsab* mit dem Sb-Affix in bezug auf Numerus und Genus kongruiert. Die häufigste Verwendung ist die mit "abstrakten" PPn wie in (37), sie kommt aber auch überwiegend in stilistisch gehobeneren Kontexten (Schriftsprache, Zeitungen, Fernsehen) vor.

37. (a)   Il-Jugoslavja t-insab   f' posizzjoni   kritik-a   hafna.
          df-Jugoslavien 3fsg-befind in Position(fsg) kritisch-fsg sehr
              Sb   Sb   Impf
          Jugoslavien befindet sich in einer sehr kritischen Position.

(b) Id-dinj-a   t-insab   fi   kriżi   ekoloġik-a   kbir-a.
    df-Welt-fsg 3fsg-befind in Krise(fsg) ökologisch-fsg groß-fsg
        Sb   Sb   Impf
    Die Welt befindet sich in einer großen ökologischen Krise.

Wie andere Vollverben trägt *nsab* die Sb-Marker für Person, Numerus und
Genus, aber (wie alle Verben mit Reflexiv- bzw. Passiv -*n*-) keine dO-
Marker, da es durch das Affix -*n* einstellig geworden ist. Falls eine Prädikatsphrase vorhanden ist, kongruiert sie mit dem Sb-Affix von *nsab* (und entsprechend mit der Sb-Nphrase, die mit dem Affix assoziiert ist, falls es eine
solche gibt) in bezug auf Numerus und Genus.

38. (a) J-insab   marid.   (b) *J-insab   marid-a.
         3msg-befind krank(msg)   3msg-befind krank-fsg
         Er ist krank.

    (c) N-insab-u kwiet-i   (d) *N-insab-u kwiet.
         1-befind-pl ruhig-pl   1-befind-pl ruhig(msg)
         Wir sind ruhig.

Das zweite Element, das als Kopula fungiert, ist das Partizip I *qieghed* 'lokalisiert-sein' des Verbs *qaghad* 'bleiben'. Es tritt hauptsächlich mit lokativen
Nphrasen bzw. PPn auf, aber auch mit stage-level APn bzw. Nphrasen. Die
Konstruktionen mit stage-level Nphrasen sind sehr selten und auch die Kombination mit stage-level APn ist beschränkt auf wenige Adjektive wie z.B.
kwiet 'ruhig', *mhasseb* 'nachdenklich' und *kuntent* 'zufrieden', die psycho-
logische Zustände bezeichen. *qieghed* kommt nicht vor mit Adjektiven wie
marid 'krank' und *ghajjien* 'müde', die eher physikalische Zustände bezeichnen.

39. (a) Pawlu qieghed   id-dar/   fi-l-kamra/   kwiet/ anġlu fil-play.
        Paul Lok(msg) df-Haus/ in-df-Zimmer/ ruhig/ Engel in-df-Schauspiel
        Paul ist zuhause/ im Zimmer/ruhig /im Theaterstück ein Engel

    (b) Pawlu qieghed   *ghajjien/*tabib.
        Paul Lok(msg) müde/   Arzt

Wie alle Partizipien gehört *qieghed* morphologisch zu den Adjektiven und
nicht zu den Verben: es kann nicht mit *ma...x* negiert werden und kongruiert
mit dem Subjekt (und dadurch mit der Prädikatsphrase) nur in bezug auf
Numerus und Genus, aber nicht in bezug auf Person.

40. (a) Ganni qieghed   kwiet.
       Hans Lok(msg) ruhig(msg)
       Hans ist ruhig.

    (b) Ganna qieghd-a kwiet-a.
         Hanne Lok-fsg ruhig-fsg
         Hanne ist ruhig.

    (c) Jien qieghed   kwiet.
       Ich Lok(msg) ruhig(msg)
       Ich bin ruhig.

    (d) Int qieghd-a kwiet-a.
         Du Lok-fsg ruhig-fsg
         Du bist ruhig.

    (e) *Ganni ma qieghed-x   kwiet.
        Hans ng Lok(msg)-ng ruhig(msg)

    (f) Ganni m-huwie-x   qieghed   kwiet.
        Hans ng-sein(3msg)-ng Lok(msg) ruhig(msg)
        Hans war nicht ruhig.

Zum Schluß kann *qieghed* wie andere Partizipien als Komplement von *kien* vorkommen.

41. (a) It-tifel   kien   qieghed id-dar.
       df-Junge(msg) Pst(3msg) Lok(msg) f-Haus(fsg)
       Der Junge war zuhause.

Die dritte Kopula ist die "pronominale" Kopula, die formgleich mit den Pronomina ist. Die positive pronominale Kopula kommt vor allem bei Fragen vor (vgl. (42a)), aber auch in Aussagesätzen mit "individual level" Nphrasen (in generischen Sätzen; vgl. (42b)), mit "individual level" APn (vgl. (42c)) und in äquativen Konstruktionen (vgl. (42d)). (Einige der Beispiele stammen aus Borg 1988.)

42. (a) Int min int?
       du wer sein(2sg)
       Wer bist du?

    (b) Il-ġiżimin-a   hi   fjur-a.
         df-Jasmin-fsg sein(3fsg) Blume-fsg
         Jasmin ist eine Blume.

    (c) Ewald hu   qasir.
       Ewald sein(3msg) kurz(msg)
       Ewald ist klein.

    (d) Dieter hu   l-eżaminatur.
         Dieter sein(3msg) df-Prüfer(msg)
         Dieter ist der Prüfer.

    (e) *Manfred hu   ghajjien/   l-universitá/   fi-t-tojlet.
        Manfred sein(3msg) müde(msg)/ df-Universität/ in-df-Toilette
        Manfred ist müde/an der Universität/in der Toilette.

Die 1. und 2. Person der positiven "pronominalen" Kopula wird selten in Affirmativsätzen mit einem pronominalen Subjekt verwendet, vermutlich wegen der sich ergebenden Verdoppelung.

43. (a) ?Int int injorant.
       du sein(2sg) dumm(msg)
       Du bist dumm.

(b) ?Huma huma 1-eżaminatur-i.
     sie sein(3pl) df-Prüfer-pl
     Sie sind die Prüfer.

(c) ?Jien jien qasir.
    Ich sein(1sg) kurz(msg)
    Ich bin klein.

Anders als die positive Form der pronominalen Kopula unterliegt die Prädikatsphrase der negativen Form keinerlei Beschränkungen.

44. (a) Pawlu m-huwie-x għajjien/qasir/1-eżaminatur/1-iskola/fi-1-kamra.
     Paul ng-sein(3msg)-ng müde/kurz/df-Prüfer/df-Schule/in-df Zimmer
     Paul ist nicht müde/klein/der Prüfer/in der Schule/im Zimmer.

(b) Il-ġiżimin-a m-hijie-x frott-a.
    df-Jasmin-fsg ng-sein(3fsg)-ng Frucht-fsg
    Jasmin ist keine Frucht.

Im Präsens werden 1Prd-Konstruktionen wie auch andere Partizipien mit der negativen Form der "pronominalen" Kopula verneint, deren Paradigma in Tabelle II zu sehen ist. Diese negativen Formen sind offensichtich aus der [-Ks]-Form des Pronomens abgeleitet. Die Tatsache, daß sie wie Verben mit dem Circumfix *ma...x* verneint werden können, deutet darauf hin, daß sie in dieser Verwendung tatsächlich Verben sind.

Tabelle II: die negative "pronominale" Kopula

	SINGULAR		PLURAL	
	Positiv	Negativ	Positiv	Negativ
1.	jien	m-inie-x	aħna	m-aħnie-x
2.	int	m-inti-x	intom	m-intom-x
3m.	huwa	m-huwie-x	} huma	m-humie-x
3f.	hija	m-hijie-x		

Die pronominale Kopula weist Suppletivformen auf und kongruiert hinsichtlich Numerus, Genus und Person mit dem Subjekt. Ich nehme an, daß die pronominale Kopula die fehlende (reine) Präsensform des Tempusmarkers *kien/jkun* ist. In der affirmativen Form ist die pronominale Kopula grundsätzlich fakultativ, da die Informationen 'Präsens' und 'Affirmativ' per Default vorhanden sind.

Abschließend zeigt Tabelle III, welche Art von internen Argumenten mit welcher Kopulaform vorkommen. Die Abkürzungen in Tabelle III sind zu interpretieren als: stg = stage level; ind = individual level; lok = lokativ; PRT1 = Partizip I. In der Tabelle wird nicht berücksichtigt, daß *qieghed*, anders als *jinsab* nur mit "Psych"-stage-level APn vorkommt.

Tabelle III: Subkategorisierungeigenschaften der Kopula-Formen

	NP stg	AP stg	NP lok	PP lok	AP ind	NP ind	PRTI
kien/ikun:	+	+	+	+	+	+	+
mhuwiex:	+	+	+	+	+	+	+
jinsab:	+	+	+	+	–	–	–
qieghed:	+	+	+	+	–	–	–
hu:	–	–	–	–	+	–	–

9.8. Formalisierung

In diesem Abschnitt werden die folgenden beiden Fragen behandelt:
(i) Wie schon oben erwähnt wurde, stellt sich bei der Behandlung der nackten Prädikation und der Prädikation mit der lokativen Kopula *qieghed* die Frage, woher die Tempusinformation kommt, da vermutlich Adjektive, Präpositionen und Nomina anders als Verben keine Situationsvariable haben, die Träger solcher Information sein könnte. Gerade deswegen braucht man in vielen Sprachen die Kopula als verbales Element, das diese Information mit sich bringt.
(ii) Es hat sich gezeigt, daß es verschiedene Parallelen zwischen der 1Prd und der 2Prd gibt. Es ist daher wünschenswert, eine Formalisierung der Prädikatstypen zu finden, in der sich diese Ähnlichkeit niederschlägt.

258

Um das Problem der Zeitinformation bei kopulalosen Sätzen zu behandeln, nehme ich das phonologisch leere Verb in (45) an, das man formal als einen Tempusoperator betrachten kann.

45.   -N, +V; $\lambda P \ \lambda z \ \lambda s \ [P(z)] \ (s)$

Im Zusammenhang mit der Defaultregel in (46), die in Kapitel 8 eingeführt wurde, ergibt das leere Verb in (45) kombiniert mit (47b) den Ausdruck in (47c). Die Kombination von (47c) mit (47a) ergibt (47d). In (48) ist die syntaktische Struktur angegeben, die (47d) entspricht.

46. $[+V, \ -N \ ] \longrightarrow \ [+T, \ -PST \ ]$

47. (a)   *ir-raġel:*   +N, -V, +D; $Dx \ (MANN(x))$
          df-Mann(msg) $|$
                                            -PLU
                                            -FEM

    (b)   *ghajjien:*   +N, +V: $\lambda \underline{z} \ [\ M\ddot{U}DE(z)]$
          müde(msg) $|$
                                      -PLU
                                      -FEM

    (c)   *ghajjien:* -N, +V: $\lambda \underline{z} \ \lambda s \ [\ M\ddot{U}DE(z)](s)$
          müde $|$
                                 -PLU
                                 -FEM

    (d)   *ir-raġel   ghajjien:*   -N, +V: $\lambda s \ [M\ddot{U}DE \ (Dx(MANN(x)))) \ ](s)$
          df-Mann   müde $|$
                                                    -PLU
                                                    -FEM

48.

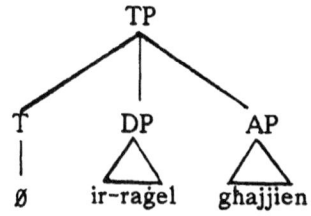

In (48) ist die Ähnlichkeit mit Konstruktionen der 2Prd sehr deutlich. Es handelt sich um dieselbe Struktur, nur ist die T-Position hier phonologisch leer. Die markierten Wortstellungsmöglichkeiten bei der 1Prd ergeben sich durch die allgemeine Möglichkeit, die AP durch Extraktion links an TP zu adjungieren.

Wie (49) zeigt, handelt es sich bei Sätzen mit dem Partizip I *qieghed* syntaktisch im Grunde um dieselbe Konstruktion wie in (48).

49.

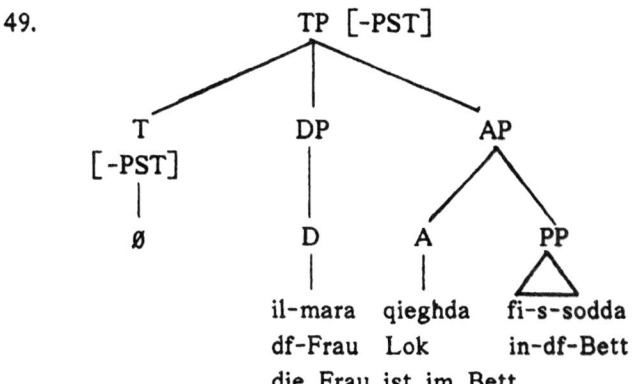

Unter der Annahme, daß PPn im Maltesischen auf Regionen referieren (siehe Kapitel 7), kann man für *qieghed* den Eintrag in (50a) ansetzen. Für die Version von *qieghed*, die mit stage-level Prädikaten auftritt, kann man die Repräsentation in (50b) annehmen. "LOK" ist so zu interpretieren, daß x in der Eigenschaft P "lokalisiert" ist und deshalb ist (50b) gleichbedeutend mit (50c).

50. (a) *qieghed:* +N, +V; $\lambda y\ \lambda \underset{\substack{-PLU\\+FEM}}{x}\ [LOK(x, y)]$
     Lok-msg

  (b) +N, +V; $\lambda \underset{\substack{-V\\-N}}{P}\ \lambda \underset{\substack{-PLU\\+FEM}}{x}\ ["LOK"(x, P)]$

  (c) $\lambda P\ \lambda \underline{x}\ [P(x)]$

Unter (51) findet sich die Repräsentation der Partizipialform *reqdin* des Verbs *raqad* 'schlafen' und die syntaktische Struktur eines entsprechenden Satzes.

51. (a) *reqd-in:* +N, +V; $\lambda \underset{+PLU}{x}\ [SCHLAF(x)]$
     schlafend-pl

260

(b)

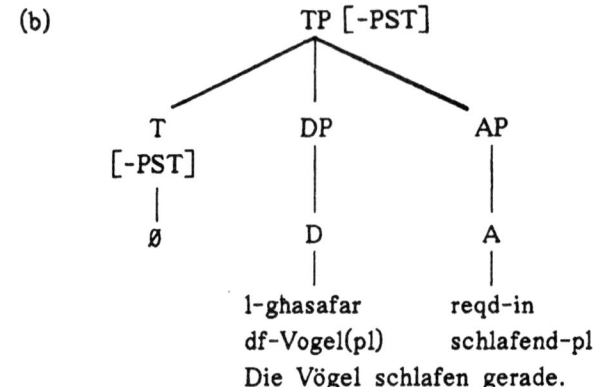

l-ghasafar   reqd-in
df-Vogel(pl)   schlafend-pl
Die Vögel schlafen gerade.

(52), (53) und (54) zeigen die Einträge von *kon-t* 'ich war', von der negativen pronominalen Kopula *m-inie-x* 'ich bin nicht' und von *n-insab* 'ich befinde mich', die als Vollverben zu betrachten sind (siehe Kapitel 8). Wie *qieghed* haben diese Verben zwei Repräsentationen, eine mit einem Individuen- und eine mit einem Prädikatsargument. Wie bei anderen Vollverben (siehe Kapitel 4 und 5) ist das externe Argument bereits im Lexikon gesättigt. (SPR steht für SPRECHER und [+NG] für die Negation.)

52. *kon-t:*   (a)   -N, +V, +PST; $\lambda P \ [P(Dx(SPR(x)))]$
    Pst-1sg   -PLU
                                               1PER

               (b)   -N, +V, +PST; $\lambda y \ [LOK(Dx(SPR(x)), y) \ ]$
                                                     -PLU
                                                     1PER

53. *m-inie-x:*   (a)   -N, +V, +NG; $\lambda P \ [\sim P(Dx(SPR(x)))]$
    ng-sein(1sg)-ng   -PLU
                                             1PER

               (b)   -N, +V, +NG; $\lambda y \ [\sim LOK(Dx(SPR(x)), y)]$
                                               -PLU
                                                 1PER

54. *n-insab:*   (a)   +V, +N, -PERF; $\lambda P \ [P (Dx (SPR(x)))]$
    1sg-befind   -PLU
                                           1PER

(b) +V, -N, -PERF; $\lambda y \; [LOK(Dx(SPR(x)), y)]$
$$|$$
$$-PLU$$
$$1PER$$

Für äquative Konstruktionen muß man eine Variante dieser Einträge mit zwei Θ-Rollen, die über Individuenvariablen abstrahieren, annehmen.

55. äquative Version der Kopula: $\lambda y \; \lambda \underline{x} \; [x = y]$

Die verschiedenen Kopulaverben haben eines gemeinsam: Wenn das interne Argument prädikativ ist, induzieren sie durch λ-Konversion die Identifizierung des externen Arguments der Prädikatsphrase und des Subjekts. Das ergibt aber Probleme bei der Unifikation der Merkmale in solchen Prd1-Sätzen, in denen die Prädikatsphrase eine Nphrase ist. Diese Probleme sind Inhalt des nächsten Kapitels.

10. "Nicht-formale" Kongruenz

In diesem Kapitel werden einige problematische Fälle der Kongruenz behandelt,
insbesondere Phänomene, die in der Literatur oft mit Begriffen wie "nicht-
formale" Kongruenz (siehe z.B. Cann 1984, Pollard & Sag 1990, Ortmann 1992)
bezeichnet werden. (Das Problem der "resolution rules" (siehe Corbett 1983),
das sich bei der Kongruenz mit koordinierten Nphrasen stellt, wird hier
ausgeklammert.) Bevor ich im folgenden auf die Phänomene eingehe, möchte
ich noch eine kurze Bemerkung zur verwendeten Terminologie machen. In
diesem Kapitel spielen häufig die Referenzeigenschaften der Ausdrücke eine
wichtige Rolle. Ich werde in diesem Zusammenhang allgemein von "semantischen" Prädikaten reden, ohne zu berücksichtigen, ob es tatsächlich ange-
messen ist, sie als Prädikate einer semantischen Repräsentation zu betrachten.
Wichtig ist, daß die referentiellen Eigenschaften des Objekts, das als
"Anker" für einen sprachlichen Ausdruck dient, oft für die Kongruenz eine
wichtige Rolle spielen. Ich kodiere diese Eigenschaften generell vereinfacht
durch Prädikate in der semantischen Repräsentation.

10.1. Die prädikative Nphrase: Person-Kongruenz

Das erste hier zu behandelnde Problem betrifft die Person-Markierung und
ergibt sich unter der Annahme, daß bei der Repräsentation der Kopula, die in
Kapitel 9 angenommen wurde, eine Identifizierung der Variablen durch λ-
Konversion stattfindet. Bisher ist stillschweigend angenommen worden, daß
volle lexikalische Nphrasen [3PER] sind, damit die ungrammatischen Sätze
in (1) ausgeschlossen werden können.

1. (a) *Albert   t-hobb   il-Heavy Metal.
        Albert   2sg-gefall   df-Heavy Metal(msg)
        Sb   Sb   dO

   (b) * Iċ-Ċiniż-i   n-hobb-u   r-ross.
        df-Chinese-pl 1sg-gefall-pl df-Reis(msg)
        Sb   Sb   Sb dO

   (c) *Eddie   il-hamiem-a   kakk-iet   fuq-i.
        Eddie   df-Taube-fsg   scheiß-3fsg   auf-1sg
        Top/pO   Sb   Prf   Sb pO

Nimmt man nun an, daß Nphrasen das Merkmal [3PER] wie die Merkmale [-FEM] und [-PLU] per Default erhalten, so ergeben sich Probleme bei der Unifikation der k-Merkmale in Sätzen wie (2a). Nimmt man stattdessen an, daß Nphrasen generell unspezifiert für PER sind, bekommt man Probleme bei Sätzen wie (2b), die dann grammatisch wären, da die Unifikation möglich ist.

2. (a) Jien   student.   (b) *Student-a   n-ghid.
       ich(1sg)   Student(msg)   student-fsg   1sg-sag
       [1PER]   [3PER]   [1PER]
       Ich bin Student.

Intuitiv scheint die Referenzialität bei diesem Phänomen eine wesentliche Rolle zu spielen: die Person-Markierung signalisiert, welche pragmatische Rolle - Sprecher, Hörer, (an der Gesprechsituation) Unbeteiligter - das Individuum im Gespräch hat. Deshalb hat sie eigentlich nur Sinn, wenn der Ausdruck referentiell verwendet wird. Das Problem ließe sich also so behandeln, daß nicht-referentielle Ausdrücke, wie die Prädikatsphrase bei der 1Prd, für PER unspezifiert bleiben, referentielle Nphrasen dagegen dafür spezifiziert sind. Die relevante Variable bekommt bei ihrer Verankerung entsprechend den Regeln in Tabelle I ihre formalen Merkmale.

Tabelle I:

semantisch	formal
SPRECHER(x)	$\longrightarrow$ $\langle x, \langle PER, 1 \rangle \rangle$
HÖRER(x)	$\longrightarrow$ $\langle x, \langle PER, 2 \rangle \rangle$
UNBETEILIGT(x)	$\longrightarrow$ $\langle x, \langle PER, 3 \rangle \rangle$

Diese Lösung besteht also darin, daß die Spezifizierung für Person erst durch Verankerung der Individuenvariable zustandekommt; im Lexikon sind Nomina nicht für PER spezifiziert. Das Attribut PER hat dadurch einen anderen Status als PLU und FEM, die bereits im Lexikon spezifiziert sein müssen.

Definite Nphrasen sind normalerweise referentiell (aber s.u., zu nicht-referentiellen definiten Nphrasen) und daher für PER spezifiziert. Das ist z.B. der Fall bei äquativen Konstruktionen (vgl. (3a)): die in solchen Konstruktionen eingebettete Nphrase ist referentiell und daher für Person spezifiziert. Wegen der Repräsentation der "äquativen" Version der Kopula ergibt sich jedoch für die formale Kongruenz in solchen Konstruktionen kein Problem. Wie in (3a) - (3e) zu sehen ist, gibt es keinen Konflikt der Indizes in solchen Fällen, da keine formale Unifikation der Merkmale gefordert wird.

3. (a) Jien id-dimonj-u.
ich df-Teufel-msg
Ich bin der Teufel.

(b) leere "äquative" Kopula: $\lambda y \, \lambda x \, [x = y]$

(c) *jien:* $\text{D}\underset{\substack{| \\ -\text{PLU} \\ 1\text{PER}}}{r} (\text{SPRECHER}(r))$

(d) *id-dimonju:* $\text{D}\underset{\substack{| \\ -\text{PLU} \\ -\text{FEM} \\ 3\text{PER}}}{z} (\text{TEUFEL}(z))$

(e) *jien id-dimonju:* $\text{D}\underset{\substack{| \\ -\text{PLU} \\ 1\text{PER}}}{r} (\text{SPRECHER}(r)) = \text{D}\underset{\substack{| \\ -\text{PLU} \\ -\text{FEM} \\ 3\text{PER}}}{z} (\text{TEUFEL}(z))$

Die Intuition, daß nicht referierende Ausdrücke nicht für Person markiert sind, ist jedoch unter der Annahme, daß Nphrasen in generischen Sätzen nicht-referentiell sind, problematisch. Die Beispiele in (4) zeigen, daß generische Nphrasen wie referentielle Nphrasen Kongruenz in bezug auf Person, Numerus und Genus auslösen. (Generische Nphrasen sind im Maltesischen immer definit.)

4. (a) Il-kappar   j-ikber   f' pajjiż-i sħan.
df-Kaper(msg)   3msg-wachs   in Land-pl warm(pl)
Die Kaper wächst in warmen Ländern.

(b) *Il-kappar   n-ikber   /t-ikber   /j-ikbr-u.
df-Kaper(msg)   1sg -wachs/3fsg-wachs/3-wachs-pl

(c) Is-siġr-a   ta-l-bajtar   t-aġħmel   fjur-i   sbieħ.
df-Baum-fsg von-df-Kaktusfeige(msg) 3fsg-mach Blüte-pl schön(pl)
Der Kaktusfeigenbaum macht schöne Blüten.

(d) *Is-siġr-a   ta-l-bajtar   n-aġħmel   /j-għamel ...
df-Baum-fsg von-df-Kaktusfeigemsg 1sg-mach   /3msg-mach

Man kann annehmen, daß diese Ausdrücke, in dem Sinn referentiell sind, daß sie "kontextabhängig" sind. (Siehe u.a. Bosch 1983 für Argumente in diese Richtung). *kappar* in dem generischen Satz in (4a) bezieht sich auf die möglichen Instanzen dieses Ausdrucks: für jede Instanz gilt, daß sie in einem warmen Land wächst.

10.2. "Ausschaltung" der Kongruenz

Eine Konsequenz der oben vorgeschlagenen Lösung ist, daß das Merkmal PER, da es erst später spezifiziert wird, einen etwas anderen Status bekommt als die Merkmale FEM und PLU, die bereits im Lexikon spezifiziert werden. Eine mögliche Alternative, bei der das Merkmal PER auch bereits im Lexikon per Default vergeben werden kann, bietet eine Idee, die auf einer Hypothese von D. Wunderlich für die Numeruskongruenz im Deutschen beruht. In bezug auf Numerus hat man bei 1Prd-Konstruktionen dieselbe Art von Merkmalskonflikten wie gerade für das Person-Attribut beschrieben.

In (5a) z.B. ist die Prädikatsphrase formal Singular, aber Subjekt und Verb Plural. (6) zeigt, wie es bei der Repräsentation der Kopula wie in (6a) zu einem solchen Konflikt kommt. (Ich beschränke mich in den Beispielen auf die Numerus-Merkmale.)

5. (a) Wir sind ein gutes Team.   (b) *Wir ist ein gutes Team

6. (a) *sind:* $\lambda P\ \lambda x\ [P(x)]$ (b) *wir:* $Dy\ (AGGR(y))$
$$+PLU$$ $$+PLU$$

(c) *ein gutes Team:* $\lambda z\ [TEAM(z)\ \&\ GUT(z)]$
$$-PLU$$

(d) *sind ein gutes Team:* $\lambda x\ \ [\lambda z\ [TEAM(z)\ \&\ GUT(z)]\ (x)]$
$$\quad +PLU\ \ -PLU$$

Bei Beispielen wie (5a) gibt es keine formale Kongruenz zwischen dem Subjekt und dem Prädikatsnomen, es wird nur semantische Kompatibilität gefordert. Bei der Beziehung Subjekt/Verb jedoch gilt die formale Kongruenz ohne Ausnahme. Der Eintrag von *Team* enthält die Information, daß es sich semantisch um ein Aggregat handelt (vgl. (7)), da ein Team eine komplexe (nicht atomare) Entität ist. Formal ist *Team* jedoch im Kontrast zu *Teams* Singular. Da das Pronomen *wir* ebenfalls auf ein Aggregat referiert, und formal Plural ist, ergeben sich durch diese Annahmen die richtigen Kombinationen. Die formale Kongruenz wird bei der Beziehung zwischen dem Subjekt und Prädikatsnomen "ausgeschaltet". Deshalb ist (5a) grammatisch. Der Satz

(5b) dagegen ist ungrammatisch, weil die formalen Attribute des Subjekts und des Verbs nicht unifizieren können.[1]

7. *Team:* λz [TEAM(z) & AGGR(z)]
          |
        -PLU

Diese Idee auf das Problem der Person-Markierung zu übertragen, bedeutet folgendes: Nomina können im Lexikon per Default schon für PER spezifiziert sein, und zwar als [3PER]. Das geschieht ohne Rücksicht darauf, ob sie referentiell oder nicht referentiell verwendet werden. Anders als Pronomina (vgl. (8)) sind Nomina jedoch im Lexikon semantisch nicht auf eins der Prädikate SPR(echer), HÖR(er) oder ~BET(eiligt) festgelegt.

8. (a) *jien:* Dx (SPR(x) & INDV(x))
    ich |
        -PLU
        1PER

  (b) *tabib:* λz [ARZT(x) & INDV(z)]
    Arzt |
        -PLU
        -FEM
        3PER

Der Satz (9a) ist deshalb grammatisch, weil die semantischen Werte der beiden Ausdrücke, die in der Prädikatsrelation stehen, kompatibel sind, und das Subjekt mit dem Verb formal kongruiert. Der Satz in (9b) ist ungrammatisch, weil die formalen Attribute von Subjekt und Verb nicht unifizierbar sind.

---

[1] Wunderlich schlägt vor, die Kopula wie in (a) zu repräsentieren und das Axiom in (b) anzunehmen. Der Effekt ist nicht ähnlich dem der äquativen Kopula: es findet bei der 1-Konversion keine Ersetzung der Variablen statt. Die k—Merkmale der Prädikatsphrase werden nicht berücksichtigt.

(a) *ist :* $\lambda P \lambda x$ [INSTANZ(x, P)]   (b) INSTANZ(x, 1y Q(y)) $\longrightarrow$ Q(x)
             |
             3PER
             -PLU

9. (a) Jien   kon-t pirat.   (b) *Jien kien pirat
      ich   Pst-1sg Pirat (msg)   ich Pst(3msg) Pirat(msg)
      SPR/INDV   INDV
      Ich war Pirat.

Mit diesem Ansatz hat das Attribut Person denselben Status wie Numerus und Genus: Alle drei Attribute sind im Lexikon bereits spezifiziert und alle werden bei der 1Prd für die Beziehung Subjekt/Prädikatsphrase ausgeschaltet.

10.3. Numerus- und Genuskongruenz

Die Beobachtung über die Numeruskongruenz zwischen dem Subjekt und der prädikativen Nphrase im Deutschen gilt auch für das Maltesische. So sind die Beispiele unter (10) grammatisch unter der Annahme, daß *tijm* 'Mannschaft' und *gvern* 'Regierung' semantisch das Prädikat AGGR aufweisen. Die beiden Sätze unter (11) sind ungrammatisch, weil die formale Kongruenz zwischen Subjekt und Verb in beiden Fällen verletzt ist.

10. (a) Aħna   kon-na   gvern   ta-l-ħaddiem-a.
      wir   Pst -1pl Regierung(msg) von-df-Arbeiter-pl
      AGGR   AGGR
      Wir waren eine Arbeiterregierung.

   (b) Intom   m-intom-x   tijm   tajjeb.
      ihr   ng-sein(2pl)-ng Team(msg) gut(msg)
      AGGR   Prs   AGGR
      Ihr sein kein gutes Team.

11. (a) *Gvern   tajjeb   j-ipproteġ-u l-ambjent.
      Regierung(msg) gut(msg) 3-schutz-pl df-Umwelt
      Sb   Sb-Impf-Sb   dO

   (b) *Tijm   tajjeb   i-kun-u   organiżżat-i.
      Mannschaft(msg) gut(msg) 3-Prs -pl organisiert-pl
      Sb   Sb   Sb

Die Frage ist, wie sich die Kongruenz in Hinblick auf Genus in solchen Konstruktionen verhält. Aus den Beispielen in (12) ist nicht zu ersehen, ob für die Beziehung zwischen Subjekt und Prädikatsnomen eher die formale Kongruenz oder die semantische Kompatibilität ausschlaggebend ist.

12. (a) Brian   tabib.
    Brian(msg) Arzt(msg)
    MÄNN   MÄNN
    Brian ist Arzt.

(b) *Brian   tabib-a.
    Brian(msg) Arzt-fsg
    MÄNN   WEIB

(c) Barbara student-a   biżlij-ja.
    Barbara Student-fsg fleißig-fsg
    WEIB   WEIB
    Barbara ist eine fleißige Studentin.

(d) *Barbara student   bieżel.
    Barbara student(msg) fleißig(msg)
    WEIB   MÄNN

Die Lage wird bei der Betrachtung der Beispiele in (13) jedoch deutlicher. (*Buskett* ist ein kleiner "Wald" in Malta.)

13. (a) Il-Buskett   huwa   forest-a kbir-a.
    df-Buskett(msg)   sein(3msg) Wald-fsg groß-fsg
    Buskett ist ein großer Wald.

(b) Il-bajtar   ta-x-xewk   huwa   frott-a   tajb-a.
    df-Pflaume(msg) von-df-Dorn sein(3msg) Frucht-fsg gut-fsg
    Die Kaktusfrucht ist eine gute Frucht.

(c) Qabel Malt-a   kien-et   pajjiż   b' karattr-u.
    früher Malta-fsg Pst-3fsg Land(msg) mit Charakter-msg
    Malta war früher ein Land mit Charakter.

Obwohl das Subjekt und die Prädikatsphrase in bezug auf das Genusmerkmal formal im Widerspruch zueinander stehen, sind die Sätze in (13) trotzdem grammatisch. Die Semantik spielt bei der Beziehung zwischen Sb-Nphrase und Prädikatsphrase auch bei Genus offenbar eine wesentliche Rolle. Nphrasen wie *il-Buskett*, *l-bajtar*, *Malta*, *foresta*, *frotta* und *pajjiż* referieren auf nicht-menschliche Objekte, die kein Geschlecht haben, und sind deshalb semantisch miteinander kompatibel. Die formalen Merkmale spielen in diesem Fall erneut keine Rolle.

Aus mir unklaren Gründen kann (13c), wie in (15) zu sehen ist, auch ohne formale Kongruenz zwischen Subjekt und Verb auftreten, (13a) und (13b) aber nicht (vgl. (14a) und (14b)).

14. (a) *Il-Buskett   kien-et   forest-a kbir-a.
        df-Buskett(msg) Pst-3fsg   Wald-fsg groß-fsg

    (b) *Il-bajtar   ta-x-xewk   hija   frott-a tajb-a.
        df-Pflaume(msg) von-df-Dorn   sein(3fsg) Frucht-fsg gut-fsg

15. Qabel Malt-a   kien   pajjiż   b'   karattr-u.
    früher Malta-fsg Pst(3msg) Land(msg) mit Charakter-msg
    Malta war früher ein Land mit Charakter.

Eine Möglichkeit besteht darin, anzunehmen, daß Ländernamen formal unspezifiziert für FEM sind und deshalb sowohl mit einem [+FEM]- als auch einem [-FEM]-Sb- Affix unifizierbar sind. Aus (16) geht klar hervor, daß es die Prädikatsphrase in (14c) ist, die die formale Kongruenz beeinflußt.

16. (a) Malta kien-et   sabiħ-a.
        Malta Pst-3fsg schön-fsg
        Malta war schön.

    (b) *Malta kien   sabih.
        Malta Pst(3msg) schön(msg)

Das Problem muß hier offen bleiben. Es deutet aber darauf hin, daß die Verhältnisse vielleicht doch komplexerer Natur sind als bisher angenommen.

10.4. Kongruenz mit prädikativen APn

Die Beziehung zwischen Subjekt und Prädikatsphrase ist anders, wenn die Prädikatsphrase eine AP ist. Im Deutschen ist die Frage nach der Kongruenzbeziehung zwischen Subjekt und AP in 1Prd sinnlos, da die Adjektive in solchen Konstruktionen nicht für Numerus und Genus spezifiziert sind. Im

270

Maltesischen aber sind Adjektive für Numerus und Genus immer spezifiziert, und es zeigt sich, daß sie mit dem Subjekt formal kongruieren müssen. Das ist besonders deutlich für Numerus in (17a) und (17b) und für Genus in (17c) und (17d). In (17a) entscheidet offenbar die formale Kongruenz, und nicht die semantische Kompatibilität darüber, ob der Satz grammatisch ist. Ich nehme an, daß Person bei den Adjektiven keine Rolle spielt, da sie sowohl formal als auch semantisch dafür nicht festgelegt sind.

17. (a) It-tijm   kien   tajjeb.
      df-Team(msg) Pst(3msg) gut(msg)
      AGGR   INDIV
      Das Team war gut.

    (b) * It-tijm   kien   tajb-in.
        df-Team(msg) Pst(3msg) gut-pl
        AGGR   AGGR

    (c) Il-ktieb   kien   ghal-i.
        df-Buch(msg) Pst(msg) teuer-msg
        ~MENSCH

    (d) *Il-ktieb kien   ghal-ja.
        df-Buch Pst(3msg) teuer-fsg

Dieses Verhalten kann mit den Referenzeigenschaften von Nomina und Adjektiven zusammenhängen. Man geht normalerweise davon aus, daß Adjektive im Gegensatz zu Nomina keine referentielle Θ-Rolle haben. Eine mögliche Interpretation dieser Annahme ist, daß Adjektive selbst keine für die Referenz wichtigen Prädikate wie WEIBLICH, MÄNNLICH und MENSCHLICH aufweisen. Nomina sind dagegen in dieser Hinsicht spezifischer und deshalb referenzfähig. Die Konsequenz aus dieser geringen Referenzfähigkeit des Adjektivs ist, daß das Argument, das die externe Θ-Rolle eines Adjektivs sättigt, sowohl auf Menschen (mit Geschlecht) als auch auf Objekte referieren kann. Würde die formale Kongruenz zwischen Subjekt und AP nicht gelten, könnte man die Sätze in (18) bilden.

18. (a) *Il-ktieb   ghalj-a.   (b) *Il-bozz-a   ghali.
        df-Buch(msg) teuer-fsg   df-Birne-fsg teuer(msg)

Die einzige Möglichkeit, diese Kombination von Prädikatsadjektiven mit Subjekten zu beschränken, ist die formale Kongruenz[2]. Ob ein direkter Zusammenhang zwischen den Referenzeigenschaften von Prädikatsnomen und Prädikatsadjektiven und ihrem Verhalten in bezug auf Kongruenz besteht, muß im Rahmen einer Referenztheorie geklärt werden.

Folgende Verallgemeinerung ergibt sich aus den bisher untersuchten Daten: Für zwei Ausdrücke S und P in einer 1Prd-Konstruktion mit S = Subjekt und P = Prädikatsphrase gilt:

(a) falls P eine AP ist, dann müssen S und P formal kongruieren,

(b) falls P eine Nphrase ist, dann ist die formale Kongruenz "ausgeschaltet", und S und P müssen lediglich semantisch kompatibel sein,

(c) S und die Kopula kongruieren formal.

10.5. Übertragene Bedeutung

Die "Ausschaltung" der formalen Kongruenz macht sich nicht nur bei 1Prd-Konstruktionen bemerkbar. Die Referenz spielt auch in anderen Konstruktionen bei der Kongruenz zwischen dem Verb (bzw. den Kongruenzmarkern am Verb) und dem Subjekt (bzw. den mit den Markern assoziierten Nphrasen) eine wesentliche Rolle. Normalerweise müssen Subjekt und Verb formal kongruieren (vgl. (19a) und (19b)). Es gibt jedoch Sätze, die akzeptabel sind, bei denen aber nicht von formaler Kongruenz die Rede sein kann (vgl. (19c) und (19d)). Diese Sätze enthalten Wörter, die mit übertragener Bedeutung verwendet werden. So bedeutet z.B. *bużżieqa* 'Ballon', wie *Mimose* im Deutschen, im übertragenen Sinn 'sensibler Mensch'.

19. (a) Il-bużżieq-a nfaqgha-t.   (b) *Il-bużżieq-a nfaqa'.
    df-Ballon-fsg platz-3fsg   df-Ballon-fsg platz(3msg)
    Der Ballon platzte.

   (c) Il-bużżieq-a qabad j-ibki.
    df-Ballon-fsg anfang(3msg) 3(msg)-wein
    Die Mimose (der übersensible Mann) fing an zu weinen.

---

[2] Man müßte für die "prädikative" Kopula die beiden Einträge in (a) und (b) unterscheiden, um diesen Effekt zu erreichen.

(a) sein: 1P λx [INSTANZ (x,P)]   (b)   1P λx [P(x)]
         +N   +N
         -V   -V

272

(d) Il-bużżieq-a   qabd-et   t-ibki.
    df-Ballon-fsg anfang-3fsg 3fsg-wein
    Die Mimose (die übersensible Frau) fing an zu weinen.

(e) Brian kien   bużżieq-a.   (f) Bridget kien-et bużżieq-a.
    Brian Pst(3msg) Ballon-fsg   Bridget Pst-3fsg Ballon-fsg
    Brian war eine Mimose.   Bridget war eine Mimose.

Die übertragene Bedeutung von Wörtern wie *bużżieqa* in Verwendungen wie in (19c) - (19f) ist lexikalisiert. Die Kongruenzmarkierung hilft bei der Interpretation solcher Wörter: Wenn das Verb nicht mit der Sb-Nphrase kongruiert, ist klar, daß die übertragene Bedeutung gemeint ist. Diese Desambiguierung ist aber nicht immer möglich. So ist der Satz in (20) ambig und kann nur durch den Kontext desambiguiert werden.

20. Il-bużżieq-a   dejq-it-ni.
    df-Ballon-fsg nerv-3fsg-1sg
      Sb   Prf Sb dO
    Der Ballon/Die Mimose (die übersensible Frau) ist mir auf die Nerven gegangen.

Das Phänomen der nicht-formalen Kongruenz ist nicht nur auf das Subjekt und die Sb-Affixe beschränkt, sondern kommt auch bei Ob-, Präp- und Poss-Topikphrasen
und den Kongruenzmarkern, mit denen sie assoziiert sind, vor[3].

21. (a) Raj-t-u   l-universitá   lil-l-bużżieq-a   llum.
        seh-1sg-3msg df-Universität Ks-df-Ballon-fsg heute
        Prf Sb dO   dO
        Ich habe die Mimose (den sensiblen Mann) heute in der Universität gesehen.

    (b) Bghat-t-hie-lu   l-ittr-a   lil dak   il-bużżieq-a.
        schick-1sg-3fsg-3msg df-Brief-fsg Ks jener(msg) df-Ballon-fsg
        Prf   Sb dO iO   dO   iO
        Ich habe dieser Mimose da (dem sensiblen Mann) den Brief geschickt.

---

3 Interessant ist, daß in diesen Fällen die Kasusmarkierung mit *lil* auftritt, die direkte Objekte, die auf menschliche Individuen referieren, markiert.

(c) L-istinkbomb   taħt-u   kien-et il-bużżieq-a.
    df-Stinkbombe(fsg) unter-3msg Pst-3fsg df-Ballon-fsg
    Sb   pO   Sb   pO/Tp
    Die Stinkbombe war unter der Mimose (dem sensiblen Mann).

(d) Il-bużżieq-a   oħt-u   bużżieq-a daqs-u.
    df-Ballon-fsg Schwester(fsg)-3msg Ballon-fsg so+wie-3msg
    Posr/Tp   Posm/Sb   Posr
    Die Mimose (der sensible Mann), seine Schwester ist genauso eine
    Mimose wie er.

Zu bemerken ist, daß sowohl das Demonstrativum als auch die Pronomina, deren Antezedens eine solche übertragene Nphrase ist, mit den referentiellen, und nicht mit den formalen Eigenschaften des Nomens übereinstimmen (vgl. (21b), (21d) und (22)). Das ergibt sich dadurch, daß die Referenz auf der Ebene, auf der das Demonstrativum und das Pronomen vorkommen, schon festgelegt ist: bei Wörtern mit übertragener Bedeutung bestimmt offenbar die Referenz in solchen Fällen die Art der Kongruenz. In (22) ist *ħarj-a* 'Scheiße' im übertragenen Sinn zu verstehen.

22.(a) Dak   il-ħarj-a   qalla-ni.   Mela   hu normali jew.
      jener(msg) df-Scheiß-fsg kotz(3msg)-1sg sicher+nicht er normal oder
              Sb   Prf   Sb   dO
      Dieser Scheißkerl hat mich angekotzt. Er ist doch nicht normal, oder?

 (b) Dik   il-ħarj-a   qalla-t-ni.   Mela   hi normali jew.
      jene(fsg) df-Scheiß-fsg kotz-3fsg-1sg sicher+nicht sie normal oder
              Sb   Prf   Sb   dO
      Diese Scheißfrau hat mich angekotzt. Sie ist doch nicht normal, oder?

Die Situation ist etwas anders beim modifizierenden indefiniten Adjektiv, das ein Nomen mit übertragener Bedeutung in der Sb-Nphrase modifiziert: das indefinite Adjektiv muß mit dem Nomen, das es modifiziert, formal kongruieren. (Vgl. (23a) und (23b)), wo *ħarja* 'Scheiße' das Kopfnomen und *Ingliż* 'englisch' das modifizierende Adjektiv ist.) Beim definiten Adjektiv dagegen gibt es wie beim Demonstrativum keine formale Kongruenz (vgl. (23c) und (23d)). Das ist ein Hinweis darauf, daß es sich beim definiten Adjektiv wegen des definiten Artikels tatsächlich um einen referentiell gebundenen Ausdruck handelt: deshalb ist hier der Kontext entscheidend. Bei indefiniten Adjektiven spielt der kontextuelle Einfluß keine Rolle, da sie nicht referentiell sind: deshalb muß formale Kongruenz stattfinden. (Für Unterschiede in der Anwendung von (23a) und (23c) siehe Kapitel 2.)

274

23. (a) dak   il-ħarj-a   Ingliż-a
         jener(msg)   df-Scheiß-fsg   englisch-fsg
         jener englische Scheißkerl

    (b) *dak   il-ħarj-a   Ingliż
         jener(msg)   df-Scheiß-fsg   englisch(msg)

    (c) dak   il-ħarj-a   l-Ingliż
         jener(msg)   df-Scheiß-fsg   df-englisch(msg)
         jener englische Scheißkerl

    (d) *dak   il-ħarj-a   l-Ingliż-a
         jener(msg)   df-Scheiß-fsg   df-englisch-fsg

Wenn ein Nomen mit übertragener Bedeutung als Prädikatsphrase fungiert, kongruiert das modifizierende Adjektiv, das in solchen Kontexten immer indefinit ist, formal mit dem Nomen (vgl. *kbir* bzw. *kbira* in (24)).

24. (a) Daqs   kemm   huwa   bużżieq-a   kbir-a   dak.
         so+wie wie+viel sein(3msg)   Ballon-fsg   groß-fsg jener(msg)
                                Sb   Sb
         Der ist ja eine richtige Mimose.

    (b) *Daqs   kemm   huwa   bużżieq-a   kbir   dak.
         so+wie wie+viel sein(3msg)   Ballon-fsg   groß(msg) jener(msg)

Wenn das Nomen Subjekt einer 1Prd-Konstruktion ist, richtet sich die Kongruenz mit einer prädikativen AP in bezug auf Genus nach dem Referenten des Subjekts, was auf den ersten Blick der Behauptung, daß eine prädikative AP formal mit dem Subjekt kongruiert, widerspricht.

25. (a) Dak   il-bużżieq-a   vera   injorant.
         jener(msg)   df-Ballon-fsg wirklich dumm(msg)
         Jene Mimose (eine männliche Person) ist wirklich dumm.

    (b) Dik   il-bużżieq-a   vera   injorant-a.
         jene(fsg)   df-Ballon-fsg wirklich dumm-fsg
         Jene Mimose (eine weibliche Person) ist wirklich dumm.

(c) *Dak il-bużżieq-a vera injorant-a.
    jener(msg) df-Ballon-fsg wirklich dumm-fsg

(d) *Dik il-bużżieq-a vera injorant.
    jene(fsg) df-Ballon-fsg wirklich dumm(msg)

Ich möchte jetzt einen (noch etwas groben) Vorschlag zur Behandlung des *buzzieqa*-Problems machen, der die Richtung einer möglichen Lösung aufzeigen soll. Um die Daten zu erklären, braucht man zunächst die Regeln in Tabelle II (kurz: WEIB ——> [+FEM]; siehe auch Kapitel 1).

Tabelle II

semantisch	formal
(a) WEIB(x) ——> $\langle$ x, $\langle$FEM, +$\rangle$ $\rangle$	
(b) MÄNN(x) ——> $\langle$ x, $\langle$FEM, -$\rangle$ $\rangle$	

Für *bużżieqa* gibt es im Lexikon die beiden Einträge in (26). Für beide sind die formalen Eigenschaften, die sich aus der *a*-Affigierung und den üblichen morphologischen Defaultregeln ergeben (siehe Kapitel 1) identisch, die semantischen Prädikate jedoch unterschiedlich. Das entspricht der Intuition, daß solche Wörter zwar dieselbe Form haben, aber unterschiedliche Bedeutungen. α ist ein freier Parameter, der über Kontextinformation belegt werden muß, und zwar durch die Eigenschaften des Individuums, auf das der Ausdruck referiert. SENS in (26b) steht für 'sensibel'.

26. (a) *bużżieqa:* λx [... & NICHT-LEBEWESEN(x)]
    Ballon
    +FEM
    -PLU
    3PER

(b) *bużżieqa:* λx [MENSCH(x) & SENS(x)
    sensible +FEM & SEX(x) = α & INDV(x)]
    Person -PLU
    3PER

(26b) erklärt die Kongruenz mit indefiniten Adjektiven (vgl. (24) und (23a)). Für die restlichen Beispiele (vgl. (19c), (19d), (21), (22), (23c) und (25)) gilt folgendes: Der D-Operator (der definite Artikel) bindet einen Ausdruck referentiell, wodurch der freie Parameter in (26b) einen Wert enthält. In solchen Fällen muß die Variable, die der D-Operator bindet, gemäß der Regel MÄNN ——> [-FEM] das k-Merkmal [-FEM] tragen (vgl. (27)), das durch die Konvention in (28) als das relevante k-Merkmal für die weitere Bearbeitung gilt. Der Wert von k wird nicht durch die Unifikation von i und j, sondern durch den Wert von α festgelegt.

27. *il-bużżieqa:* $Dz \atop \underset{\substack{\text{-FEM} \\ \text{-PLU} \\ \text{3PER}}}{}$ $\underset{\substack{\text{+FEM} \\ \text{-PLU} \\ \text{3PER}}}{}$ $(\lambda x \ [\ ... \ \& \ SEX(x) = MÄNN \ \& \ IND(x) \ ] \ (z))$

28. Für $Dz_i \ \lambda x_j \ [\ P(x) \ ... \ ] \ (z))$ (mit $i \neq j$)   gilt: $Dz_k (Pz)$ (mit $k = i$)

Im Grunde heißt das, daß im übertragenen Sinn verwendete Nomina doch formal, d.h. in bezug auf FEM, PLU und PER, mit dem Verb kongruieren. Es gilt also weiterhin, daß die Kongruenz zwischen der Sb-Nphrase und dem Verb bzw. Sb-Affix formal ist. Durch die referentielle Bindung wird ein neues Individuum eingeführt: im Normalfall stimmen die formalen Eigenschaften, die durch die referentielle Bindung instanziiert werden, mit der lexikalisch gegebenen Information überein. Wenn das aber nicht der Fall ist, dann gilt die Konvention in (28), falls der sich ergebende Merkmalskonflikt wie z.B. bei *bużżieqa* lexikalisch gestützt ist.

10.6. Eigennamen

Ein etwas anderer Fall von "nicht-formaler" Kongruenz, der Eigennamen betrifft, kommt häufig im Maltesischen vor. Normalerweise referiert man mit einem Eigennamen wie *Brian* auf eine männliche Person (vgl. (29a)), als Sb-Nphrase kongruiert *Brian* formal in bezug auf Numerus, Genus und Person mit dem Verb. Es ist jedoch keine Seltenheit, daß Sätze wie die in (29b) gebildet werden (siehe Corbett 1988 wegen ähnlicher Beispiele aus dem Talitsk). Die Akzeptabität solcher Konstruktionen scheint von Sprache zu Sprache unterschiedlich zu sein. Im Deutschen und im Englischen ist die Konstruktion nicht akzeptabel (vgl. (30)).

29. (a) Wasal   Brian.   (b) Wasl-u   Brian.
        ankomm(3msg) Brian   ankomm-3pl Brian
        Brian ist angekommen.   Brian und ... sind angekommen.

30. (a) *Teresa sind gekommen.   (b) *Jim have arrived.

Die Pünktchen in (29b) können durch einen weiteren Eigennamen oder durch Phrasen wie *seine Familie, seine Frau, sein/e Freund/in, seine Freunde, seine Fußballmannschaft* etc. ersetzt werden, aber nicht durch "nicht-menschliche" Phrasen wie *ein Hund, sein Fahrrad* etc. Die fehlende Information wird

durch den Kontext ergänzt. Wie in den Fällen von übertragener Bedeutung ist dieses Phänomen nicht nur auf die Sb-Nphrase/Verb-Beziehung beschränkt:

31. (a) Raj-t-hom   il-Belt   lil   Brian.
        sah-1sg-3pl df-Stadt Ks Brian
        Prf Sb dO   dO
        Ich habe Brian und ... in der Stadt gesehen.

    (b) Bghat-t-hu-lhom   il-ktieb   lil   Brian.
        schick-1sg-3msg-3pl df-Buch   Ks Brian
        Prf Sb dO iO   dO   iO
        Ich habe das Buch Brian und ... geschickt.

Dieser Typ von nicht-formaler Kongruenz ist semantisch und pragmatisch stark beschränkt. Die betroffene Nphrase muß:
(i)   ein Eigenname sein (vgl. (32a)), der
(ii)   auf einen Menschen referiert (vgl. (32b)), der
(iii) dem Sprecher und dem Hörer persönlich bekannt ist (vgl. (32c)) und von dem
(iv) man weiß, daß er/sie mit anderen Menschen (seiner Familie, seinen Freunden etc.) zusammen ist.

32.
(a) *Raj-t-hom il-film.   (Ausgeschlossen, auch wenn klar ist,
    seh-1sg-3pl df-Film(msg)   daß es um eine Filmnacht mit mehreren
    Prf Sb dO   dO   Filmen geht.)

(b) *Raj-t-hom   it-Toyota.   (Ausgeschlossen, auch wenn klar ist,
    seh-1sg-3pl df-Toyota(fsg) daß mehrere Toyotas ausgestellt werden.)
    Prf Sb dO   dO

(c) *Raj-t-hom   lil Mintoff.   (Ausgeschlossen, auch wenn klar ist,
    seh-1sg-3pl Ks Mintoff(msg) daß Mintoff[4] mit seinen Anhängern
    Prf Sb dO   dO   zusammen war.)

---

[4] Mintoff ist ein Nachname, dessen Verwendung zeigt, daß die Person dem Sprecher nicht persönlich bekannt ist.

Wie bei *bużżieqa* spielt die Referenz eine wesentliche Rolle in solchen Konstruktionen. Der Sprecher benutzt die Nphrase, um auf etwas zu referieren,
das nicht dem eigentlichen Denotat des Ausdrucks entspricht. *Brian* referiert
auf ein bestimmtes männliches Individuum. In (29a) jedoch wird *Brian* benutzt, um auf ein Aggregat zu referieren.

Es gibt zwei Möglichkeiten, mit dem Problem umzugehen. Eine Möglichkeit bestünde darin, anzunehmen, daß es sich um elliptische Ausdrücke
handelt. *Brian* würde dann in (33a) für eine komplexe Nphrase wie z.B. in
(33b) stehen. Allerdings ist unklar, wie man eine solche Ellipse formal zu
erfassen hat, deshalb werde ich diese Alternative nicht weiter verfolgen.

33. (a) Brian   ma ġe-w-x.
         Brian   ng komm-3pl-ng
         Brian und seine ... sind noch nicht gekommen

    (b) Brian   u   l-familja   tiegh-u.
         Brian   und df-Familie   von-3msg
         Brian und seine Familie

Die Anwendung von Eigennamen als Bezeichnungen für eine Gruppe ist innerhalb der oben beschriebenen Beschränkungen "produktiv". Daher erscheint es
sinnvoll, die Möglichkeit der semantischen Manipulation bei den Mitgliedern
dieser Klasse als lexikalischen Prozeß zu beschreiben. Ausgangspunkt ist ein
Eintrag wie in (34):

34. *Brian:* Dx (NAME(x, Brian) & MÄNN(x) & INDIV(x))
               |
               -FEM
               -PLU
               3PER

Daraus kann man im Maltesischen einen neuen Eintrag ableiten, in dem das
"alte Individuum" mit einem "neuen Individuum" durch eine Kontextfunktion
CF in Beziehung gesetzt wird (vgl. (35)). Die Pünktchen in (35) stehen für
weitere Spezifizierungen, die sich aus den in (31) illustrierten semantischen
Beschränkungen ergeben.

35. *Brian:* Dy (CF(y, x) & NAME(x, Brian) ...)
               |
               +PLU
               3PER

Die formalen Merkmale in (35) werden durch Anwendung der Regeln in Tabelle II erzeugt.

10.7. Kongruierende PPn?

Der letzte Fall von "nicht-formaler" Kongruenz, den ich besprechen möchte, betrifft die Sätze in (36). Man kann sich im Maltesischen auf Menschen beziehen, indem man eine PP mit der Präposition *ta'* verwendet. Die PP stellt einen Zusammenhang her zwischen der Person, auf die referiert werden soll, und einem Objekt, mit dem sie in Beziehung steht und das dazu dient, die Person zu spezifizieren. Die Frage ist, womit das Verb in solchen Konstruktionen kongruiert. Offensichtlich hängt die Form des Sb-Affixes am Verb wieder von den Referenzeigenschaften des Individuums ab, auf das die PP referiert.

36. (a) Ta-l-hut   ġie   / ġie-t.
       von-df-Fisch(msg) kam(3msg)/kam-3fsg
       Der/die Fischverkäufer/in ist gekommen.

    (b) Ta-l-haxix   ġie   /ġie-t.
       von-df-Gemüse(msg) kam(3msg)/kam-3fsg
       Der/die Gemüsehändler/in ist gekommen.

    (c) Ta-t-television   ġie   /ġie-t   /ġe-w.
       von-df-Fernseher(msg) kam(3msg)/kam-3fsg/kam-3pl
       Der/die/die Fernsehreparateur/in/e ist/sind gekommen.

    (d) Ta-n-nuċċali   kien/-et   antipatk-u/-a.
       von-df-Brille(msg) Pst(3msg)/-3fsg unsympathisch-msg/-fsg
       Der/die mit der Brille war unsympathisch.

Normalerweise kommen solche Konstruktionen ohne Nomina vor (vgl. (37e) und (37f)), Eigennamen oder Demonstrativa sind aber erlaubt.

37. (a) Ċetta ta-l-hut   (b) Pawlu ta-l-haxix
       Ċetta von-df-Fisch(msg)   Paul von-df-Gemüse(msg)
       Ċetta, die Fischverkäuferin   Paul, der Gemüsehändler

    (c) dik   ta-n-nuċċali   (d) dak   ta-l-haxix
       jene(fsg) von-df-Brille(msg)   jener(msg) von-df-Gemüse(msg)
       diejenige mit der Brille   derjenige, der Gemüse verkauft

    (e) ?? Ir-raġel   ta-l-haxix
          df-Mann(msg) von-df-Gemüse(msg)

(f) ?? il-mar-a   ta-n-nuċċali
     df-Frau-fsg von-df-Brille(msg)

Gleichgültig ob man annimmt, daß das Subjekt in diesen Sätzen eine PP oder
eine elliptische Nphrase ist, sind es offenbar die durch die kontextuelle Information erzeugten formalen Attribute, die für die Kongruenz mit dem Verb
entscheidend sind, da PPn grundsätzlich keine Indizes tragen.

Interessant ist in diesem Zusammenhang die Beobachtung, daß genau solche
ta'-Konstruktionen im Maltesischen für die Entsprechung des Satzes (38a)
aus Pollard & Sag (1990) verwendet werden (vgl. (38b) und (38c)). Konstruktionen wie (38d) und (38e) sind im Maltesischen ungrammatisch.

38. (a) The hash browns at table nine is/*are getting angry.

    (b) Ta-ż-żewġ   birer   telaq   minhajr ma ħallas.
        von-df-zwei Bier(pl) geh(3msg) ohne   ng bezahl(3msg)
        Der, der zwei Bier getrunken hat, ist gegangen, ohne zu bezahlen.

    (c) Ta-ż-żewġ   birer   telq-et   minhajr ma ħals-et.
        von-df-zwei Bier(pl) geh-3fsg ohne   ng bezahl-3fsg
        Die, die zwei Bier getrunken hat, ist gegangen, ohne zu bezahlen.

    (d) *Iż-żewġ   birer   telaq   minhajr ma ħallas
        df-zwei Bier(pl) geh(3msg) ohne   ng bezahl(3msg)

    (e) *Iż-żewġ   birer   telq-et   minhajr ma ħalls-et
        df-zwei Bier(pl) geh-3fsg ohne   ng bezahl-3fsg

Der Lexikoneintrag von *ta'* könnte wie in (39) aussehen. Die Belegung von α
und β und die Werte der davon abhängigen k—Merkmale von y werden durch
die Referenz bestimmt. Der Wert von QUANT(x) ist AGGREGAT oder
INDIVIDUUM.

39. *ta'*: λy [Dx (CF(x, y) & MENSCH(x) & SEX(x) = α & QUANT(x) = β)]

10.8. Fazit

Es hat sich gezeigt, daß die Referenz für die Kongruenz eine wesentliche Rolle spielt. In diesem Kapitel sind Daten diskutiert worden, bei denen der kontextuelle Einfluß offensichtlich ist. Trotzdem kann nicht von "nichtformaler"-Kongruenz die Rede sein. Die Beziehung zwischen der Sb-Nphrase und dem Nomen im Fall der Kopulasätze mit Prädikatsnomen ist als semantische Kompatibilität zu betrachten. Bei den anderen Phänomenen, die diskutiert wurden, handelt es sich um formale Kongruenz. Es hat sich gezeigt, daß für Nomina mit übertragener Bedeutung und für Eigennamen ein Mechanismus angesetzt werden kann, durch den ein neues Individuum erzeugt wird, dem die relevanten formalen Attribute mittels der Regeln in Tabelle II zugewiesen werden. Diese Regeln spielen auch eine Rolle bei der Kongruenz von "referierenden" PPn und Verb.

Die Vorschläge über verschiedene Möglichkeiten der Behandlung der in diesem Kapitel angesprochenen Probleme sollen nur als erste Basis für weitere Entwicklungen in diesem schwierigen, aber herausfordernden Bereich der Linguistik dienen.

11. Zusammenfassung und Ausblick

Im Laufe der vorliegenden Analyse hat sich das folgende Bild der Kongruenz
ergeben: Kongruenz ist die Unifikation der Indexmengen, die die (durch Operatoren gebundenen) Variablen der semantischen Form indizieren. Die Unifikation ergibt sich als Nebeneffekt der Identifikation der relevanten Variablen.
Die Indexmengen bestehen aus verschiedenen Kombinationen der formalen
Attribute Femininum, Plural und Person. Wie in Kapitel 1 und Kapitel 10
gezeigt wurde, stehen diese Attribute in einem engen Zusammenhang mit den
semantischen (referentiellen) Eigenschaften der Objekte, die die Werte der
Individuenvariablen sind. Die Beziehung zwischen den Attributen und den
semantischen Eigenschaften ist in Sprachen wie Maltesisch einseitig gerichtet,
was besonders bei der Relation zwischen Genus und Sexus deutlich wird:
Zwar wird die semantische Eigenschaft "weiblich" formal durch das Merkmal
[+FEM] kodiert, aber umgekehrt beinhaltet ein Eintrag mit diesem Merkmal
nicht unbedingt das semantische Prädikat.

Die Kongruenzinformation bei den einzelnen Elementen (Stämmen, Wörtern,
Affixen) wird im Lexikon kodiert, und zwar entweder bereits in der Basis
(z.B. bei Pronomen) oder indem durch Affigierung oder durch MDRn bzw.
DFRn die relevante Information hinzugefügt wird. Die MDRn und die DFRn,
die die Distribution der k—Merkmale betreffen, sind im Lexikon angesiedelt,
während diejenigen, die die Distribution der g-Merkmale betreffen, sowohl im
Lexikon als auch in der Syntax operieren (z.B. die MDRn, die die Kasusmarkierung regeln; siehe Kapitel 5).

Die Kongruenz ist strukturell unbeschränkt: sie tritt sowohl lokal, d.h. innerhalb von maximalen Phrasen, als auch global auf, d.h. über Phrasen- und
Satzgrenzen hinaus. Ein klares Beispiel für Kongruenz über Phrasengrenzen
ist im Maltesischen die Kongruenz zwischen den an TP adjungierten Nphrasen
und den verschiedenen Kongruenzmarkern.

Aufgrund ihrer "Globalität" und ihrer engen Beziehung zur Referenz muß
die Kongruenz von anderen Phänomenen, wie z.B. der Rektion im allgemeinen
und der Kasusrektion im besonderen, unterschieden werden. So ist die Kasuszuweisung strukturell auf lokale Domänen beschränkt und in keiner Weise
von der Referenz abhängig. Darüberhinaus ist die Kongruenz (aber auch die
Konkordanz) eine symmetrische Relation in dem Sinne, daß sie Attribute
betrifft, die den gleichen Status haben (sie sind mit den Variablen assoziiert).
Die Rektion ist asymmetrisch insofern, als die Kategorien, die sie betrifft,

einerseits mit Θ-Rollen assoziiert sind, d.h. mit Positionen in der Syntax, und andererseits mit den sprachlichen Ausdrücken (Tokens), die diese Positionen einnehmen dürfen. Diese Unterschiede zwischen Rektion und Kongruenz werden in der Theorie durch die Trennung von g- und k-Merkmalen expliziert. Noch etwas unklar ist der Status der grammatikalisierten semantischen Information. Darunter fällt im Maltesischen (i) die Information über "Menschlichkeit", die für die explizite Kasusmarkierung benötigt wird und durch das g-Merkmal Hm kodiert ist, und (ii) die Information über "Zählbarkeit", die für die Rektionsverhältnisse zwischen Zahlwörtern und Nomen benötigt wird und durch das g-Merkmal CNT kodiert wird.

Die Hypothese ist, daß die Abgrenzung von Kongruenz und Rektion eine universale Eigenschaft natürlicher Sprachen ist. Die sprachspezifischen (parametrisierten) Anteile der Kongruenz sind: (i) das Ausmaß an Kongruenzmorphologie, das eine Sprache aufweist, (ii) der grammatische Status von Kongruenzmarkern (d.h. z.B. ob sie pronominal sind oder nicht) und (iii) die Auswahl der Attribute aus der universal vorgegebenen Menge, die für die verschiedenen Phänomene getroffen wird. Es ist anzunehmen, daß es sich um eine begrenzte Menge von Attributen handelt, aus der jede Sprache eine Auswahl trifft. Zu der Grundmenge gehören auf jeden Fall die Attribute für Genus, Numerus und Person. Aufgrund der Analyse der Daten über die Nphrase im Maltesischen kann zunächst die Hypothese aufgestellt werden, daß Definitheit nicht zu dieser Grundmenge gehört.

Welche Phänomene noch unter Kongruenz fallen können, muß aus der Untersuchung weiterer, insbesondere "kongruenzreicher" Sprachen geklärt werden. Um zu einer adäquaten Theorie der Kongruenz in der natürlichen Sprache zu gelangen, müssen die Analysen, die in dieser Arbeit für das Maltesische vorgenommen wurden, durch detaillierte Analysen anderer Sprachen ergänzt werden.

Soweit es das Maltesische selbst betrifft, ist aus der Arbeit offensichtlich, daß es noch viele Bereiche gibt, die einer weiteren und tieferen Analyse bedürfen, und zwar nicht nur in bezug auf Kongruenz. So ist z.B. eine detailliertere Analyse der Syntax und Semantik der Definitheit bei Nomen und Adjektiv und eine genauere Untersuchung des Präpositionalsystems wünschenswert. In bezug auf die Kongruenz muß u.a. weiter untersucht werden, welche strukturellen oder semantischen Beschränkungen für die an TP adjungierten Nphrasen gelten, die mit den Kongruenzmarkern assoziiert sind.

In der vorliegenden Arbeit sind die meisten, aber nicht alle Phänomene, die unter den hier verwendeten Begriff von Kongruenz fallen, für das Maltesische untersucht worden. Völlig vernachlässigt wurden z.B. die Kongruenzverhältnisse bei Relativsätzen. Diese Konstruktionen werfen interessante Fragen über den Status der Kongruenzmarker auf, aber auch allgemeine Fragen über die Erfassung und Repräsentation der anaphorischen Bindung, die in diesen Konstruktionen eine wichtige Rolle spielt. So z.B. kongruiert das Kopfnomen in den folgenden Phrasen mit dem Sb-Affix des Verbs im Relativsatz.

1. (a) Ir-raġel   li   kiteb   il-kartolin-a
      df-Mann(msg) daß schrieb(3msg) df-Postkarte-fsg
      Sb_i Prf Sb_i dO
      Der Mann, der die Postkarte geschrieben hat

   (b) *Ir-raġel   li   kitb-et   il-kartolin-a
      Sb_i Prf Sb_i dO
      df-Mann(msg) daß schrieb-3fsg df-Postkarte-fsg

Die iO-Marker, aber nicht die dO-Marker, kommen im Maltesischen in Relativsätzen resumptiv vor und lösen Kongruenz aus.

2. (a) Il-mar-a   li   bghat-t-ilha   l-kartolin-a.
      df-Frau-fsg daß schick-1sg-3fsg   df-Postkarte-fsg
      Sb_i Prf Sb_j iO_i dO_z
      Die Frau, der ich die Postkarte geschickt habe

   (b) *Il-mar-a   li   bghat-t-lu   l-kartolin-a.
      df-Frau-fsg daß schick-1sg-3fsg   df-Postkarte-fsg

Diese Arbeit ist ein erster Schritt in der Untersuchung der komplexen Kongruenzverhältnisse des Maltesischen. Es bleiben also noch einige Fragen offen, deren Behandlung zukünftiger Forschung überlassen bleiben.

ANHANG 1

Das Maltesische Alphabet

Buchstabe	Phonem	Buchstabe	Phonem
a	/a/	l	/l/
b	/b/	m	/m/
ċ	/tʃ/	n	/n/
d	/d/	o	/o/
e	/e/	p	/p/
f	/f/	q	/ʔ/
ġ	/dʒ/	r	/r/
g	/g/	s	/s/
għ	in der Regel stumm	t	/t/
h	in der Regel stumm	u	/u/
ħ	/ħ/	v	/v/
i	/i/	w	/w/
ie	/ɪː/	x	/ʃ/
j	/j/	ż	/z/
k	/k/	z	/tz/

/ɪ/ ist ein hoher zentralisierter Vokal, der immer betont vorkommt
/ħ/ ist ein frikativer stimmloser Pharyngallaut

ANHANG 2

Abkürzungen

cn	countable (zählbar)	pO	Präpositionales Objekt
df	definit	Posm	Possessum
dO	direktes Objekt	Posr	Possessor
f	Femininum	Prf	Perfektiv
Ft	Futur	Prg	Progressiv
Imp	Imperativ	Prs	Präsens
Impf	Imperfektiv	Prsp	Prospektiv
iO	indirektes Objekt	Prt1	Partizip 1
Ks	Kasus	Prt2	Partizip 2
Lok	lokativ	Pst	Past (Präteritum)
m	Maskulinum	rf	reflexiv
nc	non-countable (unzählbar)	Sb	Subjekt
ng	negativ	sg	singular
Ob	Objekt	Top	Topik
Obl	Oblique	1	1. Person
pas	Passiv	2	2. Person

Literatur

Abney, S. P. (1986): Functional Elements and Licensing. - Paper presented at GLOW, April 1986. Gerona, Spain.

Anderson, S.R. (1986): Disjunctive Ordering inInflectional Morphology. - In: NLLT 4, 1-37.

Baltin, M. (1981): A Landing Site Theory of Movement Rules. - In: Linguistic Inquiry 13.1, 1-38.

Barlow, M., A.Ferguson (1988): Agreement in Natural Languages. - CSLI, Stanford.

Bierwisch, M. (1987): Thematic Grids, Semantic Form, and Case Assignment. - Handout. 14. Internationaler Weltkongress der Linguistik, 10.-15. August, Berlin.

- (1988): On the Grammar of Local Prepositions. - In: M. Bierwisch, W. Motsch, I. Zimmermann (Hrsg.): Syntax, Semantik und das Lexikon. Akademie Verlag, Berlin. 1-65.

- (1990): Verb Cluster Formation as a Morphological Process. - Yearbook of Morphology 3, 173-199.

Bonello, R. R. (1968): Towards a Theory of the Base Component of Maltese. - M.A. Dissertation, University of Alberta.

Borer, H. (1986): I-Subjects. - In: Linguistic Inquiry 17.3, 375-416.

- (1988): On the Morphological Parallelism between Compounds and Constructs. - In: Yearbok of Morphology, 45 - 65.

Borg, A. J. (1981): A Study of Aspect in Maltese. - Karoma Publishers, Ann Arbor.

- (1988): To Be or Not to Be a Copula in Maltese. - In: Journal of Maltese Studies 17/18, 54-71.

- & B.Comrie (1984): Object Diffuseness in Maltese. - In: F. Plank (ed.): Objects: Towards a Theory of Grammatical Relations. Academic Press, London. 109-126.

Borg, Alexander (1975): Malteses Morphophonemics. - In: Journal of Maltese Studies 10, 11-28.

- (1989): Some Maltese Toponyms in Historical and Comparative Perspective. - In: Studia Linguistica et Orientalia, 62-85.

Bosch, P. (1983): Agreement and Anaphora. - Academic Press, N.Y.

Bouchard, D. (1984): On the Content of Empty Categories. - Foris, Dordrecht.

Brame, M. K. (1972): On the Abstractness of Phonology. - In: M. K. Brame (ed.): Contributions to Generative Phonology. The University of Texas Press, Austin. 22-61.

Bresnan, J. (1982): Control and Complementation. - In: J. Bresnan (ed.): The Mental Representation of Grammatical Relations. MIT Press, Cambridge, Mass.

Cann, R. (1984): Features and Morphology in Generalized Phrase Structure Grammar. - Unpublished PhD thesis, University of Sussex.

Carlson, G. (1977): Reference to Kinds in English. - PhD. Dissertation, University of Massachusetts.

Cauchi, M. C. (1972): A Syntactic Theory of Maltese. - M.A. Dissertation, The Royal University of Malta.

Chomsky, N. (1970): Remarks on Nominalization. - In: R. A. Jacobs & P. S. Rosenbaum (eds.): Readings in English Transformational Grammar. Ginn & Company, Massachusetts. 184-221.

- (1980): On Binding. - In: Linguistic Inquiry 11.1, 1-46.

- (1981): Lectures on Government and Binding. - Foris, Dordrecht.

- (1982): Some Concepts and Consequences of the Theory of Government and Binding. - MIT Press, Cambridge, Mass.

- (1989): Some Notes on the Economy of Derivation and Representation. - In: I. Laka & A. Mahajan (eds.): MIT Working Papers in Linguistics 10. 43-74.

Cooper, R. (1986): Swedish and the Head Feature Convention. - In: L. Hellan & K. K. Christensen (eds.): Topics in Scandinavian Syntax. Reidel, Dordrecht. 31-52.

Corbett, G. (1983): Resolution Rules: Agreement in Person, Number and Gender. - In: Gazdar, G., Klein, E., and Pullum, G. (eds.): Order, Concord and Constituency. Foris, Dordrecht. 175-206.

- (1988) Agreement: A Partial Specification Based on Slavonic Data. In: M. Barlow & A. Ferguson (eds.), 23-50.

Culicover, P.W. & W.K. Wilkins (1984): Locality in Linguistic Theory. - Academic Press, Orlando.

Doron, E. (1988): On the Complementarity of Subject-Verb Agreement. - In: M. Barlow & A. Ferguson (eds.), 201-208

Emonds, J. E. (1985): A Unified Theory of Syntactic Categories. - Foris, Dordrecht.

Eschenbach, C. (ersch.): Semantics of Number. - In: Journal of Semantics 1993.

Fabri, R. (i.V.): The (Subject) Verbal Paradigm of Classical Arabic. - Erscheint in: Arbeiten des SFB 282 "Theorie des Lexikons", Düsseldorf.

Fassi, Fehri, A. (1988): Agreement in Arabic, Binding and Coherence. - In: M. Barlow & A. Ferguson (eds.), 107-158.

Fenech, E. (1992): Functions of the Dual Suffix in Maltese. - Handout: Eurotyp Workshop on the NP: Malta, April 1992.

Gazdar, G., E. Klein, G. Pullum, I. Sag (1985): Generalized Phrase Structure Grammar. Basil Blackwell, Oxford.

Givon, T. (1976): Topic, Pronoun and Grammatical Agreement. - In: C.N. Li (ed.): Subject and Topic. Academic Press. N.Y. 149-188.

Grimshaw, J. B. (1990): Argument Structure. - Linguistic Inquiry Monographs. MIT Press, Cambridge, Mass.

Haider, H. (1985): Expletives pro - Eine Phantomkategorie. - Ms. University of Vienna.

- (1988): Die Struktur der deutschen Nominalphrase. - Zeitschrift für Sprachwissenschaft 7, 32-59.

Hayes, B. (1990): Precompiled Phrasal Phonology. - In: Inkelas, S. & Zec, D. (eds.): The Phonology-Syntax Connection. The University of Chicago Press, Chicago. 85-108

Hetzron, R. (1987): Semitic Languages. - In: B. Comrie (ed.): The World's Major Languages. Croom Helm, London. 654-663

Higginbotham, J. (1985). On Semantics. - In: Linguistic Inquiry 16, 547-593.

Holmberg, A. & C. Platzack (1989): The Role of AGR and Finiteness in German VO Languages. - Paper presented at GLOW Utrecht, Holland.

Huang, C.T.J. (1984): On the Distribution and Reference of Empty Pronouns. - Linguistic Inquiry 15.4, 531-574

Iatridou, S. (1990): About AGR(P). - In: Linguistic Inquiry 21.4, 551-577.

Jackendoff, R. S. (1977): X-bar Syntax: A Study of Phrase Structure - MIT Press, Cambridge, Mass.

Keenan, E. L. (1974): The Functional Principle: Generalizing the Notion of 'Subject of'. - In: M. La Galy, R. A. Fox & A. Bruck (eds.): Papers from the 10th Regional Meeting of the Chicago Linguistic Society, Chicago. 298-309.

- & L. Faltz. (1984): Logical Types for Natural Language. - Reidel, Dordrecht

Kiparsky, P. (1973): 'Elsewhere' in Phonology. - In: S.R. Anderson & P. Kparsky (eds.): A Festschrift for Morris Halle. Harper & Row, New York. 93-106.

- (1982): From Cyclic Phonology to Lexical Phonology. - In: H. van der Hulst & N. Smith (eds.): The Structure of Phonological Representation (Part I). Foris, Dordrecht. 131-175.

- (1985): Some Consequences of lexical phonology. - In: Phonological Yearbook 2. Foris, Dordrecht. 83-138.

Koster, J. (1978): Locality in Syntax. - Foris, Dordrecht.

Kratzer, A. (1990): Stage-Level and Individual-Level Predicates. - Ms. University of Massachusetts. (Frühere Version in: M. Krifka (ed.): Genericity in Natural Language, Proceedings of the 1988 Tübingen Conference, November 1988, Tübingen. 247-284.)

Krifka, M. (1986): Nominalreferenz und Zeitkonstitution: Zur Semantik von Massentermen, Pluraltermen und Aspektklassen. - PhD. Ludwig-Maximilians-Universität, München.

Lapointe, S. G. (1979): A Theory of Grammatical Agreement. - Garland Publishing Company, N.Y.

- (1988): Toward a Unified Theory of Agreement. - In: M. Barlow & A. Ferguson (eds.), 67-88.

Lehmann, C. (1982): Universal and Typological Aspects of Agreement. - In: H. Seiler, F.J. Stachowiak (Hrsg.): Apprehension: Das sprachliche Erfassen von Gegenständen. Teil II. Gunter Narr, Tübingen, 201-267.

Link, G. (1983): The Logical Analysis of Plural and Mass Terms: A Lattice-Theoretical Approach. - In: R. Bäuerle, Ch. Schwarze, A. von Stechow (eds.): Meaning, Use and Interpretation of Language. de Gruyter, Berlin. 302-323.

Löbner, S. (1985): Definites. - Journal of Semantics 4, 279-326.

- (1990): Wahr neben Falsch: duale Operatoren als die Quantoren natürlicher Sprache. - Niemeyer, Tübingen

Mahajan, A. (1989): Agreement and Agreement Phrases. - In: I. Laka & A. Mahajan (eds.): MIT Working Papers in Linguistics 10, 217-252.

McCarthy, J. J. (1981): A Prosodic Theory of Nonconcatenative Morphology. - In: Linguistic Inquiry 12.3, 331-374.

- & A.S. Prince (1990): Foot and Word in Prosodic Morphology: The Arabic Broken Plural. In NLLT 8: 209 - 283.

Mohanan, K.P. (1986): The Theory of Lexical Phonology. - Reidel, Dordrecht.

Moravcsik, E. A. (1978): Agreement. - In: H. J. Greenberg (ed.): Universals of Human Language. Volume 4, Syntax. 1978. California: Stanford University Press. 331-374.

- (1988): Agreement andf Markedness. In: M. Barlow & A. Ferguson (eds.), 89-106.

Morgan, J. (1972): Verb Agreement as a Rule of English. - Papers from the 8th Regional Meeting of the Chicago Linguistic Society, Chicago. 278-286.

Napoli, D. J. (1989): Predication Theory. A Case Study for Indexing Theory Cambridge University Press, Cambridge.

Nichols, J. (1986): Head-Marking and Dependent-Marking Grammar. - In: Language 62, 56-119.

Ortmann, A. (1992): Zur Auflösung von Merkmalskonflikten unter Kongruenz. Arbeiten des SFB 282 "Theorie des Lexikons", Nr. 24, Düsseldorf.

Picallo, C. (1982): The INFL-node and the Pro-drop Parameter. - Mimeo CUNY.

Pollard, C., I. Sag. (1990): An Information-based Theory of Agreement. - Ms. Stanford.

Pollock, J-Y. (1988): Verb Movement, UG and the Structure of IP. - Ms. Université de Haute Bretagne, Rennes II.

Radford, A. (1989): The Syntax of Attributive Adjectives in English and the Problems of Inheritance. Paper presented at the Manchester NP-Colloquium, December 1989.

Reinhart, T. (1994): Anaphora and Semantic Interpretation. Croom Helm, London.

Rizzi, I. (1982): Issues in Italian Syntax. - Foris, Dordrecht.

Roberts, I.G. (1985): Agreement Parameters and the Development of English Modal Auxiliaries. In: Natural Language and Linguistic Theory 3, 21-53.

Rosenbaum, P. S. (1967): The Grammar of English Predicate Complement Constructions. - MIT Press, Cambridge, Mass.

Russell, R.A. (1985): Historical Aspects of Subject-Verb Agreement in Arabic. In: Alvarez et al. (ed.): ESCOL '84: Proceedings of the First Eastern States Conference on Linguistics, 116-127.

Schabert, P. (1976): Laut- und Formenlehre des Maltesischen anhand zweier Mundarten. - Verlag Palm & Enke, Erlangen.

Shannon, T. F. (1987): Aspects of Complementation and Control in Modern German. - Verlag Alfred Kümmerle, Göppingen.

Sutcliffe E.F. (1936): A Grammar of the Maltese Language. - Progress Press, Valletta.

Taraldsen, K. T. (1978). On the NIC, Vacuous Application and the *That-Trace* Filter. - Indiana University Linguistics Club, February 1980, Bloomington, Indiana.

Wiese, R. (1988): Silbische und lexikalische Phonologie. - Studien zum Chinesischen und Deutschen. Niemeyer, Tübingen.

- (1992): Ebenenorganisation und Verbmorphologie des Deutschen. Handout, Düsseldorf 22.5.92.

Wunderlich, D. (1987): An Investigation of Lexical Composition: the Case of German be-Verbs. - In: Linguistics 25, 283-331.

- (1990): Lexikalische Fundierung der Kongruenz. - Projektbeschreibung. Sonderforschungsbereich "Theorie des Lexikons", Düsseldorf, 255-282.

- & Kaufmann, I. (1990): Lokale Verben und Präpositionen: semantische und konzeptuelle Aspekte. - In: Felix, S. W., Kanngießer, S. & Rickheit, G. (Hrsg.): Sprache und Wissen. Westdeutscher Verlag, Opladen, 223-252.

- (1991): How Do Prepositional Phrases Fit into Compositional Syntax and Semantics? - In: Linguistics 29, 591 - 621.

- (1992a): Towards a Lexicon-Based Theory of Agreement. Arbeiten des SFB 282 "Theorie des Lexikons", Nr. 20, Düsseldorf.

- (1992b): A Minimalist Analysis of German Verb Morphology. Arbeiten des SFB 282 "Theorie des Lexikons", Nr. 21, Düsseldorf.

- (1992c): Funktionale Kategorien im Lexikon. Arbeiten des SFB 282 "Theorie des Lexikons", Nr. 24, Düsseldorf.

Zarb, A. (1968). Taghlim Prattiku fuq il-Kitba Maltija. - Lux Press, Malta.